타인은
놀이공원이다

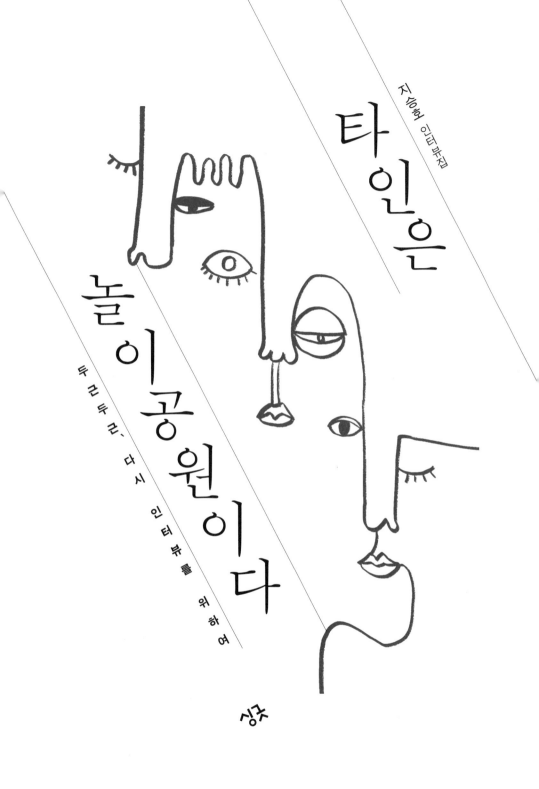

지승호 인터뷰집

타인은

놀이공원이다

두근두근, 다시 인터뷰를 위하여

싱긋

서문

2, 2, 2, 2, 2, 3, 6, 2, 4, 4, 4, 5, 4, 3, 4, 1, 2, 0.

2002년 첫 단행본을 낸 이래 매년 펴낸 단행본 수입니다. 2017년에 한 권, 2018년에 두 권, 2019년 올해는 인터뷰 관련 책을 아직 한 권도 내지 못 했습니다. 이 책이 나오면 2019년의 첫번째 책이면서 어쩌면 유일한 책이 되 겠지요.

생각해보니 시작은 좌파 성향의 지식인들을 인터뷰한 책이었습니다. 지금 처럼 그때도 많은 것들이 궁금했습니다. 왜 우리가 사는 세상은 이런지, 왜 누군가는 누군가를 억압하고, 왜 어떤 이들은 열심히 살아도 무시당할 수밖 에 없는지, 세상이 나아지려면 어떻게 해야 하는지, 여러 사람을 찾아가 묻 고 또 물었습니다. 그 결과물을 좋아해주시는 분들이 다소 있었던 것 같고, 여러 인물들의 이야기를 씨줄, 날줄로 엮어서 당시의 모습을 생생하게 보여 주었다는 평가도 받았습니다. 인터뷰 모음집으로는 2015년에 『더 인터뷰』 를 냈고, 그전에는 2010년 『쉘 위 토크』를 냈습니다. 앞으로 이런 작업을 좀 더 부지런히 해야겠다는 생각이 듭니다. 이 책에도 역시 당대의 민감한 이

슈들에 대한 여덟 분의 견해가 담겨 있습니다.

많은 사람들이 저를 대한민국의 유일한 전문 인터뷰어라고 부릅니다. 인터뷰가 전문적인 일이 될 수 있는지 의문이고, 모든 기자가 인터뷰어이니 이런 표현은 맞지 않고 부담스럽다고 여러 번 말했음에도 불구하고 저에게 가장 많이 쓰이는 호칭일 겁니다. 이 자리를 빌려서 다시 한번 말씀드리자면 '전문 인터뷰어'라는 것은 잘못된 호칭이라고 생각합니다.

그래서 독립 인터뷰어나 전업 인터뷰어(대한민국에서는 이 일이 업이 되지 못하기 때문에 이것도 잘못된 호칭입니다만) 등으로 불러달라는 요청도 했었지만, 제가 가장 좋아하는 제 정체성은 단행본 인터뷰집의 저자입니다. 대한민국에서 가장 인터뷰를 많이 한 인터뷰 저널리스트 중 한 명이라고 불리는 게 제일 편한 것이죠.

출판 시장 상황은 날로 악화되고 있고, 올드보이 취급을 받는 저 역시 출판계에서 밥을 벌어먹는 일이 점점 더 무모한 꿈이 되어가고 있습니다. 그렇다고 해서 일을 쉬었던 적은 없습니다. 두세 군데 잡지에 꾸준히 연재를 했는데, 지난해와 올해는 역설적으로 가장 많은 텍스트를 만들어낸 기간이었습니다.

일이 자꾸 안 풀리다보니 부끄럽게도 삶보다 죽음을 생각하는 시간이 많아졌고, 그 생각이 점점 더 구체적으로, 생생해져갔습니다. 어느 날은 통장 잔고를 보면서 '여기에 얼마를 더 보태야 이번 달 빚을 막을 수 있을까?'를 고민하다가 문득 '이걸 가지고 멀리 떠나자. 이 돈 다 떨어지면 마무리를 짓자'라고 생각하기도 했습니다. 문제를 해결할 수는 없겠지만 적어도 더 키우지는 않겠다, 민폐의 악순환을 여기서 끊을 수 있겠다, 아니 끊어야겠다는 결심이었지요.

그런 과정에서 무슨 '섭섭귀신'이라도 씌었는지, 조금만 섭섭한 일에도 심하게 내상을 입고 마음을 닫은 채 인간관계를 단절하기 일쑤였습니다. 그러고 나면 또 외로워하고 마음 아파하는 시간들을 보냈습니다.

꽤 오래전부터 은퇴를 입에 달고 살았습니다. 그 시간은 제가 이 일을 어떻게 해올 수 있었는지, 왜 하는 것인지 스스로에게 묻는 시간이었습니다.

문득 생각해보니 타인은 제게 놀이공원이었습니다. 인터뷰를 준비하는 과정은 마치 놀이공원에 가기 전 그곳에서 친구와 재미있게 놀고 있는 저 자신을 상상하는 일이나 마찬가지였습니다. 인터뷰를 하는 과정은 놀이공원에서 평소 만나기 힘들었던 친구와 즐거운 시간을 보내는 듯한 특별한 경험이었고요. 인터뷰 녹취를 풀고 교정하는 과정은 추억의 장면들을 기록하고 정리하는 행복한 시간이었습니다. 독자들의 반응은 제가 SNS에 올린 것을 보면서 미처 놀이공원에 같이 오지 못한 친구들의 공감 같은 것이겠지요.

물론 저와 삶의 방식이 다른 사람들과는 놀이공원에 같이 가기 싫었습니다. 놀이공원을 파괴하려는 사람, 놀이공원을 즐기는 많은 사람들에게 피해를 주는 사람, 놀이공원을 독점하려는 사람과는 어울리기 싫었습니다. 그런 사람들이 아닌 한 타인의 생각은 늘 궁금했습니다. 타인은 제게 즐거운 모험을 허락해주는 신비한 생명체였죠.

한편으로 놀이공원은 일상적인 공간은 아니었습니다. 생계에 관한 고민만 없다면 이처럼 즐거운 일이 세상에 또 있을까요? 달아올랐다가 식기를 반복하는 쇠가 쉽게 피로골절이 되듯, 놀이공원에서 일상으로 돌아올 때마다 저는 극심한 단절감에 시달렸습니다. 바라건대 이 책이 제가 다시 기운을 차리는 데 조금이나마 힘을 보태주었으면 좋겠습니다.

사르트르는 '타인은 지옥'이라고 했습니다. 어쩌면 '타인은 지옥'이라고 생각하는 우리의 생각들이 모여 우리가 사는 세상을 점점 더 지옥으로 이끄는 것인지도 모르겠습니다. 타인에게는 내가 바로 타인일 테니까요. 저 역시

제가 힘든 것만 생각하면서 타인을 지옥으로 여겼던 것 같습니다. 저 역시 타인에게는 지옥이었겠지요. 이제 초심으로 돌아가 타인을 다시 놀이동산으로 생각하려 합니다. 그리고 힘이 닿는 한, 저 역시 타인에게 놀이공원 같은 사람이 되려 합니다. 저 스스로를 위해서라도 말이지요. 그러면 일도 다시 즐거워지겠지요. 일상의 고통을 좀더 견뎌낼 수 있는 힘이 될 수 있겠지요.

이 책 역시 여러분의 놀이공원이자 대화의 종합선물세트 같은 책이 된다면 더 바랄 것이 없겠습니다. 앞으로도 '설렁설렁' 인터뷰를 해나가겠습니다. '설렁설렁'이라는 말은 '무엇에 얽매이지 않고 가벼운 마음으로 일을 처리하거나 움직이는 모양'이라는 뜻입니다.

이 책에 실린 인터뷰는 2018년 2월부터 2019년 4월까지 월간 〈인물과사상〉에 연재되었던 인터뷰들 중에서 고른 것입니다. 인터뷰에 응해주신 강용주, 강원국, 김규리, 김승섭, 목수정, 서지현, 이은의, 주성하 님께 다시 한번 특별한 감사의 말씀을 드립니다. 연재 당시에도 지면의 한계 때문에 많은 부분을 덜어내야 했는데, 단행본으로 펴내면서도 분량을 줄일 수밖에 없었습니다. 독자 여러분의 양해를 부탁드립니다. 또한 인터뷰 텍스트의 특성상 인터뷰이들 고유의 어투를 최대한 살리기 위해 노력했습니다.

며칠 전 〈인물과사상〉 휴간호를 받아 보았습니다. 많은 사람들이 종간호로 받아들이는 것 같지만, 언젠가 〈인물과사상〉이 우리 곁에 다시 돌아올 것이라고 믿습니다. 저 같은 사람이 이런 일을 할 수 있는 판을 만들어주신 강준만 교수께 늘 감사한 마음입니다.

김승섭 교수는 분초 단위로 연구 활동을 하는 분이라 섭외가 어려울 거라고 생각했습니다. 밑져야 본전이라는 마음으로 페이스북에 글을 올렸습니다. 그랬더니 김기상 님이 '예전에 같이 연구한 적이 있다. 물어봐주겠다'고 했습니다. 연락을 받은 김승섭 교수가 '지승호 씨 알고 있다. 예전에 책도 봤었다'며 흔쾌히 응해주어 인터뷰를 하게 됐습니다. 아나나 다를까 제 인터 뷰집 『바이러스가 지나간 자리』가 책꽂이에 꽂혀 있더군요. 김승섭 교수로 부터는 연구하는 자세에 대해 많이 배웠습니다. 〈인물과사상〉 편집장이 가 장 좋아했던 인터뷰였죠.

배우 김규리 님은 섭외 요청을 받고, '도대체 어떻게 해야 할까?' 고민했습 니다. 연예인의 경우 홍보에 큰 도움이 안 되는 경우 기획사에서 대부분 거 절을 하거든요. 영화평론가 오동진 선배의 페이스북에 들어갔더니 김규리 님과 '페친'이었습니다. 그래서 '김규리 씨 아시나? 아시면 인터뷰 좀 부탁해 달라'고 했습니다. 곧 오동진 선배가 '인터뷰를 하겠다고 하니 연락해봐라'라 고 해서 인터뷰가 성사되었습니다. 김규리 님은 어려운 시절을 겪고 나서 마 치 달관의 경지에 이른 사람처럼 보였습니다. 사소한 일에서도 행복을 찾는 모습을 보고 저 또한 기운을 얻기도 했습니다. 다만 이 인터뷰 때문에 구설 에 올라 연예계 활동에 지장이 생기면 안 될 것 같아 민감한 질문은 하지 못했습니다. 기분좋은 인터뷰였지만, 인터뷰어로서는 실패한, 부끄러운 인터 뷰이기도 한 것 같네요.

강원국 작가로부터는 글쓰기에 대해 여러 가지를 배워보려는 사심이 있 었습니다. 이것저것 배운 것도 모자라 〈전원생활〉이라는 매체까지 소개를 받았습니다. 그곳에 원고를 쓰면서 인터뷰 글쓰기에 대해 다시 생각해보는 기회를 가졌습니다. 강원국 작가는 생각보다 훨씬 더 재미있고, 부지런했습 니다. 그게 성공 비결이구나, 하는 생각을 했더랬지요.

목수정 작가는 언제 한국에 오면 인터뷰를 해야겠다고 벼르고 있던 분이 었습니다. 마침 『칼리의 프랑스 학교 이야기』를 내고 한국에서 강연 활동을 하실 때 만나 뵈었습니다. 한국 교육과 프랑스 교육에 대해 생각할 수 있는 좋은 시간이었습니다. 초라하기 짝이 없었던 홍대 번개에도 참석하셔서 자리를 빛내주셨죠.

세계 최연소 비전향 장기수였던 강용주 선생은 만나보면 동네 형 같은 분입니다. 어떻게 그런 삶을 사셨는지 같이 소주 한잔하다보면 '이분이 진짜 그분이 맞나?' 하는 생각이 들 때도 있습니다. 부드러움 속의 단단함, 단호함 같은 것을 많이 느꼈습니다.

이은의 변호사는 〈인물과사상〉 복귀 후의 첫 인터뷰이였습니다. 페미니즘 리부트 시대를 맞아 여러 이야기를 듣고 싶었습니다. 네 시간 넘게 인터뷰를 했고, 원고지 400매가량의 녹취록이 남았습니다. 역시 아무나 삼성 같은 거대 기업을 상대로 싸울 수 있는 게 아니라는 것과 담론의 중요성을 새삼 깨달은 시간이었습니다.

주성하 기자의 경우, 강연을 듣고 반했습니다. 뒤풀이 때 같이 술을 한잔하면서 안면을 텄고, 이후에 인터뷰 요청을 했습니다. 그 후에도 강연을 들으러 간 적이 있는데, 강연중에 저더러 자신이 가장 좋아하는 배우인 니컬러스 케이지를 닮았다고 말씀해서 사람들이 뜨악해했던 기억이 나네요. 북한의 실상에 대한 이야기를 들으며 북한을 어떻게 생각해야 할지, 그리고 휴머니즘 등에 대해 많은 생각을 하게 되었습니다.

마지막으로 서지현 검사. 〈시사IN〉 등 몇몇 매체에서 2018년 올해의 인물로 선정한 분으로, '지금 아니면 인터뷰가 어려울 것이다, 매체를 통해 자신을 드러내는 걸 좋아하지 않는 분이고, 현직 검사로서 부담감도 클 것이다'라고 생각했습니다. 아니나 다를까 문자를 보내면 며칠 후에 연락이 오기도 했고, 어찌어찌 인터뷰가 성사되는 데 한 달이 넘게 걸렸습니다. 무사히 끝낸 것만으로도 성공했다는 느낌이 들었던 긴장감 넘치는 인터뷰였습니다. 2018년에 가장 큰 이슈가 되었던 인물의 육성을 들을 수 있었던 귀중한 시간이었지요.

타인은 놀이공원이다

어려운 섭외를 대체로 잘해내자 〈인물과사상〉의 이태준 부장은 제게 '섭외의 신'이라는 낯간지러운 칭호를 붙여주었습니다. 그래서 저도 허세(세상에서 가장 비싼 세금이라지요)를 부리며 '섭신(섭외의 신)'이라고 불러달라고 했습니다.

신神, 사전적으로 초자연적 능력을 갖춘 존재라는 의미이죠. 당연히 저는 그런 인물은 못 됩니다. 하지만 섭외를 하려면 귀신같이 눈치를 채야 하는 경우가 많습니다. 발음이 같은 scene을 보여줘야 하는 일이기도 하고, 신新, 새로움이 있어야 하는 일이기도 합니다. 신臣, 때로는 신하가 되기도 해야 합니다. 인터뷰어에게 인터뷰이는 왕이니까요. 신信, 서로 믿을 수 있어야 합니다. 믿음이 없는 인터뷰는 겉돌기만 하겠죠. 그리고 때로는 신발 같은 존재가 되기도 해야 합니다. 신身, 인터뷰를 하려면 생각보다 몸이 튼튼해야 합니다. 육체적, 정신적으로 만만치 않은 노동이거든요. 신辛, 때로는 맵고, 독한 실패의 맛을 보기도 하지요. 신晨, 인터뷰를 하다가, 인터뷰이에 관한 생각을 하다가 새벽 별을 보는 경우도 많고요. 신辰, 인터뷰도 때가 있습니다. 운때가 맞아야 좋은 인터뷰이를 만날 수 있겠죠. 신伸, 인터뷰는 해명하고, 설명하고, 진술할 기회를 주는 일이기도 합니다. 신申, 그리고 거듭 요청해야 하는 일이기도 하지요. 아무튼 이 책을 통해 새로운 기회를 얻고 싶기도 합니다.

서문이 또 신파로 흘렀네요. 늘 명랑하게 써보자고 마음먹는데 막상 쓰고 보면 신파가 됩니다. 마지막으로, 책이 팔리지 않는 이 시대에 제게 출간의 기회를 주신 싱긋 출판사 신정민 대표에게 감사의 말씀을 드립니다.

2019년 8월
지승호 씀

이 책이 여러분의 놀이공원이자
대화의 종합선물세트 같은 책이 된다면
더 바랄 것이 없겠습니다.

놓쳐서는 안 되는 질문들이
무엇인지를 기억하고 싸워야 한다

김승섭
교수

최근 『우리 몸이 세계라면』을 출간한 김승섭 교수를 만났다. 2017년 발간된 『아픔이 길이 되려면』은 〈한겨레〉〈중앙일보〉〈동아일보〉〈경향신문〉〈문화일보〉 '올해의 책'에 선정되었고, 저자 김승섭 고려대학교 보건과학대학 보건정책관리학부 교수는 〈조선일보〉〈시사IN〉'올해의 저자'로 선정되었다. "차별과 사회적 고립과 고용 불안이 인간의 몸을 해칠 수 있다는 연구 가설을 탐구하는 학문"인 사회역학을 연구하는 학자 김승섭은 쌍용자동차 해고노동자 건강 연구, 소방공무원 인권 상황 실태 조사, 한국 성인 동성애자·양성애자 건강 연구, 단원고 학생 생존자 및 가족 대상 실태 조사 연구, 한국 트랜스젠더 건강 연구, 천안함 생존자 건강 연구 등 수많은 연구 과제를 수행해왔다. 그는 자신의 연구 주제와 메시지가 좌파, 우파로 나뉠 만한 문제는 아니며, 좌든 우든 모두 건강해야 하지 않겠냐고 강조했다.

2019년 안식년을 맞아 하버드대학에서 '저임금 이주노동자 연구'에 참여한다는 김승섭 교수와의 인터뷰는 2018년 12월 27일 오후 김교수의 연구실에서 이루어졌다.

사회역학 교과서가 2000년에야 나왔다고 들었습니다. 10여 년 전부터 박사학위 수여자가 나왔으니 신생 학문이라고 볼 수 있는데, 이 학문을 택하게 된 계기가 있으신가요?

사회역학 교과서가 나온 시기, 이 분야에서 박사학위 수여자가 나온 시기는 말씀하신 게 정확합니다. 하지만 오래전부터 사회적 환경이 인간의 몸을 바꾼다는 것은 우리가 직관적으로도 알고 있었던 거예요. 연구들은 꾸준히 진행되고 있었습니다. 독립 학제로서 두 발로 선 것이 2000년 이후라고 보면 될 것 같습니다. 의과대학에 다니는 동안 산업재해를 당한 분들을 만나뵙고 진료하는 데 가서 보기도 하면서 '병원에 오는 사람만 진료하는 것만으로는 불충분할 수 있겠구나' 하는 생각들을 했던 것 같고요. '병원에 오지 못하는 사람들은 어떻게 하지?'라는 생각과 '병원에서 치료를 받고 나서도 다시 병을 유발한 환경으로 돌아가는 환자를 방치하지 않으려면 어떻게 해야 하나'라는 고민을 갖고 있었습니다. 어떤 의사가 되어야 할까 고민하다가 의대를 졸업하고 유학을 갔을 때는 직업병을 연구하려 했고요. 마침 당시 하버드에서 사회역학 분야가 성장하고 있어서 그 수혜를 입었던 것 같습니다.

사회역학이 최근 들어 새로운 분과학문으로 등장할 만큼 중요해진 건가요?

역사적 맥락이 있습니다. 자신이 맺는 사회적 관계, 주거 환경 등이 중요하거든요. 1990년대 중후반부터 사회역학자들이 왜 그동안 우리는 이런 것들에 대해 진지하게 질문하지 않았는가 하고 문제를 제기했죠. 1950년대 이후 DNA 이중나선 구조 발견을 포함해 생물학적 지식들이 급격히 발견되면서, 인간의 질병을 생각할 때 항상 분자생물학적 환원주의에

김승섭

지배당했던 면이 있고요. 그리고 흡연, 음주, 운동 부족 등 개인의 생활 습관들이 주목받았죠. 분자생물학적 변화라는 것들을 추동하는 사회적 환경은 존재하지 않는가, 흡연과 음주, 운동 부족 뒤에 존재하는 그 원인으로서의 사회적 환경은 존재하지 않는가, 이런 질문들을 90년대 중후반부터 본격적으로 했습니다.

사회역학이 "차별과 사회적 고립과 고용 불안이 인간의 몸을 해칠 수 있다는 연구 가설을 탐구하는 학문"이라고 하셨는데요, 한국에서는 아직 자료가 부족해 연구에 걸림돌이 되는 것이 많을 것 같습니다.

전 세계적으로 비슷합니다. 차별, 사회적 고립, 고용 불안 등은 어느 사회에서나 소수자들이 겪는 일이잖아요. 사회적 약자들, 소수자들의 삶은 대부분 불안정합니다. 이런 사람들의 경우는 데이터가 적고 많이 모을 수 없어서 추적, 관찰하기가 어렵습니다. 한국도 예외가 아니고요. 그런 부분들이 논문 쓸 때는 불리하죠.

2017년 트랜스젠더 285명이 참여한 '한국 트랜스젠더 건강 연구'를 하셨죠. 성소수자들 안에서도 소수자인데다 스스로를 드러내길 꺼리는 사람들을 그렇게 많이 참여시키는 과정에서 어려움도 많았을 것 같습니다.

『오롯한 당신』이라는 책에도 자세히 썼는데요, 할 수 있는 건 다 했죠. 당시 연구 기간에 서울과 대구에서 퀴어 퍼레이드가 있었는데요, 서울과 대구에 둘 다 부스를 차리고 트랜스젠더들한테 설문 팸플릿을 나눠 줬어요. 그 자리에서 할 경우에는 축제 분위기에 휩쓸릴 수 있으니, 전화번

호를 주면 며칠 뒤에 링크를 보내는 식으로 설문 조사를 했습니다. 그리고 서울에 있는 트랜스젠더들이 호르몬 치료를 받는 병원 세 군데를 방문해서 병원별로 만든 리플릿을 환자들에게 나눠줬고요. 트랜스젠더 활동 단체에 계신 분들이 홍보를 해주셨습니다. 그런 일들이 다 모여서 가능했던 것 같아요.

그들은 복합적인 소수자일 수밖에 없어서 사회적 고립감도 더 심할 것 같습니다.

정말 무지했다는 생각을 항상 하게 됩니다. 쓰는 언어조차도 익숙지가 않았고요. 모든 트랜스젠더가 그런 것은 아니지만, 대다수가 의료적 성전환을 필요로 해요. 정신과 진단, 호르몬 치료, 성전환 수술의 과정인데, 그 과정이 어떻게 진행되는지도, 비용도, 의료보험이 적용되지 않는다는 것도 몰랐어요. 이런 수술을 할 수 있는 의사가 거의 없다는 것도 몰랐고요. 상상도 못했던 것들이 많았죠. 스스로 여성이라고 생각하는 트랜스젠더들이 성전환을 마무리하지 못해 군대에 가서 겪는 어려움들 같은 게 있어요. 공동으로 샤워를 해야 한다거나, 그런 일들은 그들에게 고문일 수밖에 없거든요. 투표도 그렇습니다. 신분증 확인이 이들에게는 정말 곤혹스러운 일이거든요. '주민번호 앞자리랑 외모가 왜 안 맞지?' 하는 얘기를 듣는 게 두려워서 투표를 포기하는 일들은 생각지도 못했거든요. 모든 소수자들이 그렇지만, 트랜스젠더는 특히 모든 것이 새로웠던 연구 대상이었습니다.

'내 소변보는 소리가 다를까봐 화장실 가기 두렵다'고 한 분도 있다고 하셨는데요, 그만큼 다른 사람들 눈치를 보고, 강박관념을 갖고 있다는 거겠죠.

김승섭

트랜스젠더들에 대한 영화를 만든 김일란 감독님이 그런 얘기를 하시더라고요.

⟨3xFTM⟩이죠?

네. 영화 촬영하면서 들은 얘기라고 하셨죠. 두려워서 공중화장실을 못 가는 경우가 많고, 자신이 생각하는 성별로 인식이 안 된 경우에는 잘못 들어갔다가 쫓겨나기도 하고, 소변을 자꾸 참게 되고, 그래서 방광염에 걸리는 경우도 많아요. 자기집 화장실에도 불을 끄고 들어가는 경우가 종종 있대요. 스스로를 검열하는 시선이 있는 거죠. 온전한 자신이 되지 못하는 거고, 그런 긴장과 두려움이 삶에서 계속되는 겁니다.

한국의 의료 수준이 세계적인 수준인데, 성전환 수술을 태국이나 필리핀 가서 받는다고 하잖아요.

한국이 성형수술을 매우 잘하는 나라거든요. 그래서 의사들이 그 영역을 긍정적으로 생각하기 시작하면 금방 개선될 수도 있다고 봅니다. 그런데 지금은 의과대학에서도 가르치지 않고, 인턴, 레지던트 기간에도 가르치지 않죠. 의사들 입장에서도 수련 받을 기회도 없을뿐더러, 아예 생각도 못하는 경우가 많은 것 같습니다.

성소수자에 대한 편견이 많지 않습니까? OECD 국가 중에서 에이즈 환자나 동성애자를 이웃으로 두겠냐고 하는 질문에 '싫다'고 대답한 비율이 터키와 한국이 압도적으로 높더라고요.

동성애자에 대한 거부감은 터키가 1위, 한국이 2위고요, 에이즈 환자에 대한 거부감은 한국이 압도적인 1위입니다.

타인은 놀이공원이다

교육이 안 돼서 그런 걸까요?

　　HIV 감염에 대한 인식이 1980년대 수준에 머물러 있는 것 같아요. HIV 감염과 관련해서는 지난 30년간 의학이 가장 큰 성과를 이뤄 왔거든요. 일단 감염되면 2년 이내에 감염자의 절반이 죽는, 원인도 모르는 무서운 병이었던 때도 있었지만, 지금은 감염되고도 평균 50년 이상을 더 살죠. 좋은 약이 개발되어서 바이러스의 체내 농도가 일정 수준 이하로 떨어지면 콘돔 없이 섹스해도 감염되지 않는 지점까지 왔어요. 학계에서 바라보는 HIV 감염은 그저 만성 질환이에요. 예전처럼 두려워할 병이 아니라는 거죠. 한국에서는 보균자들이 에이즈로 진전되어 합병증으로 죽는 경우보다 자살로 죽는 경우가 더 많아요. HIV 보균자에 대한 혐오가 HIV 감염을 증가시키는 원인이라고 생각합니다. 이제는 어떻게 하면 HIV 전파를 막을 수 있는지 알거든요. 그런데도 보균자들에 대한 사회적 인식 때문에 그들이 자신의 감염 사실을 가족한테도 알리지 않아요. 숨고, 검사를 받지 않고, 약을 먹지 않고, 병원에도 안 가게 되죠. 모든 의학적 성과가 혐오 앞에 막혀버리는 거죠.

책을 보면 연구자가 거대 기업에 맞서는 일에 대해서도 어려 움을 토로하셨는데요.

　　기업에 맞선다고 생각해본 적은 없고요, 가장 합리적인 설명이 무엇인가를 놓고 싸우기는 해요. 그런데 너무 기울어진 운동장에 있다보니까 학계에서 인정하는 최소한의 합리적 설명만으로도 기업과 정부에 맞서는 피해자분들에게 도움이 되는 경우가 종종 있어요. 상황을 설명할 수 있는 가장 합리적인 논리는 무엇인가, 그렇게 접근하려고 합니다.

　　　　　　　　　　　　　　　　　　　　　　　김승섭

언론의 문제도 많이 지적하셨는데요, 세월호와 관련해 "지원 내역을 국민과 공유하는 것이 당사자에게 도움되는 특수 상황이 아니라면 재난 당사자가 애도하고 치유에 집중하도록 사회가 침묵해야 한다. 그게 한 사회의 감수성이고, 실력이다"라고, 일본은 피해자들을 보호하는 풍토가 있다고 하셨습니다.

우리보다는 낫죠. 거기라고 해서 옐로 저널리즘이 없는 것이 아니지만, 우리보다는 더 많은 경험을 했고 그것을 통해 배운 지점들이 감수성으로 남아 있는 것 같아요. 저는 세월호 때 배보상 금액을 입에 많이 올렸던 분들의 의도가 무엇이었는지 다시 물어야 한다고 생각해요. 연평해전이나 천안함 피해 장병들의 유족이 받는 금액과 비교하면서 욕하기도 했죠. 분단된 국가에서 군복무를 하다가 다치거나 죽은 사람들에 대해서는 반드시 충분한 보상이 있어야 한다고 생각합니다. 그분들에 대한 보상 금액이 재난 피해자들보다 적다면 그 금액을 올려야죠. 올리기 위해 싸워야죠. 국가가 정한 세월호 피해자들에 대한 보상금을 놓고 욕할 일은 아니에요. 그건 세월호 피해자들의 아픔을 조롱하는 일이고요. 그런 것들이 한국 사회를 한 걸음 더 나아가지 못하게 한다고 생각합니다.

보수냐 진보냐에 따라 천안함과 세월호를 대하는 우리 사회의 태도가 극단적으로 다르지 않습니까? 둘 다 정치적으로 이용되어서는 안 되는 사안인데요

천안함도, 세월호도 같이 아파해야 할 일인데, 한국의 정치가 그것을 방해한 면도 분명히 있는 것 같아요. 세월호 참사 때는 전 정권이 적극적으로 애도를 막았던 것 같고요. 천안함과 관련해서는 변지민 기자가 쓴 말이 정확하다고 생각해요. '보수는 이용했고 진보는 외면했다'. 천안함 장병들의 희생만 이야기할 뿐 막상 생존자들이 어떻게 살아가고 있는지에 대해서는 무관심했죠. 희생자들을 국가 유공자로 지정하기 위한 정책을 추진하지도 않았고요. 심지어는 의료비도 제대로 지급하지 않았잖아요. 어떤 면에서는 세월호 참사 희생자들이나 쌍용자동차 해고 노동자들보다도 천안함 피해 장병들이 더 고립되어 있었다고 생각해요.

갈등을 봉합하지도, 피해자의 상처를 치유하지도 못하는 우리 사회와 정치의 무능력이라고 할 수 있을 것 같습니다.

두 가지를 기억했으면 좋겠는데요, 하나는 모든 정치는 진공에서 시작하지 않는다는 거예요. 정치는 기존의 역사와 권력 관계, 성과와 과오 위에서 시작하기 때문이죠. 또하나는 어떤 정권에 대해 평가할 때 그 환경을 감안하지 않으면 놓칠 수 있는 게 너무 많다는 거예요. 자신이 생각하는 가장 이상적인 정권, 가장 나은 정치라는 기준으로 현 정권을 평가하면 안 된다고 생각해요. 그러면서부터 우리는 항상 정치에 대해 냉소하게 되죠.

2015년 쌍용자동차 해고 노동자 건강 연구를 하셨죠. 50.5 퍼센트가 외상 후 스트레스 장애를 앓는다는 결과를 보고 계속 의심이 되어 확인을 하셨다고 들었습니다.

처음에는 안 믿었죠. 그런데 쌍용자동차 다큐를 보면 전혀 놀랍지 않아요. 전기가 끊기고, 도장 공장에 언제 불이 붙을지 모르고, 헬리콥터가 출동해서 사람들을 잡아가고…… 물도 없고 화장실도 없고 먹을 것도 없고 의약품도 없는 환경을 생각한다 해도 그 수치는 놀라워요. 전투에 투입된 군인들만큼 힘들었다는 얘기에는 많은 사람들이 공감할 것 같아요.

김승섭

해고 노동자와 그 가족들이 병으로 죽거나 자살을 한 경우가 굉장히 많았잖아요. 다른 파업 현장들도 대동소이하다고 하죠. 어떻게 해야 할까요?

정리 해고가 남용되고 있는 건 아닌지, 정리 해고를 계속 받아들여도 되는지에 대한 질문을 먼저 해야 할 것 같고요, 다음으로는 자본주의 사회에서 해고는 계속 나타날 수밖에 없는 문제인데, 해고가 발생했을 때 사회 안전망 측면에서 우리 사회가 무엇을 해야 하는가에 대해 고민해야 할 것 같습니다. 당연하지만 좋은 일자리는 점점 줄어들 겁니다. 어느 정권에서든 말이죠. 자동화, 인공지능 등으로 해고 노동자는 점점 늘어나고, 취업은 갈수록 어려워질 게 분명합니다. 이런 상황에서 쌍용자동차 해고 노동자들의 사례를 통해 무엇을 배워야 할지 사회적인 질문을 던져볼 필요가 있습니다.

오스트리아의 과학철학자 오토 노이라트의 말을 책에 인용하셨죠. "우리는 망망대해에서 배를 뜯어고쳐야 하는 뱃사람과 같은 신세다. 우리에게는 부두로 가서 배를 분해하고 좋은 부품으로 다시 조립할 수 있는 기회가 주어지지 않는다." 선생님의 연구 환경에 관해 말씀하신 것 같습니다.

시간이 많아서 오랫동안 정보를 수집하고 튼튼하게 말할 수 있으면 참 좋겠지만, 그렇게 계속 기다릴 수 없는 상황인 거죠. 그 과정에서 가장 합리적인 설명은 무엇인가, 현재 가용 가능한 자원에서 최선의 설명은 무엇인가에 대해 계속 답해야 하는 상황에 종종 처합니다. 법정에서도, 연구에서도. 답답하고 갑갑하더라도 하나하나 고쳐나가는 길밖에 없죠. 세상은 너무 더디게 변하고, 후퇴하는 것 같고, 괴로워서 아예 처음부터 세팅을

　　　　　　　　　　　타인은 놀이공원이다

다시 하고 싶은 욕심이 있는데요, 하지만 그런 식으로 세상을 바꾸기는 굉장히 어려운 일인 것 같아요.

어떤 분은 생태계를 바꾸려면 산불을 한번 질러야 한다고 하셨죠.(웃음)

이해는 하지만, 그런 말들은 정치적 냉소주의와도 닿아 있는 것 같습니다. 산불을 지른다고 해서 이 문제가 사라질 거라고 생각하지 않아요. 화가 나지만, 이게 우리가 타고 있는 배라는 것을 인정하고 바꾸는 길밖에 없다고 생각해요. 제가 할 수 있는 영역 안에서 무언가를 찾는 일이죠. 누군가는 상상력의 부재라고 말할 수도 있을 텐데, 그런 의미에서는 저의 한계일 수도 있죠. 공부와 글을 통해 세상에 개입하려 한다는 면에서는 보수적인 저의 한계요.

주로 진보적인 분들과 같이 연구하고 일하시는 경우가 많을 텐데요.

맞아요. 저를 보고 좌파라고 할 때는 당황스러워요.(웃음) 왜 그렇게 보는지는 알겠어요. 좌파건 우파건 기본적으로 사람이 아프지 말아야 한다, 건강 불평등을 줄여야 한다는 말에 원칙적으로 동의하지 않는 사람은 없을 것 같아요. 보건학은 어떻게 해야 사람들이 더 건강할 수 있을지를 연구하기 때문에, 현재 가용 가능한 자원을 누리고 있지 못한 사람들에게 먼저 눈길이 가는 게 당연한 일이에요. 소수자들에게 먼저 손을 내밀게 되는 거죠. 사회가 제게 던지는 질문에 응답하는 과정에서 때로는 좌파의 주제로 여겨지는 세월호, 때로는 우파의 주제로 여겨지는 천안함과 같은 주제들을 만나게 돼요. 어떤 주제든 피해 갈 생각은 없고요. 정부가 협조해준다면 쌍용자동차 노동자들을 진압한 전경들의 건강 연구도 하고 싶어요. 정말 힘들었을 거예요. 노동자들은 자신의 직장을 지키기 위해 싸운 거지만, 이들은 의무적으로 했던 일이잖아요. 그들 역시 건강해야 한다고 생각하거든요. 정치적 지형을 벗어나서 연구하고 있다고 하면 거짓말이겠죠. 어딘가에는 속해 있을 거예요. 다만 제 연구 주제와 메시지가 좌파, 우파로 나뉠만한 문제는 아니라는 얘기는 하고 싶어요.

우리가 건강권에 대한 인식이 낮은 사회잖아요.

아주 중요한 질문입니다. 현재 건강권을 바라보는 한국 사회의 인식이 어떤가 하는. 미국에서 오바마가 재선을 위해 출마했을 때 미국에 있었거든요. 공화당 대통령 후보 토론을 보고 있었어요. 화면에 나온 누군가가 질문하면 후보들이 응답하는 방송이었죠. '저는 미국에 사는 스물몇 살의 젊은이인데, 현재 의료보험이 없습니다. 교통사고가 나서 응급실에 갔는데, 치료를 못 받아서 죽을 수도 있습니다. 당신들은 나를 위해서 뭘 해줄 수 있나요?'라고 했을 때 공화당 후보 중 한 명이 이렇게 말했어요. '그게 자유의 정의다. 자유는 책임지는 사람들에게만 존재할 수 있는 권리와 같은 거다.'

개인 의료보험료를 낼 수 있는 사람들만 치료를 받을 자유가 있다는 거군요.

자신의 삶에 대해 그만큼 책임지지 못하는 사람들은 죽어도 어쩔 수 없다는 얘기를 하는 사람들이 한 극단에 있어요. 그런데 북유럽의 나라들처럼 건강은 물론 교육 분야에도 국가가 책임감을 갖고 비용을 지원해주는 곳도 있단 말이죠. 그럼 한국은 어디에 있는가, 개인에게 모든 책임을 묻는 쪽으로 가고 있다는 거죠. 사람이 저렇게 살면 안 되지, 저건 아니잖아, 이런 마음들이 점점 줄어들고 있거든요. 한 사회가 그 구성원들에 대해 책임져야 하는 범위에 대한 인식과도 닿아 있는 게 아닐까 싶은데요, 후퇴하고 있다고만 생각하지는 않아요. 동시에 우리가 어디 서 있는가, 하는 질문은 여전히 중요한 것 같아요. 한국 사회에 대해 젊은이들은 충분히 '헬조선'이라고 말할 수 있다고 생각하지만, 학자인 저는 그런 말을 하면 안 된다고 생각하거든요. 그런 고민들을 하죠.

학자는 인상비평만 해서는 안 된다는 말씀이네요.

얼마 전에 서명숙 씨가 쓴 『영초언니』를 읽었거든요. 저는 어마어마한 수혜자라고 생각해요. 저는 그 시절에 태어났으면 지금처럼 공부를 못했을 겁니다. 저는 김대중 정권의 탄생과 함께 대학에 들어갔는데요, 읽고 싶은 책이 있으면 다 읽을 수 있었어요. 제한을 거의 안 받았죠. 그리고 자기 생각을 말할 때도 두려움을 거의 느끼지 않았어요. 그런데 『영초언니』 시절에는 마음대로 책을 읽지도, 자신의 생각을 말하지도 못했거든요. 우리가 지나온 세월 동안 얻어낸 것들, 성취한 것들이 적지 않다는 것을 놓치지 않아야 한다는 말씀이에요. 저는 그 책을 읽으면서 내가 이렇게 오늘날처럼 원하는 공부를 할 수 있는 것은 이분들 덕이다, 그런 생각을 했거든요. 여전히 너무나 많이 부족하고 바뀌어야 할 것도 많지만, 우리가 대통령을 우리 손으로 뽑기 시작한 게 불과 30년밖에 안 되지 않았나, 이런 지점들에 대해서도 기억해야 하는 거 아닌가, 그런 생각도 합니다. 어쨌든 우리는 계속 앞으로 나아가고 있다고 믿으려 애쓰고 있고요.

김승섭

"건강해야 공부할 수 있고, 투표할 수 있고, 일할 수 있고, 사랑할 수 있으니까요"라고 말씀하셨죠. 개인이 그래야 사회도 그럴 수 있을 텐데요, 한국 사회가 복지 문제를 어떻게 바라봐야 할지에 대해서는 아직도 합의점을 못 찾았다는 생각이 듭니다.

외국이라고 해서 합의점이 쉽게 만들어지는 것 같지는 않아요. 갈등이 있는 것도 당연한 일 같고요. 제 영역에서는 이런 고민들을 하는 거죠. 논쟁할 만한 주제인가, 싸울 가치가 있는 문제인가. 『아픔이 길이 되려면』에 썼던 얘긴데요, 화학물질에 대한 사전예방원칙 점검은 인류의 생존을 위해 꼭 필요하거든요. 매년 수많은 화학물질이 개발되는데, 이것들의 유해성은 사람이 그만큼 죽었을 때만 알 수 있어요. 이 급변하는 사회에서 새로운 기술과 함께 등장하는 리스크들에 대해 충분한 근거가 있을 때만 규제한다는 과거의 방식으로 간다면 생존이 불가능해져요. EU 같은 데서 채택하고 있는 사전예방원칙, 사전주의원칙에 기반한 법안이 필수적입니다. 물론 기업에는 규제가 늘어나는 일이지만, 공동체의 생존 없이는 기업도 존재할 수 없잖아요.

2016년 1월부터 세월호 관련 조사를 시작하셨죠. 많은 분들이 세월호 이전과 이후로 한국 사회가 나뉜다고 얘기합니다. 세월호가 한국 사회 사람들에게 어떤 영향을 줬다고 생각하십니까?

모두가 다 알고는 있죠. 국가가 구조하지 않아서 아까운 생명들이 죽었다, 그리고 그로 인한 트라우마. 거기에 더해서 얘기하는 게 중요하다고 생각하는데, 사람들이 그다음 얘기들은 하지 않는 것 같아요.

치유 프로그램들이 졸속으로 만들어진 경우가 많아서 아이들이 힘들어했다는 말도 들었습니다.

치유 프로그램을 시행했던 분들의 의도는 절대 나쁘지 않았어요. 짧은 기간 동안 많은 프로그램들을 집중적으로 진행하다보니 당시자인 아이들이 많이 힘들어했던 거죠. 좋은 의도로 시작했지만 무심코 상처를 주게 되는 일에 우리가 더 예민해져야 한다고 생각합니다. 어떻게 맞든 맞으면 아픈 거고, 그것 역시 폭력이니까요. 교육하고 준비하지 않으면 때리는 사람은 모르고 때리게 되거든요. 상처에 대한 인권 감수성이라는 것이 어느 순간 바로 만들어지는 것 같지는 않습니다.

세월호 문제는 어떻게 풀어가야 할까요?

정혜신 선생님은 트라우마를 겪기 이전 상태로 돌아가는 것은 불가능하다고 단호히 얘기하시죠. 다만 트라우마를 겪고 나서도 숨을 쉬고 살 수 있도록 도와주는 것 정도가 최선이라고요. 저도 그렇게 생각해요. 세월호 유가족들이 갖고 있는 국가에 대한 불신은 국가가 풀어줄 수밖에 없어요.

첫번째 책 『아픔이 길이 되려면』을 내고 나서 학자로서 가장 많이 바뀐 부분은 무엇인가요?

학자로서 변한 것은 정말 없어요. 저 스스로가 언론에 나가고 인기가 많아지면 중심을 잘 잡을 수 있는 사람이라고 생각하지 않아요.(웃음) 자꾸 띄워주면 붕 뜰 수 있는 사람이에요. 그래서 책이 나온 다음에 주변 정리를 단호하게 했습니다. 외부 강연 안 하고, TV에도 안 나가고, 기고도 거의 안 했어요. 정말 죄송한데, 칼럼 연재 다 거절했거든요. 책 나오고

〈시사IN〉에 다섯 번 정도 기고했는데, 그것도 제가 공부하면서 쓸 수 있는 글이어서 했던 거예요. 예민한 주제에 대한 연구를 발표할 때 사람들이 예전보다 좀더 주목해주는 것은 감사한 일이죠.

이번 〈시사IN〉 송년호에 올해의 인물로 선정된 서지현 검사 인터뷰어로 참여하셨잖아요. 사람들이 〈시사IN〉과 특별한 관계라고 생각하지 않을까요?(웃음)

저는 언론에 기고할 때 보통 마감 사흘 전에 보내요. 〈시사IN〉에서는 장일호 기자가 제 원고를 봐주셨는데 이분의 문장이 좋더라고요. 〈시사IN〉에 마감 사흘 전에 원고를 보내고, 글을 네 번은 주고받았어요. 계속 고치는 거죠. 물론 글은 제가 쓰지만, 문단 순서를 바꾼다든가 마지막 문장을 고민하는 일은 계속 통화하면서 같이 했습니다. 이분은 오랫동안 글을 썼고, 이분의 글을 좋아하는 입장에서 같이 일을 해보고 싶었어요. 이분도 그 작업을 즐거워했고요. 글을 보는 맑은 눈을 가진 기자와 협업하는 게 정말 즐거웠죠. 서지현 검사 인터뷰도 장일호 기자랑 얘기하다가 '혹시 서지현 검사님에게 힘이 될 일만 있으면 뭐든지 하겠다'고 해서 하게 됐어요. 장일호 기자가 정리해준다면 서지현 검사의 의도든 제 의도든 왜곡하지 않을 거라는 신뢰감이 있었고요.

대담하고 나서 어떠셨나요? 미리 질문을 보냈고, 70매 정도의 초고가 왔고, 그걸 토대로 질문을 같이 만드셨다고 들었는데요.

저는 매사에 그렇게 일을 해요. 책을 쓸 때도 항상 그렇게 하고요. 인터뷰를 할 때도 인터뷰에 같이 가는 기자분과 질문을 계속 같이 만들어요. 얼마만큼 정성을 들여 만든 질문인가에 따라 받아올 수 있는 얘기가 달라지잖아요. 기존에 서지현 검사에게서 부각되었던 고통스러움보다는 이분의 용기를 부각하고 싶었기 때문에 질문에 대한 논의를 계속했죠. 글로 나가는 것들이 세상에 잘 전달되었으면 좋겠고, 활자 매체라는 것이 점점 힘을 잃고 있는 상황이지만 할 수 있는 건 다 해보고 싶거든요.

서지현 검사 미투 직후에 연구팀과 '스피크 위드 유' 프로젝트를 진행하셨죠.

학생들이 있어서 가능했던 일이죠. 뭔가 돕긴 도와야겠는데, 도울 길이 없는 거예요. 저는 정규직에 기득권 남성이기도 하고요. 성폭력 피해자들이 피해 사실을 폭로하면 항상 피해자 개인에 대한 이야기가 나오잖아요. 중요한 건 그게 아닌데. 기본적으로 미투를 계기로 조직을 점검하는 쪽으로 나아가야 한다고 생각했어요. 개개인의 사례가 아니라 조직에 만연한 문제들을 용기 내서 말한 것이라는 관점을 제공해야 한다고 생각했죠. 조직의 상황을 진단할 수 있는 설문이나 연구가 필수적이라고 생각했는데, 저 혼자 다 할 수는 없잖아요. 그때 모 대학 영화학과 친구들이 설문을 하고 싶다고 질문을 보냈는데, 세 가지였어요. 피해 경험이 있습니까, 어떻게 대응하셨습니까, 언론에 공개해도 됩니까. 그때 갑자기 이런 설문을 진행하고 싶어하는 친구들이 여럿 있을 수도 있겠다는 생각이 들었어요. 자기 조직에서. 성폭력 피해 경험을 조사하는 설문 문항을 디자인하는 워크숍을 만들자고 했죠. 그런데 정치적으로 예민한 문제니까 워크숍을 하되 돈은 받지 않기로 하고 학생들과 제가 무급으로 준비했어요. 하지만 참가비는 받아야 했기 때문에 1인당 만 원씩 받았고, 40명 좀 넘게 오셔서 40만여 원을 그대로 한국성폭력상담소에 보냈죠. 저는 역학과 통계를 하는 사람이어서 내 전문성을 갖고 뭘 함께할 수 있을까 고민했던 거고, 그게 제 나름의 참여였던 것 같습니다.

지속적으로 이런 일을 하다보면 선생님 건강에도 문제가 생길 수 있을 것 같은데요.

연구하는 내내 제 앞에 앉아 있는 사람들이 저보다 더 아파요. 저도 되게 아프지만. 쌍용자동차 해고 노동자건, 세월호 생존 학생과 유가족이건, 미투 피해자분들이건, 이분들이 저보다 더 아픈 거예요. 그래서 저도 아픈데 버티게 되는 것 같아요. 그게 장기적으로는 안 좋은 것 같고요.

태안화력발전소 김용균 씨에 대해 말씀하셨는데요, 위험의 외주화 문제에 대해서…… 2년 전 구의역 사고가 났을 때도 그렇게 많은 사람이 이 문제를 풀자고 했는데 지금 또 이런 사건이 났죠. 그런데 정치권과 사회가 이 문제를 풀 의지가 없다는 생각이 들거든요.

누굴 비판하기보다는 모두 책임감을 느껴야 할 것 같아요. 어떻게 해야 하나, 저도 고민하고 있습니다. 저는 제가 한국 사회는 여전히 희망이 없고 바뀐 게 없다고 말할 수 있는 자리에 있다고 생각하지 않습니다. 책임감을 느껴야 하는 위치에 있는 것 같아요.

언론에도 "계속해보겠습니다"라는 문장에서 결기를 느꼈다는 표현이 나오더라고요.

황정은 작가님의 소설 『계속해보겠습니다』를 읽고 제 마음에 들어온 말이었어요. 좋아하는 소설인데, 그 소설이 없었으면 그 말을 이렇게 쓸 생각을 못했을 것 같습니다. 어쨌든 하는 데까지 해봐야죠. 하다가 힘들어서 못하게 되면 다음 세대가 바통을 이어받을 거라고 생각해요.

학자로서의 목표가 있다면요?

다음 세대를 길러내는 학자가 되고 싶어요.

가르치는 사람으로서 가장 큰 역할이네요.

어차피 저 혼자 할 수 있는 역할은 아주 적기 때문에 대학원생들, 연구실의 석박사 과정 학생들과 같이 꿈을 꾸는데요, 이 친구들이 사회적 약자에게 따뜻한 관심을 가지면서도 과학적으로도 예민한 문제에 두려워하지 않고 접근하는 학자로 성장하고 활동할 수 있도록 다리가 되어주는 것, 그게 목표예요. 지금 그러고 있다는 건 아니고요, 앞으로 제일 하고 싶은 일입니다.

소설도 많이 보시는 것 같네요.

의도적으로 봐요. 저는 공부를 굉장히 좋아해요. 민망한 얘기이긴 한데.(웃음) 내가 생각하지 못했던 것들을 누군가 생각하는 것이 아주 신기하고요. 언어를 섬세하게 가려서 정확하게 사용하는 사람들을 보면 너무 신기하고 좋아요. 신형철 평론가가 특히 언어를 그렇게 쓰는 것 같습니다. 논문을 쓸 때 사회과학 서적보다는 소설이나 에세이에서 종종 아이디어들을 얻어 뒤섞기도 하고요. 언어의 결이 아주 예민하고 섬세하게 나뉘는 경우를 종종 봐요. 소설을 보면 제 언어가 가닿지 못하는 지점들이 있잖아요. 학자로서는 가닿지 못하는 지점들에 존재하는 아픔들에 대해서 소설가들은 굉장히 얘기를 잘해요. 여성 소설가들을 되게 좋아하고요. 한강 작가,

최은영 작가 팬이에요.

**과학적 합리성을 말할 때 포기할 수 없는 것을 몇 가지 말씀
하셨습니다. 첫째, 데이터에 기초한 사고, 둘째, 지식의 생산
과정에 대한 의심, 셋째, 근거의 불충분함이 변명이 되는 것
에 대한 경계.**

그 안에서 충돌하잖아요. 데이터가 필요한데, 근거의 불충분
함이 답이 되어서는 안 되는. 그럴 때마다 항상 어딘가에서 길을 찾아요. 트
랜스젠더 연구를 두고서 누군가는 이렇게 말할 수 있거든요. 당신이 285명
을 조사했다고 하지만, 한국에는 10만 명 정도의 트랜스젠더가 있다고 추정
되는데, 이들에게 대표성이 있다고 할 수 있나. 당연히 없죠. 이게 향후 10년
안에는 어려울 것 같거든요. 제 얘기가 데이터와 대표성 면에서 부족한 건
맞아요. 그러면 계속 침묵하는 게 맞는가, 아니면 부족함을 명시하고 데이터
의 한계 속에서라도 말하는 게 맞는가. 저는 말하는 게 맞는다고 생각하거
든요. 말을 해야만 대표성을 가진 데이터가 없다는 것, 트랜스젠더의 수조
차 파악하지 못하고 있다는 것이 명확히 드러나 다음 단계로 갈 수 있는 길
이 열리죠. 그래서 방금 얘기하셨던 세 가지 원칙 어딘가에서 항상 헤맵니
다. '부족합니다. 하지만 현재의 기준으로는 이게 최선의 근거입니다. 최선의
합리성입니다'라고 말할 수 있는 것을 내놓으려 애쓰고 있죠.

**의심할 권리와 책임 사이에 갈등과 경계가 있을 텐데요, 거기
서 어떤 점을 염두에 둬야 한다고 생각하시나요?**

우리가 염두에 둬야 할 것은 명제가 아니라 질문인 것 같아
요. 삶은 시작부터 끝까지 과정의 연속이죠. 명제화된 답이나 원칙을 세우

는 게 의미가 없다는 말은 아닙니다. 긴장을 놓치는 순간 사람이 흐트러지는 것 같습니다. 선불교에 관심이 많거든요. 가끔 절에 가기도 하는데요. 선불교에서 그러듯 명제화된 답을 찾는 게 아니라 끊임없이 질문하는 것, 어떤 화두를 붙들고 계속 질문하는 과정을 통해 답을 찾아가는 게 중요한 것 같아요. 학자의 삶 역시도 제가 놓쳐서는 안 되는 질문들이 무엇인지를 기억하고, 그 질문과의 긴장을 계속 유지할 수 있도록 스스로의 삶을 몰아가는 싸움인 것 같아요.

지금 한국 사람들에게는 화병 같은 게 있는 것 같아요.

모멸감, 상대방이 나를 무시할 수 있다는 두려움이 있는 거죠. '내가 누군지 알아?' 이 말 뒤에는 사회계층 간 이동이 점점 어려워지는 한국 사회의 시스템이 있는 것 같아요. 소득 불평등, 양극화 같은 것들이 배경에 존재한다고 생각하거든요. 한국 사회의 소득 불평등은『우리 몸이 세계라면』에서 쓴 것처럼 정말 심각한 상황이에요. 그 지점에 대한 고민이 필요하다고 생각해요.

"기존의 지식에 질문을 던지는 비판적 사고와 그 질문에 답을 하기 위한 합리적 사유방식"을 과학적 사고방식이라고 말씀하셨는데요, 우리 사회에 그게 좀 부족하다고 생각하시나요?

부족하다고 말하기가 조심스러운데, 정치에 대해서 얘기한 것과 비슷하게, 과연 우리가 과거에 비해서 부족해졌는가, 혹은 외국과 비교해 부족한가, 이 질문을 둘 다 해야 한다고 생각하거든요. 그러지 않으면 항상 막연하게 말하게 되죠. 더 나아져야 할 부분도, 과거보다 더 나아진 면도 둘 다 분명히 있는 것 같아요.

에이즈 환자를 이웃으로 두고 싶지 않은 사람들의 비율이 이렇게 높은 것을 과학적 사고의 부족 탓으로 볼 수도 있지 않나요?

보수 기독교계에서 적극적으로 반동성애 운동을 하는 게 큰 영향을 미쳤다고 생각해요. 적어도 그 부분에 대해서는.

루마니아 차우셰스쿠 정부의 예를 들어 낙태에 관한 글을 쓰셨는데요.

제가 말하고 싶은 게 그거였어요. 좋은 의도가 꼭 좋은 결과를 낳지는 않아요. 저는 낙태를 최대한 줄일 수 있으면 좋겠어요. 낙태가 아름다운 일이라고 박수 치는 사람들이 세상에 있을 거라고 생각하지 않아요. 그런데 과연 낙태를 범죄화하는 것이 낙태를 줄이는 데 도움이 될 것인가 질문을 해보면, 아니라는 거죠. 한국 사회에서 낙태 문제가 불거진 것은 인구 정책과 밀접히 닿아 있거든요. 예전에도 낙태 반대 운동들은 적게나마 있었지만, 인구 감소가 명시화되는 시점에 그 목소리가 점점 더 커졌던 게 사실이에요. 정부가 거기 호응하는 면도 있고요. 그런데 비슷한 맥락에서 낙태 금지를 시행했던 루마니아의 경우를 우리가 알아요. 전혀 효과적이지 않았죠. 의도와는 반대로 더 많은 여성들이 위험한 낙태시술을 택했어요. 결과적으로 인구 증가에도 실패했고요. 정말 낙태를 줄이려면 반드시 이뤄져야 하는 게 청소년들에 대한 피임 교육이에요. 요즘 10대 청소년들이 성관계를 하는 비율이 아주 높아졌거든요. 그런데 충분한 지식이 없어서 피임을 못하는 경우가 많아요. 먼저 청소년들에게 적극적으로 피임 교육을 할 필요가 있다고 생각하고요, 여러 국가의 사례를 봐도 낙태를 비범죄화하는 게 장기적으로 낙태율을 줄이는 길이라는 얘기를 하고 싶어요.

"비정규직 여성 노동자가 정규직으로 일하게 되었을 때 우울 증상이 증가한다"는 연구 결과를 발표하셨죠. 그동안 백인 남성 위주의 연구를 해왔기 때문에 여성들이 소외되어 있었다는 말씀도 하셨고요.

여성에 대한 연구는 별도로 필요하다는 얘기를 했었죠.

적정 실내온도도 남성과 여성 사이에 차이가 난다고도 하셨고요.

맞아요.

그동안 여성들이 알게 모르게 건강에 대해서도 불이익을 받았던 것 같습니다.

이 문제를 제대로 인지하기 시작한 건 10년쯤 되었고, 본격적으로 부각된 지는 얼마 안 됐습니다. 그리고 점점 나아지고 있어요.

여성 인권도 예전에 비해서는 신장되었죠. 경제적인 부분도 그렇고요.

그런 면도 있고, 여성에 대한 별도의 연구가 필요하다는 고민이 있습니다. 우리의 상식과 교과서는 절대불변의 진리가 아니라 특정 과정을 통해 생산된 지식이죠. 그 지식에는 권력 관계와 편견이 존재할 수 있다는 얘기죠.

김승섭

전자담배는 일정 정도 성공을 거뒀는데요, 전자담배를 피우면 건강에 지장이 없다는 듯 여기는 경향이 있는 것 같습니다.

전자담배 케이스 보셨죠? 정말 예뻐요. 핸드폰 케이스보다 더 예쁜 것 같아요. 정말 세련된 디자인이에요. 담배 회사들은 사활을 걸고 있죠. 전자담배가 몸에 좋다는 주장은 하지 않죠. 다만 덜 나쁘다고 주장하는 건데, 저는 동의할 수 없다고 책에 썼죠. 먼저, 유해성이 덜하다고 밝혀진 바가 없어요. 그리고 매년 700만 명을 죽이던 담배가 300만 명을 덜 죽인다고 해서 그걸 우리가 가야 할 길이라고 할 수 있겠냐는 거죠. 더군다나 담배 회사의 마케팅 역사를 내부 문건으로 본 입장에서는 쉽게 동의할 수가 없습니다.

외국인에 대한 혐오감도 커지고 있지 않습니까? 예멘 난민들에 대한 인식도 굉장히 부정적이고요. 어쩔 수 없이 외국인들을 더 많이 만나게 될 수밖에 없는 추세인데요.

우리가 가까이서 외국인 범죄를 접할 일이 드문데, 어쩌다가 외국인과 범죄를 연관 짓게 되었을까 생각을 해봤어요. 언론정보학 분야의 한 논문을 인용한 연구를 보면, 2011년과 2012년에 외국인, 내국인 범죄자 수와 범죄별 언론 보도 수를 비교했더니 외국인 범죄가 언론에 보도될 확률이 내국인 범죄보다 다섯 배 내지 일곱 배가량 높았다고 나와요. 미디어가 그렇게 만든 측면이 큰 거죠. 언론 기사를 보면 예멘 난민이 스마트폰을 갖고 있다고, 심지어 에어팟을 쓰는 사람도 있다며 그들은 난민이 아니라고 주장해요. 사회적 약자들의 어떤 전형적인 이미지를 만들어놓고 거기에서 벗어난 이들은 약자로 취급하지 않는 거죠.

공중보건의 하실 때 교도소에서 근무하셨는데요, 흔치 않은 경험이지 않습니까?

인간에 대해서 따뜻해지지는 않더라고요.(웃음)

교도관도 굉장히 스트레스를 많이 받는 직업이잖아요.

의과대학 다니는 동안에 국가인권위원회 연구의 일부로 교도소 인권조사 사업의 연구보조원으로 일할 기회가 있었는데요, 갔더니 교도관들과 재소자들이 일단 저희를 무시하더라고요. 너희가 뭘 알아, 이러면서요. 그 말이 맞죠. 외부인이 교도소의 삶에 대해 뭘 알겠어요. 그래서 공중보건의 할 때 그런 부분에 대해 알아야겠다고 생각해서 지원했던 거고요. 여호와의 증인 친구들을 진료했었죠. 그래서 병역 거부 문제에 대해서도 고민을 많이 했었고요. 우발적으로가 아니라 돈을 벌기 위해 계획하고 사람을 죽인 사람을 진료한 적이 있는데요, 누군가를 죽일 수 있는 사람이라는 생각이 드니까 진료할 때 되게 힘들었어요. 긴장도 됐고요. 정말 아주 다양한 사람들을 만났습니다. 유명한 조폭들도 봤고요.

내년이 안식년이라고 들었습니다. 하버드대학에서 저임금 이주노동자 연구에 참여하신다고요?

연구를 계속 같이하고 있었는데, 얼른 오라고 해서요.

안식년인데 쉬시지도 못하고.

아뇨, 쉬면서 할 거고요. 안식년 동안에는 책은 안 쓸 거예요. 신문 기고도 안 할 겁니다.

다음 책은 시간이 좀 걸리겠네요.

제 박사과정 학생 중에 쌍용자동차 연구랑 노동조합 손배가 압류 연구를 같이한 박주영 선생이 있어요. 이분이 연구한 것을 저랑 같이 모아서 공동 저자로, 물론 박주영 선생 이름이 앞에 가게 해서 책으로 펴낼 텐데, 그 작업을 뒤에서 적극적으로 도울 생각입니다.

의료인들이 응급실 같은 곳에서 폭행을 당하는 경우도 많지 않나요?

경찰, 119 구급대원, 군인, 의사에 대한 폭행에는 필벌이 필요하다고 생각합니다. 안전을 담당하는 사람들의 안전, 우리의 건강을 담당하는 사람들의 건강을 사회가 지켜줘야 위급한 순간에 우리가 살 수 있습니다. 구급대원들 폭행당하는 것을 종종 보거든요. 저는 술 취해서 폭행했다는 말을 안 믿습니다. 술 취했다고 조폭한테 시비 거는 사람들 본 적 없어요. 사회가 용인 없이 엄벌해야 이들이 안전하고 건강할 수 있습니다.

업무 스트레스가 많은 위험한 직업인데 그런 피해까지 당하면 사기도 떨어질 수 있을 것 같아요.

119 구급대원들이 운전을 하다가 사고가 나면 자기 돈으로 사고 처리를 하는 경우가 종종 있다는 거예요. 교통사고가 나면 조직에서 오히려 비난을 받는다더군요. 이렇게 되는 순간부터 누가 위험해지냐면, 시민들이 위험해집니다. 이분들의 사기가 떨어지면 이분들이 출동해서 우리한테 오기까지의 시간이 길어집니다. 그런 맥락에서 조직 차원에서도 이분들을 보호해줄 수 있는 문화가 필요한 거죠.

"혐오는 아무리 우아하게 말해도 혐오다"라고 하셨는데요, 혐오 표현을 표현의 자유라고 얘기하는 사람들도 있잖아요.

미국 사회를 보면 온갖 언론의 자유가 다 있는 것 같잖아요? 2017년으로 기억하는데요, 하버드에 입학한 학생들이 페이스북 비공개 그룹 채팅에서 온갖 혐오 발언들을 쏟아냈어요. 홀로코스트 생존자들이나 유아 성추행 등에 관련된 것들, 그게 밝혀진 거예요. 전원 퇴학당했습니다. 그런 사회예요. 스타벅스에서 흑인들이 오래 앉아 있다고 신고를 해서 경찰이 출동한 적이 있었습니다. 잠시 체포됐다가 풀려났죠. 그 일 때문에 미국 전역의 스타벅스 매장이 반나절 동안 문을 닫고 직원 교육을 시켰거든요. 그때 손해본 돈이 얼마겠어요. 그런데도 그렇게 하거든요. 혐오는 절대 정당화될 수 없어요.

인터뷰를 정리하면서 마지막으로 해주실 말씀이 있나요?

대중 강연에 많이 응하지 못하고, 신문이나 잡지 기고도 대부분 거절하면서 항상 죄송한 마음이 있습니다. 제가 학자로서 성실하게 연구하고 있기 때문에 이렇게 응원해주시는 걸 텐데, 20년 뒤에도 그런 사람으로 계속 남아 있으려면 공부할 수 있는 시간이 필요하거든요. 그 시간을 확보하는 게 저한테는 너무 힘든 일이에요. 그래서 가까운 분들의 요청도 거절하고 있습니다. 죄송한데 앞으로도 그럴 수밖에 없을 것 같아요. 대신 보기에 흉하지 않은 사람으로 정신 차리고 계속 노력하며 살겠다는 약속을 드립니다. 양해해주셨으면 좋겠어요.

김승섭

나 자신의 삶을
지켜나가고 싶다

김규리

배우

지난 2019년 2월 25일부터 TBS 라디오 〈김규리의 퐁당퐁당〉 DJ를 맡고 있는 배우 김규리를 만났다. 지난 10년간 작품 이외의 일로 외롭고 힘든 시기를 보내기도 했던 김규리는 그 시간을 통해 더 단단하고 큰 존재가 되었다는 생각이 들었다. 현재는 방송만 생각하고 있으며 청취자들과의 소통과 그들에게서 받는 사랑 덕분에 행복하다는 그녀는 '사람들을 즐겁게 해주고 싶은 목표가 생겼다'는 말과 함께 '아직도 스스로를 찾아가는 과정'이라는 말을 자주 했다.

김규리는 드라마 〈학교 1〉 〈현정아 사랑해〉 〈선녀와 사기꾼〉 〈한강수타령〉 〈무신〉 〈우리 갑순이〉 〈60일, 지정생존자〉, 영화 〈여고괴담 두번째 이야기〉 〈하류인생〉 〈가면〉 〈미인도〉 〈하하하〉 〈풍산개〉 〈또하나의 약속〉 〈화장〉 등 다수의 작품에 출연했다.

김규리는 무라카미 하루키의 『직업으로서의 소설가』 표지가 인쇄된 인터뷰어의 노트를 보고 반색을 했다. 그래서 인터뷰는 자연스럽게 책 이야기로 시작되었다. 인터뷰어의 우문에 그녀는 현답을 했다. 부끄럽기도 하지만, 읽다보면 흐뭇해지는 인터뷰였다.

최근에 책을 잔뜩 사서 인스타그램에 인증샷을 올리셨던데 재밌게 읽으신 책이 있나요?

책 인증샷 올리는 걸 썩 좋아하지는 않아요. 있는 척하는 것 같아서요.(웃음) 봐야 한다, 봐줬으면 좋겠다는 책만 가끔 올리곤 해요. 지난 주 월요일부터 라디오 방송을 시작했는데요, 1주일 진행을 하고 보니까 제가 말도 달리고, 지식도 달리고, 지혜도 달리고, 달리는 것이 너무 많더라고요.(웃음) 이 상태로는 안 되겠다, 노력하고 공부해야겠다 싶어서 서점으로 달려가 오랜만에 이것저것 많이 사서 올렸죠.

책의 종류가 다양하더라고요.

음악도 장르 안 가리고 컨디션에 따라서 듣는 편이고 책도 마찬가지예요. 무라카미 하루키랑 베르나르 베르베르를 너무 좋아해서 그 작가들이 책을 쓰면 무조건 사고요. 도올 선생님의 신간도 샀습니다. 이 시대의 마지막 사상가라 불릴 수 있는 분이라 그런지 특별함이 있는 것 같아요. 강의 영상들 많잖아요. 그런 것들을 보면서도 공부를 해요. 지식이 너무 방대하니까 들으면서도 '공부를 더 많이 해야겠구나' 하는 생각을 했습니다. 이번에는 시집을 많이 샀어요. 우선은 청취자분들이 시와 가까워지도록 해드리고 싶고요. 사람들이 시를 찾아서 읊고 읽고 즐겼으면 좋겠다, 시가 잊히지 않았으면 좋겠다고 생각해서요. 좋은 구절이 있는 시집을 찾는 중이에요.

무라카미 하루키나 베르나르 베르베르의 책 중에서는 어떤 책을 좋아하세요?

다 좋아해요. 하루키 소설에 나오는 여자들은 잠깐 등장하는 캐릭터들마저도 너무 매력적이에요. 어떤 눈으로 여자를 바라보길래 저렇게 항상 매력적이지, 하는 의문을 갖게 됐고요. 항상 '나는 별 볼 일 없는 그저 그런 사람'이라고 시작하는데요, 있을 수 없는 판타지 같은 큰일들에 휘말리잖아요. 그런 모험담들이 좋고, 재미있어요. 저는 어렸을 때부터 공상 과학 같은 것, 현실에서는 있을 수 없는 일들을 상상하길 좋아했던 것 같아요. 하루키를 만나기 전에 베르나르 베르베르를 먼저 만났는데요, 중학교 때부터 좋아했어요. 큰언니 책장에서 처음 꺼냈던 책이 『개미』라는 소설이었어요. 언니가 몇몇 작가들 것을 많이 가지고 있더라고요. 이건 뭐지, 하고선 '개미?' 하고 읽었는데 너무 재밌더라고요.

독서가 연기하시는 데 도움이 되는 부분이 있나요?

배우들은 대본을 받아서 습득을 한 뒤 현장에 나가잖아요. 연기의 시작은 감정인데요, 감정을 표현하려면 얼마만큼의 감정이 어디에 필요한지 알아야 하거든요. 그건 독해력에서 와요. 글을 잘 읽는 사람이 연기도 잘할 수 있다고 생각해요. 독해력을 키우기 위해서도 책을 많이 읽어야 하고요. 책에는 행간에 우주가 들어가 있잖아요. 한 줄을 넘어가기 힘들 때도 있지만, 그런 즐거움을 놓칠 수가 없어요.

시나리오를 이쪽 업계에서는 책이라고 하잖아요. 책을 받아 볼 때 어떤 점을 염두에 두고 검토를 하세요?

하나도 없어요. 그냥 다 열어놓고 읽어요. 책이 처음에 알려주는 어휘대로 따라가는 거죠. 선입견 없이 읽어봐요. 사람을 선입견 없이 만났는데, 의외로 '이 사람 되게 재밌고, 유쾌하다' 하는 경우가 있잖아요. 그런 것처럼 여러 개 읽다보면 유쾌한 시나리오들이 있어요. 빨리빨리 넘어가는. 그런 작품들을 선택하게 되는 거죠.

DJ를 하는 게 꿈 중에 하나라고 들었는데요.

2000년에 DJ를 했었어요. 103.5MHz SBS 라디오, 지금 쓰는 '러브FM'이라는 닉네임이 제 프로그램에서 나온 거예요. 103.5가 AM에서 FM으로 넘어갈 때 메인 DJ를 했었고요. 그때 공모를 해서 청취자분들이 만들어준 여러 가지 닉네임 중 하나가 러브FM이었죠. 그때는 너무 어렸고, 갈 길이 멀었어요. 해야 할 것이 많아서 1년 하고서는 그만뒀죠. 나이가 더 들어서 다시 라디오를 해보고 싶다는 생각은 있었는데 이렇게 빨리 하게 될 줄은 몰랐어요.

방송하신 지 1주일 되었는데, 어떤가요?

아직까지는 정신이 없고요. 지난주에는 혼이 쏙 빠졌었어요. 대본을 전날 받으면 준비도 좀 하고, 방송국 오는 길에 발음 연습도 좀 하고, 뭘 해야 하는지를 눈으로 좀 익혀두는데요, 첫 방송부터 현장에 와서 대본을 받았어요. 무슨 곡을 소개해야 하는지도 모르겠고, 한 번도 읽지 않은 상태에서 방송에 들어가니까 너무 더듬거리고 말도 잘 안 되더라고요. 난장판이었어요.(웃음)

지난주에 게스트로 영화배우 장혁 님이 출연하셨는데요, 데뷔작 〈학교〉 때부터 인연이 있었던 것으로 알고 있어요.

첫 게스트는 손숙 선생님이었고요. 오랫동안 라디오 진행을 하셨잖아요. 35년 동안 했다고 하시더라고요. 손숙 선생님께 이런저런 이야기, DJ를 어떻게 하면 좋은지에 대해 말씀을 많이 들었어요. 두번째 게스트로는 혁이 오빠와 옹알스 멤버 최기섭 씨가 나와서 인터뷰를 해주셨죠. 아무래도 오래된 친구들이어서요. 친한 친구들이 나오니까 말도 편하게 하게

김규리

되고, 마음도 빨리 풀 수 있게 되더라고요. 혁이 오빠는 배우니까 여러 가지 모습을 사람들한테 많이 보여줬겠지만, 우리하고 있을 때의 모습은 또 다르거든요. 그래서 그날은 유쾌하고 활발한 모습을 청취자들에게 보여주고 싶은 욕심이 좀 있었어요. 재밌었어요. 다들 웃다가 끝난 것 같아요. 셋 다 깔깔거리다 '어, 벌써 끝났어' 이랬죠.(웃음)

벌써 한 시간이 너무 짧다는 청취자 의견들이 있더라고요.
'퐁당퐁당'이라는 이름은 어떻게 정하셨나요?

방송하기 전에 한 달 반 정도 회의를 했어요. 계속 헤매다가 방송하기 2주 전에 〈김어준의 뉴스공장〉에 출연해서 이름을 공모했어요. '김규리의 퐁당퐁당'이 선정되어서 프로그램 이름이 된 거죠. 정말 많은 분들이 유쾌한 이름을 지어주셨어요. 어마어마하게 재밌는 것들이 많았는데요, TBS 교통방송 사장님과 임원진들께서 TBS 라디오국에 의성어, 의태어로 된 제목이 없으니 이걸로 한번 해보자, 밝고 경쾌하게 가보자고 해서 한 거죠. 저는 어떤 이름으로 결정이 되어도 괜찮다고 생각했어요. 프로그램이 어떤 이름으로 불리는가는 저한테 중요하지 않았고, 청취자분과 같이 친구가 되는, 함께 소통하는 시간이 중요했기 때문에 '정해주시는 대로 알아서 갈게요'라고 했죠. '퐁당퐁당'으로 지어져서 계속 얘기하다보니까 입에 붙고, 많이 발음해보니까 저도 같이 경쾌해지는 것 같아서 좋아요.(웃음)

어떤 프로그램으로 만들어가실 건가요?

어떻게 만들어가야 할지 몰라서 계속 고민하면서 가고 있어요.(웃음) '어떤 프로그램을 만들어야 하나요? 어떻게 하면 되나요? 어떤 DJ가 되면 좋나요?' 이런 질문들을 지금 방송을 하고 계신 베테랑 DJ분들께

여쭤봤어요. 최유라 선배님, 손숙 선배님, 배철수 선배님, 이문세 선배님 등에게요. 많은 분들께서 하시는 말씀이 '청취자와 친구가 돼라, 청취자가 다 가르쳐준다, 청취자가 원하는 대로 따라가라, 그러면 네가 원하는 것도 찾을수 있을 거다'라고 하시더라고요. 저희 프로그램이 아직 정해진 게 없어요. 이것도 해보고 저것도 해보고 여러 가지 많이 해보는 중인데요, 지금 느낌은 사람과 음악과 이야기가 있는 프로그램인 것 같아요. 청취자분들이 골라주시거나 신청하시는 곡 위주로 계속 음악을 틀고 있고요. PD님하고 작가님이 픽업을 해주고 계시죠. 저는 아직도 이것저것 다 배우고 있는 중이에요.

그동안 하셨던 작품 중에 가장 애착이 가거나 기억에 남는 작품은 무엇인가요?

저는 제 작품 모두에 애정이 가요. 터닝 포인트를 말씀하신 것 같은데요, 그런 작품이라면 첫 영화 〈여고괴담 두번째 이야기〉 〈하류인생〉 〈미인도〉, 드라마 쪽으로는 2002년에 MBC를 통해 방영되었던, 안판석 감독님과 같이 한 〈현정아, 사랑해〉죠.

〈여고괴담 두번째 이야기〉는 엄청난 마니아들이 있었잖아요. 여섯 장짜리 DVD 세트가 나오기도 했고요.

작년에 20주년 기념으로 동창회를 했어요. 〈여고괴담〉 1, 2, 3, 4, 5가 나왔고, 이제 6을 만든다고 하더라고요. 전에 출연했던 친구들과 감독님들도 다 모였고요. 나중에 민규동 감독님이랑 GV도 한번 했었어요. 오래전 영화라 많이 안 오실 줄 알았어요. 그런데 정말 많이 오신 거예요. 그때를 기억하는 여고괴담 팬들이 있었던 거죠. 무척 감사했고요. 질문들도 너무 좋았어요. 〈여고괴담 두번째 이야기〉가 나왔을 때는 〈여고괴담〉 1이 너무 잘돼서 사람들이 상업적으로 기대를 많이 했었는데요, 오히려 저희는 감수성이 예민한 여고생들에게 큰 호응을 얻었죠. 당시의 일본 영화같이 맑고 소설 같은 느낌이었죠. 반응이 센세이셔널했습니다.

퀴어적인 면도 있었죠.

그런 코드들이 있었기 때문에 조금 앞서 나간 느낌이었죠. 김태용, 민규동 감독님 두 분이 공동 연출을 하셨는데요, 당시에는 잘됐음에도 불구하고 전작만큼 흥행이 안 돼서 '망했다'는 느낌도 있었습니다. 그런데 〈여고괴담 두번째 이야기〉만 좋아하시는 분들도 많은 것 같더라고요. 저는 첫 영화였기 때문에 이걸 해내야 한다, 어쨌든 간에 해내야 한다는 마음으로 영화를 찍었고요. 그래서 기억이 남네요.

〈하류인생〉도 말씀하셨는데요, 임권택 감독님과 두 편을 찍으셨잖아요. 그 영화가 2004년에 나왔고, 〈화장〉은 2015년에 나왔죠. 두 작품 사이에 어떤 차이가 있었나요?

너무너무 큰 차이를 겪었죠. 중간에 다른 작품도 여럿 했고요. 여러 스타일의 현장을 마주하기도 했고요. 배워가고 마주치고 새로운 것을 계속 받아들이던 시기였기 때문에 저한테는 정말 큰 성장의 시간이 됐어요. 〈하류인생〉은 엄마가 돌아가시고 발인한 다음날이 크랭크인이었어요. 크랭크인부터 6개월 동안 무조건 빠지지 않고 현장에 있었고요. 저를 정말 온전히 다 담으려고 했고, 온전히 배우려고 했어요. 그 열정이 엄청났거든요. 당시 그런 얘기도 들었어요. 조승우 씨와 파트너로 촬영을 했었는데요, 조승우와 김규리는 미스캐스팅이다, 주인공이 연기해야 할 배역의 나이 폭이 큰데, 연기를 막 시작하는 어린애들이 할 수 있겠나, 하는 얘기요. 하지만 막상 영화가 나온 다음에는 그런 얘기가 쏙 들어갔죠. 임권택 감독님과 작품을 할 때는 감독님이 생각하시고 그리는 연기를 온전히 습득하기 위해서 매진했어요. 그것을 잘해내는 것이 현장에서 최고의 배우가 되는 것이라고 생각했거든요. 정말 그렇게 했고요. 〈화장〉에서는 제가 맡은 역할이 원래 특별 출연 정도였어요. 회차도 많지 않았고요. 그런데 촬영 스케줄이 잡히는 것을 보니까 첫날부터 제가 쭉 있는 거예요. 계속 저예요.(웃음) 분명히 별로 많지 않았는데, 엄청 많이 잡히더라고요. 임권택 감독님은 이유 없이 현장에 부르시지는 않거든요. 감독님이 오랜만에 하시는 현대극이었어요. 남자 주인공이 여자를 보면서 계속 상상을 하거든요. 젊음을 사랑하고, 동경하고, 상상하게 되죠. 제 역할로 말하자면 현실의 제가 하나 있고, 주인공인 안성기 선배님이 생각하는 상상의 제가 또하나 있어요. 둘은 다른 사람인 거예요. 그 두 역할을 해내야 했죠. 감독님 역시도 저를 보면서 영감과 에너지를 받고 싶어하셨어요. 초반부터 중후반까지 끊임없이 현장에 나가서 촬영을 했죠. 갖고 있던 스케줄보다 훨씬 더 많이 촬영했고요. 제가 없는 장면에서도 제가 현장에 있기를 바라셨어요. 임권택 감독님의 촬영 방식은 지금의 촬영 방식하고는 많이 달라요. 감독님에게서만 나오는 뭔가 반짝반짝하는 것들이 있는 것 같아요.

홍상수 감독님과 〈하하하〉를 찍으셨잖아요. 그땐 어떠셨나요?

저도 홍상수 감독님이 궁금했어요. 스태프나 배우들을 만나보면 홍상수 감독님은 천재라고 하거든요. 그런데 저는 천재를 본 적이 없어요.(웃음) 궁금했죠. 우연히 홍상수 감독님과 술자리, 식사 자리를 하고 있는 팀이 있다고, 스폰지 영화사의 조성규 감독님이 그 자리에 간다고 하시더라고요. 그때 홍상수 감독님 소개해달라고 따라간 거예요. 감독님 앞에 앉아서 '저, 감독님 작품에 한번 나가고 싶어요' 그렇게 말씀드렸죠. 감독님이 쳐 다보시더니 소주를 한 잔 따라주시더라고요. 마시라고. 저는 술을 한 잔도 못 마시거든요. 맥주 반 모금도 못 마셔서 '저 술 못 마시는데요' 했더니 '이 걸 마시면 캐스팅한다'고 하시는 거예요.(웃음) '그러면 한 잔은 못 마시고, 반 잔은 마실게요' 하고 마셨는데요, 주인공은 아니고 주조연으로 캐스팅됐 죠.(웃음) 감독님과의 촬영은 특별했어요. 제가 맡은 캐릭터는 매 순간 술에 취해서 칠렐레팔렐레하는 '혹시 망상증이 있나' 싶은 여자였고요.

술도 못 드시는데……

제가 생각해도 '이건 진짜 어색하다' 하는 것이 술 취한 연기 예요. 술 취하면 어떻게 되는지 모르니까요. 감독님이 소주를 따라가지고 뛰 어다니면서 항상 먹이셨어요. 저는 '못 마셔요. 못 마셔요' 하며 도망 다니고, 감독님은 '마셔, 마셔' 하셨고요.(웃음) '그러면 입에 넣었다가 뱉을게요' 하면 감독님은 '안 된다. 삼켜. 그러면 3분의 1만 줄게' 이런 식으로 조금씩 마시 면서 술에 취해 릴랙스된 상태에서 연기를 했죠. 감독님 작품은 특이한 게 스태프가 별로 없어요. 열세 명의 스태프가 있었는데, 두 분이 빠지고 열한 명으로 촬영했죠. 그래서 저랑 같이 다니는 매니저들은 현장 스태프처럼 도 로 통제하고, 사람 통제하며 같이 활동을 하게 됐고요. 배우들이 다 함께 있 어요. 어떤 배우가 언제 걸릴지 모르거든요. 배우들끼리는 맨날 내일은 누가 폭탄을 맞을까, 하며 부들부들 떨었어요. 아침에 대본이 딱 나오면 다 같이 받아요. '어, 나 없다. 나 없다' 하면서 좋아하는 거죠.(웃음)

촬영 날 아침에 대본을 주셔서 배우들이 준비할 시간도 없고, 대사가 많을 때는 엄청 길기도 하니까 배우들로서는 색다른 경험을 하는 것 같더라고요.

윤여정 선생님이 첫날, 둘째 날 폭탄을 맞으셨어요. 복집 주인 역할로 나오셨는데요, 완전 폭탄을 맞고, 맨날 우셨어요.(웃음) 심지어 달래드리기 위해서 서울에서 촬영장인 통영까지 이재용 감독님이랑 조성규 감독님이 내려오셨죠. 한 달 반 정도 촬영했는데, 재미있었어요.

어떤 배우로 기억에 남고 싶으세요?

모르겠어요. 이렇게 계속하다보면 알아서 기억해주시겠죠.(웃음) 아직은 저도 어떻게 가야 할지 모르겠는걸요.

지금 준비하고 계신 작품이 있나요?

〈60일, 지정생존자〉라고 TVn에서 7월에 방영될 드라마를 촬영하고 있어요.

특별히 맡고 싶은 배역이 있으신가요?

그건 신인들한테 해야 할 질문이죠.(웃음)

죄송합니다. 베테랑이신데.(웃음)

베테랑까지는 아닌데요. 인생 한 치 앞도 모르는데, 어떤 작품이 어떻게 들어올지 알겠어요. 저도 '이렇게 했으면 좋겠다, 이런 작품을 했으면 좋겠다' 하고 바라기는 하지만, 제가 의도하지 않은 지점을 사람들이 좋아할 때도 있고 해서, 그냥 열심히 하는 수밖에는 없는 것 같아요. 어떤 작품에서 어떤 연기를 하고, 어떤 모습을 보였을 때 사람들이 좋아하는지도 잘 모르겠고요. 어떤 작품이 어떻게 될지도 모르겠고, 또 흥행이 안 됐다고 해서 나쁜 작품인 건 아니거든요. 〈여고괴담 두번째 이야기〉처럼 마니아들이 그렇게 오랫동안 있어주세요. 저는 제가 하기로 결정한 작품에서 최선을 다할 뿐이죠. 지금 라디오를 하면서 에너지를 정말 많이 얻고 있어요. 꽤 오랫동안 소통의 부재를 느꼈나봐요. 혼자라는 느낌, 아주 오랫동안 말을 못하고 사는 느낌이었어요. 숨어 있어야 하고, 말하지 않고 가만히 있어야 하고, 억울해도 참아야 하고…… 그런 생각이 너무 많이 들었고, 그런 요구들이 너무 많았죠. 두려웠고, 무서웠어요. 그런데 이제는 털어내도 되지 않을까, '올해에는 좀 웃고 싶다, 편안해지고 싶다'는 생각이 든 순간에 라디오 제의가 들어왔고, 마침 잘됐다 하고 선택을 했어요. 저는 아침형 인간이 아니에요. 밤을 정말 사랑하고, 새벽의 고독한 시간을 즐기는 사람이거든요. 그런데 라디오를 시작하면서 아주 일찍 자고 일찍 일어나다보니 하루가 길어졌어요. 할 수 있는 것들도 많아지고, 건강해지는 것 같아요. 청취자들과 소통을 하는데, 다 가족처럼, 친구처럼 대해주세요. 지난주에는 너무 떨었더니 마치 동생이 떠는 것을 걱정하듯이 '괜찮아, 괜찮아' 하면서 다들 진정시켜주셨죠. 무슨 말을 건네면 피드백도 바로바로 오거든요. 같이 소통을 하는 거죠. 어느 버스 기사님께서 버스에서 50명하고 같이 듣고 있습니다, 하고 문자를 보내주신 거예요. 그래서 그분한테 다른 청취자분이 '기사님, 오늘도 안전운전하세요' 하기도 하고요. 서로 응원하며 친해지는 중이에요. 저는 제가 되게 고립됐다고 생각했거든요. 혼자라고요. 두렵고, 무섭고, 외롭고 그랬었는데, 이렇게 시민들 속으로 들어오니까, 괜한 걱정을 했다는 생각이 들어요. 시민들께서 보호해주시고, 안아주시고, 품어주시더라고요. 그래서 너무 행복해요.

그 고립된 시간을 어떻게 견디신 건가요?

여러 가지 방법들을 많이 시도했었죠. 저 자신을 잃지 않기 위해서 건강을 유지할 수 있는 것들이라면 정말 열심히 했어요. 운동이라든가 산책이라든가, 등산도 그중 하나였고요. 운동, 책, 글, 사람 만나고 사색하기, 그리고 그림도 그랬고요. 연기 그만두고 한국화 작가로 외국 나가서 활동하려고 기반을 다지던 중이었어요. 작년에 '나는 배우로서 끝났나보다' 이런 생각을 했었죠. 하도 작품이 안 들어오길래.(웃음) 그래서 작년에 그림으로 활동을 좀 많이 했어요. 민화하고 수묵화 쪽으로.

〈미인도〉 출연하시면서 수묵화를 배우고 그림을 그리기 시작하셨죠?

처음에는 취미였어요. 붓이라도 제대로 들자, 그래도 신윤복 역인데, 하는 생각이었죠.(웃음) 그래서 한 달 배우고 촬영에 들어갔는데요, 대역이 해주시긴 했지만 아주 기본적인 것은 해보고 싶었습니다. 난을 친다든가, 매화 꽃잎을 그린다든가 이런 것은 해볼 수 있을 것 같아서 〈미인도〉에 나오는 그림들은 안 보고도 생각할 수 있게 다 외웠어요. 현장에서 계속. 김홍도의 대나무 그림이 있는데요, 그 안의 점까지도 당시에는 다 외웠어요. 김홍도와 백매, 홍매 치는 것을 외우고 있었고요. 난 치는 것도 영화 찍으면서 틈날 때마다 하다보니까 취미가 됐고요. 속상하고 마음이 꼬이거나 엉킬 때, 촬영하면서 희로애락을 느낄 때 그림을 계속 그렸거든요. 그걸로 마음을 푼 거죠. 그러다보니 영화 끝나고 난 다음에도 저도 모르게 계속 그림을 그리게 되더라고요.

외국에서 활동할 생각까지 하셨다고요.

작년에 본격적으로 설계를 했죠.(웃음) 그전에는 취미로 낙서처럼 생각하다가 작년에는 '진짜 나가자. 유럽에서는 민화가 통할 것 같고, 중국에서는 수묵화가 통할 것 같다' 하면서 양쪽을 다 했죠.(웃음) 그렇잖아요. 작품 안 들어오는데, 배우가 '왜 작품 안 주세요' 하기보다는 쿨하게 떠나는 것도 멋있을 것 같아서 그런 생각을 했었죠.

배우라는 직업은 없는 것을 만들어내는 일이기도 하고, 세상하고 소통을 해야 하는 부분도 있는데요, 책을 보니까 데뷔는 뮤직비디오로 하셨더라고요. 그런데 이승기 씨 데뷔곡 〈내 여자라니까〉 뮤직비디오 캐스팅 제안을 가사를 보고 거절하셨다면서요.(웃음)

하하하. 승기 얘기는 특별히 할 얘기는 아닌 것 같고요. 그런 생각이 들어요. 저는 아마 다른 일을 했어도 잘했을 것 같아요. 그런데 돌고 돌아서 '내가 이렇게 해서 이걸 했겠지, 저걸 했겠지' 하다보면 다시 돌아오는 것이 연기더라고요. 결국에는 이 일을 할 수밖에 없었겠구나, 하는 생각이 드는 거죠. 저는 표현하는 일보다는 혼자 있는 시간이 익숙한 사람이라 이쪽 일에는 안 어울릴 줄 알았어요. 그래서 지금 제가 이러고 있는 것 자체가 너무 신기해요. 엔터테인먼트계에는 여러 종류의 사람들이 있어야 하니까, '그래서 나 같은 사람도 있나보다' 하고 생각하는 거죠.

타인은 놀이공원이다

〈정글의 법칙: 솔로몬제도〉 편이나 〈댄싱 위드 더 스타〉 같은 프로그램에서는 도전하는 열정적인 모습도 보여주셨잖아요. 도전하는 모습을 사람들이 좋아해주는 것을 보고 힘도 얻으셨을 것 같아요.

좀 달라요. 누구한테 보여주기 위해서 혹은 인정받기 위해서 했다면 그만큼 못 해냈을 거예요. 저는 남이 아니라 스스로에게 증명을 해내야 하는 사람이에요. 저는 제가 생각할 때 늘 못마땅하고 부족하거든요.(웃음) 시작이 그래요. 제가 저한테 증명을 해내야 하는 게 저의 미션이기 때문에 그 누구보다도 치열한 거죠. 도전이 습관이 되다보니까 도전할 때의 두려움 혹은 설렘을 즐기는 것 같아요. 도전하기 전에는 겁도 많이 나거든요. 그런데 마음을 먹고 도전을 하게 되면 내가 얼마만큼 해낼 수 있을지 궁금하거든요. 최선을 다하고, 온몸이 부서지도록 뛰어들었는데, 결과적으로는 어디도 안 부서졌어요.(웃음) 오히려 하나를 더 얻게 되더라고요. 내가 몰랐던 나를 찾게 되는 거죠. 그런 데서 오는 희열감, 의외성, 저를 찾는 과정이라는 생각, 그런 것들 때문에 재밌어요. 도전도 습관이 되는 것 같아요. 모험도 마찬가지고요.

도전에 대한 두려움보다 도전을 함으로써 얻는 희열이 더 크다는 말씀이네요.

도전이 중요한 게 아니라 그것을 통해 저를 찾아가는 과정이 중요한 거죠. 아직도 저는 저를 찾는 중이에요. '아, 나도 이런 것을 할 수 있네. 어, 내가 이런 것도 할 줄 알았네' 이런 거 있잖아요.(웃음) 그래서 '그래, 이거 한번 해볼까' 하고 도전하는 거죠. 그런데 사실은 매번 두려워요. 매번 무섭고. 그래도 기회가 생겼을 때는 도전하죠. 끝나고 나면 제가 저를 조금 더 알게 되니까요.

주로 피사체가 되는 경우가 많겠지만, 사진 찍는 것도 좋아하시죠. 감독을 해보고 싶은 생각은 없었나요?

어렸을 때는 그런 생각을 했었어요. 제가 연기하기 전에 모델 생활을 했었는데, 사진이 참 예쁘게 나왔거든요. 그래서 사진을 찍게 됐어요. 그런데 연기를 시작하면서 보니까 제가 너무 못난이인 거예요. 사진들이.(웃음) 기자님들한테 못난이라고 찍혀서 그랬는지, 못난 사진들만 올리시더라고요. 뭔지 아시죠? 저는 눈도 안 떴는데, 찍어서 올려요.(웃음) '내가 그렇게 못났나, 나 이렇게 못난 애 아니었는데, 도대체 카메라로 보는 세상은 어떤 세상이야?'라고 생각하면서 카메라를 들었죠. 그러고선 깨달았어요. 카메라로 담는 세상이 쉬운 세상이 아니구나. 그런데 또 재미있는 것이, 피사체를 예쁘게 찍고 싶은 생각이 들잖아요, 그러면 피사체는 가만히 있는데 제가 움직이게 되더라고요. 제가 움직여서 피사체를 예쁜 각도로 찍는 거예요. 그래서 알게 됐죠. 사랑하는 사람의 마음이라는 것을. 아무튼 그래요.(웃음) 다 연기의 한 흐름이더라고요. 나는 그냥 나인데, 누군가 저를 피사체로 찍어내고, 발견해내고, 뽑아내는 거잖아요. 사진을 찍으면서 제3자의 시각, 타인의 시각을 고려하고 고민하게 됐어요. 어떻게 보면 객관적인 사진 한 장의 장면인데 '이 안에도 스토리가 있네'라고 생각하면서 그림으로 자연스럽게 이동하게 됐습니다. 그림을 보면 첫 붓이 어디일까, 마지막 붓은 어디일까, 하면서 작가의 마음을 읽게 되죠. 한 작품을 보더라도 볼 수 있는 것들이 굉장히 많아졌죠. 이 여자는 왜 여기를 보고 있을까, 작가는 이 여자를 왜 이렇게 보게 했을까, 손은 왜 이렇게 묘사했지, 뭘 가리키고 있을까, 이것을 그렸을 때의 시대뿐만 아니라 그날의 감정은 어땠을까…… 한 작품

안에서 배우로서 얻어갈 수 있는 것들이 너무 많아졌어요.

프리다 칼로를 좋아하신다고요. 〈복면가왕〉에서 '그림 잘 그려주는 예쁜 누나 프리다 칼로'로 출연하셨죠.

프리다 칼로는 너무 매력적인 여자예요. 아주 발랄하고 경쾌하고 돌발적인 특별한 사람이었죠. 본의 아니게 큰 사고를 당해 계속 침대에 누워 있어야 했고, 몸을 움직이지 못하고 몇 번의 수술을 거치면서 곧 끝날지도 모를 삶을 살았잖아요. 그래서 그림으로 자신을 표현하게 됐죠. 그림을 보면 다 작아요. 터치들이 아주 세밀해요. 프리다 칼로는 고통 속에서 아름다운 것을 꺼냈잖아요. 그렇기 때문에 더 매력적으로 느껴지죠. 디에고 리베라와의 사랑도 그래요. 남편인데 바람둥이였거든요. 디에고를 사랑한 이유는 그런 거죠. 프리다 칼로는 움직일 수가 없잖아요. 방안에서 작은 작품만 그리고 있는데, 디에고는 커다란 벽화를 그리고, 마음껏 자유롭게 돌아다닐 수 있었죠. 프리다 칼로가 사랑했던 것은 그가 그려내는 자유로움이 아니었을까, 그게 고통스러웠는데도 불구하고 그를 사랑한 이유였겠죠. 한국에서 프리다 칼로 전시회가 열렸을 때 저한테 요청이 와서 홍보를 해드린 적이 있어요. 그것을 보고 〈복면가왕〉에서 프리다 칼로로 출연 요청을 한 것 같아요.

천경자 화백에 대해서도 말씀하셨죠. 우리가 어떻게 보면 우리 것에 대해 약간은 폄하하는 시각도 좀 있는 것 같은데요.

이제는 젊은 사람들의 시각과 인식이 달라져서 그렇지 않기도 해요. 제가 볼 때는 관객이나 대중의 문제가 아니라, 그것을 만들어서 이야기하는 관리자들, 혹은 보여주는 사람들의 문제 같아요. 우리 것일수록 더 사랑하고 아름답게 가꾸고 높이 쳐줘야 하는데, 오히려 그 근처에 있는 사람들이 더 그러지 않았던 게 아닌가 하는 생각이 들어요. 올해가 3·1운동과 임시정부 수립 100주년이잖아요. 영화 쪽을 보면, 한국 영화가 시작된 지 100년이 됐거든요. 달라지고 있는 것 같아요. 정말 소중한 것이 뭔지, 우리 것을 사랑하고 거기에 감사함을 느끼는 해가 됐으면 좋겠어요. 천경자 선생님의 작품을 보면 항상 가슴이 아파요. 시끄러운 부분이 있는 것도 안타깝고요. 천경자 선생님 그림이 정말 좋아요. 작가들에게도 영감을 주는 작가니까요. 그러니 관객들한테는 얼마나 큰 영향을 주겠어요? 그런 분이 계셨다는 것 자체가 행복한 일이죠.

영향을 준 배우가 있나요?

어렸을 때는 배우가 되고 싶다는 생각을 한 번도 해본 적이 없었어요. 다른 세상 이야기라고 생각했어요. TV를 자주 보는 것도, 영화를 찾아보는 것도 아니었고요. 항상 고민하는 주제가 저 자신이었어요. 나는 왜 이렇지, 이건 왜 이렇지, 하고 사색하는 걸 좋아하는 사람이었어요. 말도 글로 배웠어요. 사람들과 이야기하며 자연스럽게 배워야 하는데, 생각만 많아서 글을 보며 말을 깨친 아이였죠.(웃음) 영감은 그때그때 굉장히 많이 받아요. 이분 연기 잘한다, 이렇게 연기할 수도 있구나, 제가 아는 방식, 틀에서 벗어난 사람들의 기발하고 특이하고 반짝거리는 패턴들을 보면 무릎을 탁 치죠. 그런데 '저 사람처럼 해야겠다' 하는 건 없어요. 저는 저 나름의 뭔가가 있을 테니까요. 그런데 저도 그게 뭔지 잘 모르겠어요. 그래서 찾고 있어요.

1999년에 데뷔하셨잖아요. 20년이 넘었네요.

와, 그렇네요.(웃음)

그동안 영화계도 많이 변했잖아요.

잘 모르겠어요. 평론가가 아니라 그만큼의 공부를 하지 못해서요. 거기에 대해서는 대답하기 어렵네요.

이런 부분은 바뀐 것 같다, 하는 것은 있을 듯한데요.

최근에 그런 것들은 달라졌죠. 스태프를 대하는 현장의 반응 같은 것들. 밤을 새우더라도 오늘 꼭 해야 하면 예전에는 했었잖아요. 지금은 과도기인 것 같아요. 시스템이 많이 바뀌고 나서는 현장에 가보지 않아서 실제로 어떤지는 지켜봐야 할 것 같고요.(웃음) 현장에 있으면 스태프가 항상 안쓰러웠거든요. 걱정되고 그랬는데, 좋은 방향으로 잘 바뀌고 있는 것 같아요. 비용과 시간이 더 들긴 하지만요. 어떤 게 좋은 건지, 어떤 방향으로 성장하게 될지는 이 과도기가 지나고 나면 알게 되겠죠. 저는 현장을 정말 사랑하는 배우라서 저하고 같이 작품을 하는 모든 사람이 행복해야 한다는 주의예요. 카메라를 통해 스크린으로 관객들과 마주하게 되는데요, 저는 그분들에게 감동을 주고 싶거든요. 그런데 카메라 너머의 사람들을 감동시키려면 카메라로 저를 보고 있는 사람들부터 먼저 감동시켜야 하죠. 제 앞에 있는 스태프를 감동시키지 못하면 그 건너에 있는 사람들도 감동시키지 못한다고 생각하거든요. 그것에 대해서 고민을 가장 크게 하는데요, 어떻게 해야 누군가를, 우리 스태프를 감동시킬 수 있나, 하고 봤더니 제가 저한테 먼저 감동을 해야겠더라고요. 제가 진실할 때, 진심으로 행동했을 때, 제 진심이 밖으로 튀어나왔을 때, 그 해소감에서 저 스스로 감동을 하는 거죠. 그건 만들어서 나올 수 있는 게 아니거든요. 거기에 스태프도 함께 감동하는 거예요. 그리고 그 진심이 카메라 너머의 관객들한테도 전달될 수 있는 거죠. 그래서 현장이 저한테는 관객만큼이나 중요한 거예요. 어떤 면에서는 관객보다 더 중요할 수도 있어요. 한국 영화계가 지금 어떻게 흘러가고 있는지는 잘 모르겠지만, 어쨌든 모두가 행복했으면 좋겠어요.

어떤 사람들과 있을 때 편하신가요?

그런 것보다도 사람들을 즐겁게 해주고 싶다는 목표가 생겼어요.(웃음) 왜냐하면 제가 즐거워지고 싶거든요. 정말 많이 즐거워지고 싶어요. 웃고 싶고, 행복해지고 싶고요. 제가 저를 행복하게 만들고 웃게 만들고 즐겁게 만드는 일이 뭔지 생각해봤는데, 제가 누군가를 그렇게 만들었을 때 성취감을 느끼고 있더라고요. 그래서 지금은 가장 시급하게 하고 싶은 것이 청취자들과 우리가 사는 이야기를 나누는 것, 바로 소통이에요. 일방적으로 듣기만 하는 게 아니라요. 우리는 정보를 너무 많이 습득해야 해요. 하루하루 그 속도감도 정말 빠르죠. 한국 사람들은 머리가 나쁠 수가 없어요. 대체로 머리가 아주 좋아요. 그 흐름을 타야 하거든요. 제 프로그램 한 시간 동안만큼은 환기해드리고 싶어요. 이 시간을 우리가 함께하고 있다는 공감과 소통을 통해 '당신은 혼자가 아니라는 것, 우리가 함께하고 있다는 것'을 알리고 싶어요. 저도 그렇고, PD님, 작가님도 어떻게 하면 좋을까 고민중이죠. 제가 제안했던 게 있어요. 제가 저한테 치료제로 사용했던 방식이에요. 상처가 있을 때는 말을 하거나 표현하지 않아요. 그 안에 들어가 있죠. 이게 다 나으면 밖으로 나오기도 하고요. 혹은 밖으로 끄집어냈을 때 낫기도 하더라고요. 그래서 일방적으로 방송하는 게 아니라 같이 소통했으면 좋겠다고 제안을 했어요. 계속 시도해보고 있죠. 내 얘기를 들어주는 방송, 내 얘기를 하는 방송을 같이 만들어가고 있는 거예요.

타인은 놀이공원이다

라디오가 그런 형식에는 적합한 매체죠. 청취자와 피드백을 할 수 있는.

그래서 참 좋더라고요. 하루에 한 시간인데, 계속 즐거워요. 인생이 별거 아닌 거예요.(웃음) 그게 뭐라고, 그냥 너무 행복해요. 서로 응원해주고 하는 게.

인스타그램도 하시잖아요. 활용을 잘하는 분도 있지만, 공적인 역할을 하는 분들은 두려워하기도 하죠. 악플을 다는 사람도 있을 것 같은데요.

지금은 많이 없어졌고요. 가끔 있긴 해요. 예전에는 트위터를 했었죠. 저는 말로 표현하기보다 글을 쓰는 게 쉬운 사람이어서요. 그런데 그걸로 괴롭힘을 많이 당했죠. 어떤 세력의 의도적인 괴롭힘이었고요. 지금은 인스타로 옮겨 왔어요. 하지 말라는 분들도 주변에 있었어요. 그럼에도 불구하고 그만두지 못했던 단 하나의 이유는, 일대일로 사람들과 소통을 할 수 있게 해주는 소중한 것을 포기할 수 없기 때문이었죠. 하지만 제 인스타그램은 상당히 일방적이기도 하고, 소통을 하긴 하지만 보여드리고 싶은 것만 보여드리는 것에 가까워요. 저는 사람들이 많이 들어오는 것도 바라지 않아요.(웃음) 여기 와 있는 사람들과 친해졌으면 좋겠다는 마음이에요. 너무 많이 홍보가 되는 것도 부담스럽고요. 관리를 잘 못할 것 같아서요. 일부러 알려지지 않게, 아는 사람들만 올 수 있는 방으로 만들어놨죠. 그게 제 성격에도 맞는 것 같아요.

그것만 봐도 소통을 소중하게 여기시는 것 같습니다. 말씀하셨듯이 외롭고 힘든 시간도 겪으셨잖아요. 그 시간이 인생에 어떤 영향을 줬다고 생각하시나요?

어떤 영향을 줬을 것 같아요?(웃음) 그것을 이겨내기 위해 스스로 단단해진 부분도 있죠. 예전에는 너무 억울한 일들을 많이 당한다는 생각이 들어서 이를 꽉 깨물기도 했고, 굳은살도 박였어요. 난 괜찮아, 굳은살이 있거든, 한두 번 겪는 것도 아니고, 이러면서 살았어요. 오해가 만들어지고, 그걸로 이익을 보는 사람들이 있었어요. 꽤 오랫동안, 10년 동안 그랬죠. 라디오를 하면서부터 정말 많은 시민들이, 청취자들이 진심으로 응원을 해주세요. 용기 내라고, 힘내라고 해주시는데 그 관심과 사랑이 너무 따뜻한 거예요. 어떻게 이럴 수가 있지, 어떻게 이런 세상이 있지, 내가 언제 이렇게 살아봤지. 저는 굳은살로 삶을 대하고 살아간다고 생각했거든요. 알고 보니 굳은살 속 상처는 안 나았나봐요. 심장 어딘가에 상처가 생겼는데 낫는 중인 것 같아요. 사랑의 힘이라는 것을 라디오를 하면서 느끼고 있어요. 이루 말할 수 없는 행복감이에요. 소통에서 오는 좋은 시간이에요.(웃음)

한국에서 여배우로 산다는 것은 어떤 건가요? 신비로운 존재로 보는 사람들도 있지만 힘든 면도 분명 있을 것 같습니다.

'한국에서 한국 사람으로 산다는 것은 어떤 건가요'라는 질문 같아요.(웃음) 한국은 하루에도 엄청나게 많은 뉴스들이 쏟아져나오며 격동하잖아요. 격동하는 나라에서 산다는 것은 쉬운 일이 아니죠. 그런데 외국에 나가보면, 어느 나라를 가도 한국 사람들처럼 대체로 지혜롭고 똑똑한 사람들이 없습니다. 글을 읽고 이해할 줄 알고, 엄청나게 부지런해요. 엄청 빠르고요. 한국에만 있을 때는 몰랐는데요, 외국에 나갈 때마다 느껴요. '아,

우리나라가 제일 좋구나.' 한국에서 여배우로 산다는 것도 마찬가지예요. 여배우에게는 수식어가 많이 붙어요. 한국에는 여신이 너무 많죠. 저까지 여신은 안 해도 될 것 같고요.(웃음) 여배우라는 직업이 아주 특별하게 인식되어 있는데요, 굉장히 감사한 일이기도 하죠. 감사하지만, 저는 저 나름의 삶을 지켜나가고 싶어요. 그게 저는 편한 것 같아요.

인상적이었던 여행지가 있나요?

특별히 어디가 좋았다는 건 없고요, 어떤 방식으로 여행할까, 그런 게 저한테는 더 중요해요. 친구들이 같이하는 여행이라면 처음부터 끝까지 제가 계획할 수도 있고, 친구에게 모든 걸 맡길 수도 있겠죠. 혼자 하는 여행이라면 현지에서 친구를 사귀고 그가 가이드 해주는 대로 따라보기도 하고요. 여행의 방식이 그때그때 다 달라요. 목적은 단 하나죠. 어떻게 하면 재밌게 배울 수 있을까.

굉장히 많은 곳을 다니셨는데, 꼭 가보고 싶은 곳이 있으신가요?

남미 쪽은 한 번도 안 가봤어요. 개인적으로 브라질에 꼭 가보고 싶은데요, 아직 기회가 안 닿았어요. 쿠바도 너무 가보고 싶고요. 북아일랜드 쪽도요. 그런데 당분간은 못 가겠네요. 라디오를 하고 있으니까요. (웃음)

스스로를 아날로그형 인간이라고 하셨는데요, 점점 디지털화되어가는 세상이잖아요.

괜찮아요. 디지털화된다고 해서 제가 기계가 되는 건 아니잖아요. 저는 배우이기도 하고, 사람에 대해 더 많이 생각해야 하기 때문에 아날로그로 사는 게 좋아요. 그렇다고 온전히 아날로그적이기만 한 건 아니에요. 저도 핸드폰 쓰거든요.(웃음) 그런데 즐기지는 않죠. 노트북보다는 아직도 일기장이랑 펜 들고 다니면서 글 써요. 전자책도 읽어봤는데, 저는 내용을 읽는 사람이라기보다는 종이의 질감부터 책의 전체를 다 읽는 사람인가 봐요. 서점에서 직접 책을 사고 침을 묻혀가며 읽다가 좋은 구절이 있으면 옆에다 적기도 하고, 이런 걸 좋아해요. 책의 내용뿐만 아니라 책과 관련된 것 전체를 모두 경험하는 쪽이 아직은 더 좋습니다.

책을 두 권 내셨는데요, 또 내실 생각은 없나요?

라디오 하다보면 너무 재미있는 사연들이 많아요. 제가 느끼는 것도 많고요. 그런 것을 기록해보고 싶어요. 오늘 방송을 하면서는 어떤 기분이었는지, 어떤 사연들이 좋았는지, 어떤 노래가 마음에 들어왔는지, 이런 것들을 나중에 다 모아보면 어떨까 하는 생각도 해요.

마지막으로 해주실 말씀이 있다면요?

오늘 하루를 즐겁게 지냈으면 좋겠어요. 마음먹기에 따라 그날 하루가 달라지거든요. 생일에 느꼈던 마음을 매일 갖는다면 하루하루를 생일처럼 보낼 수 있잖아요. 그렇게 살았으면 좋겠어요. 누구도 아닌 자기 자신을 위해서 즐겁게 살았으면 좋겠어요. 어렵다, 힘들다, 이런 생각에 갇혀 있지 말고요. 그렇게 하루씩 쌓이면 행복한 삶이 되지 않겠어요?

도전이 중요한 게 아니라
그것을 통해
저를 찾아가는 과정이 중요한 거죠.
아직도 저는 저를 찾는 중이에요.

김대중처럼, 노무현같이, 강원국답게

강원국 작가

2018년 10월 30일 오전 합정역 근처에서 글쓰기로 자신의 영역을 차근차근 구축해가고 있는 강원국 작가를 만났다. 성실하다는 소문답게 약속 시간 한 시간 전에 약속 장소 근처에 도착해서 우리를 당황하게 만든 그는 최근 하루 평균 2.5회의 글쓰기 관련 강의를 소화한다고 했다. 인터뷰 이후에도 세 건의 강의 스케줄이 있다고 말한 그는 '강원국'이라는 이름의 상설 글쓰기 학교를 만드는 것이 목표라고 했다. 기업에서 17년, 대통령의 연설문을 쓰며 청와대에서 8년간 일한 그는 『강원국의 글쓰기』를 낸 후 '이제 내가 나로서 나답게 산다'며 만족감을 드러냈다. "투명인간으로 살지 않으려면 자기 글을 써야 한다"고 강조하는 강원국 작가는 『대통령의 글쓰기』『회장님의 글쓰기』『강원국의 글쓰기』 등 세 권의 글쓰기 책을 냈고, 앞으로 교사를 위한 글쓰기, 주부를 위한 글쓰기, 공무원을 위한 글쓰기, 회사원을 위한 글쓰기, 퇴직자를 위한 글쓰기 등 열 권의 글쓰기 책을 내는 것이 목표라고 했다.

그동안 연설문을 굉장히 오래 써오셨는데요, 2014년 2월 『대통령의 글쓰기』를 내신 후 가장 크게 변화한 것은 무엇인가요?

제 글을 쓰게 됐다는 거죠. 이전까지는 글을 쓰긴 했지만 제 글이 아니었어요. 대통령이나 회장 같은 스피커가 항상 있었으니까요. 그분들의 생각과 말을 듣고 쓴 거라 쓰기보다는 읽기, 듣기에 가까운 글이었죠. 2014년 2월부터는 제 글을 쓰고 그 글에 대해서 말하고 있어요. 물론 말하고 쓰기 위해서는 여전히 읽고, 들어야 하죠. 이제는 무게중심이 말하기와 쓰기에 있어요.

이전에 쓰셨던 글을 대통령이나 회장과의 공동 작업으로 볼 수는 없을까요? 선생님 글이 아닌 것은 아니잖아요.(웃음)

제가 모신 김대중, 노무현 대통령은 특별한 분들이었어요. 본인의 것이 아닌 것은 잘 받아주시지 않았습니다. 감히 제가 제 생각을 얹거나 당신들의 생각을 저 나름으로 해석하는 일은 있을 수 없었습니다.

자신을 내세우지 않는 태도가 몸에 배어 있어야 가능하겠네요. 노무현 대통령께서 유시민 전 장관의 글을 두 번이나 받았는데 한 줄도 안 쓰셨다면서요.(웃음)

스피치라이터의 본질이 그렇잖아요. 고스트라이터죠. 제가 그 일을 할 수 있었던 힘은 남의 집을 전전하며 눈치를 본 데서 길러진 것 같아요. 외삼촌 집, 고모 집, 이모 집, 아버님 친구분 집에서도 살았거든요. 나를 드러내고 무언가를 요구하고 주장하기보다는 뭐든 남에게 맞추는 데 아주 익숙해졌죠. 그런 환경이 다른 분들의 글을 쓰는 데 도움이 됐던 것 같습니다. 남의 글을 쓰려면, 좀 나쁘게 얘기하면 눈치를 볼 필요가 있거든요. 질책

당하는 게 두렵고요. 그런 것들이 도움이 됐습니다.

자부심도 있겠지만 스트레스도 많이 받으셨던 것 같습니다. 페이스북 대문에 "『강원국의 글쓰기』를 썼다. 이제 내가 나로서 나답게 산다"고 하셨는데, 짠한 느낌이 들더라고요.(웃음)

일종의 독립선언이랄까, 그전까지는 제 존재라는 게 없었거든요. 자존감이 센 사람은 대통령 글을 그렇게 오랫동안 못 쓸 거예요. 저는 자존감이 낮아서 가능했죠. 겉으로는 대통령 연설 비서관에 청와대에서 근무하니까 출세한 것 같고 화려해 보이지만, 밖에서 보는 것과는 다르죠. 스스로가 정말 보잘것없다는 것을 계속 확인하게 되거든요. 글로써 대통령을 만족시키지 못하면 하루하루가 고통스럽죠. 내가 나로서 살지 못하고요. 그걸 그때는 전혀 몰랐죠. 나와서 살아보니까 너무 행복한 거예요. 이렇게 살아야 하는구나, 하는 생각이 들더라고요. 다시 그리로 돌아가라고 하면 절대 안 돌아갑니다. 요즘 제가 글을 쓰거나 인터뷰를 하면 악플이 달리는 경우도 있거든요. 청와대 못 들어가서 안달이라고. 진짜 몰라서 하는 얘기죠.(웃음)

자기 생각을 표현하기도 쉽지 않은데, 대통령의 생각을 글로 표현한다는 것은 정말 쉽지 않을 것 같습니다. 엄청난 공감 능력을 갖고 있어야 할 것 같고요. 작가님의 삶은 '공감과 마감의 인생'이라는 생각이 들더라고요. 하루하루가 마감이잖아요. 공감 능력은 어디서, 그리고 마감을 견디는 힘은 어디서 얻으신 건가요? 두 가지 질문을 동시에 드렸네요.(웃음)

이를테면 측은지심, 감정이입, 역지사지 같은 것들이 공감 능력일 텐데, 저는 제게 그런 능력이 있다고 생각하지는 않아요. 공감이라기보다는 빙의에 가깝죠. 저의 경우, 살아남기 위해서 노력하다보니 그런 능력을 갖게 된 것 같습니다. 24시간 내내 그분들의 말과 생각에 빠져서 살았으니까요. 그것만으로도 빙의가 가능합니다. 써야 할 연설문이 하나 있으면 그다음 연설문에 대해서는 아예 생각을 안 합니다. 밥을 먹을 때든 길을 갈 때든, 잠들기 전까지 계속 그 하나의 연설문만 생각합니다. 그런 과정을 통해서 그런 능력을 얻은 게 아닐까 합니다. 제가 김대중, 노무현 대통령 두 분을 굉장히 좋아했어요. 그래서 적어도 나 때문에 그분들이 욕을 먹는 일은 없도록 해야겠다는 생각을 했습니다. 그분들이 빛나도록 하는 데 조금이나마 도움이 되고 싶었죠. 어쨌거나 대통령이 연설할 시간이 됐는데 못 쓰면 죽음이에요.(웃음) 있을 수도 없는 일이고요. 그런 환경에서 살아남으려 하다보니 자연스럽게 그런 능력이 생긴 게 아닐까 합니다.

스트레스가 이만저만이 아니었겠습니다.
과민성 대장 증후군도 있고요.

그것 때문에 곤란을 겪은 얘기를 솔직하게 책에도 쓰셨죠. 그런데 어떻게 그런 스트레스를 견디면서 연설 비서관을 8년이나 하셨나요?
글은 강박으로 쓰는 것 같아요. 강박감이 없었으면 풀어졌겠죠. 항상 긴장해야 자만하지 않게 되고요. 예를 들면 '이거 쓸 수 있을 것 같다'라고 생각하기보다 '이번에도 쓸 수 있을까'라고 생각하는 거죠. 저는 글쓰기 말고는 다른 재능이 없어요. 악기도 못 다루고, 그림도 못 그리고…… 그런 재능이 전혀 없어요. 그런 판에 가면 자괴감을 느끼는 수준이죠. 그나

마 이 판에 있다는 것을 감사하게 생각하고, 그런 생각으로 글을 쓰죠. 이 일이라도 할 수 있다는 것에 감사하는 마음도 글 쓰는 데 도움이 되는 것 같아요.

강연 횟수가 1,000회를 훌쩍 넘었죠. 하루 평균 2.5회 강연을 하시는데, 매번 새로운 것을 넣고자 하신다고 들었습니다.
　그게 강연을 계속할 수 있는 힘인 것 같아요. 같은 내용을 반복하는 것은 정말 힘든 일이잖아요. 강연을 하면 할수록 새로운 것을 많이 얘기하고, 그만큼 성장하고, 그런 것이 재밌어요. 이것도 병인 것 같은데, 강연이 없어서 한나절 집에 있으면 허전합니다. 저는 제가 내향적이라고 생각했는데, 실제로는 사람을 만나야 에너지를 얻는 사람인 것 같아요. 강연을 통해 사람들을 만나서 반응을 확인하고, 그러는 한편으로는 내적으로는 새로운 것을 축적해나가는 거죠. 말을 하면 할수록 내 생각에 확신이 들어요. 처음에는 반신반의하며 시작하는데, 계속 말을 하다보면 스스로 나의 생각을 만들어낸 것 같은 생각이 듭니다. 무언가를 이론화해서 집대성한 것만 같은 일종의 착각일 텐데요. 글쓰기는 회의하는 과정이고 스스로 좌절하는 과정이거든요. 그런데 말을 통해서 다시 자신감을 얻고, 결국 축적해둔 것을 글로 쓰고, 이게 책이 되거든요. 『대통령의 글쓰기』도 5년 동안 말한 것으로 썼죠. 『강원국의 글쓰기』도 블로그나 홈페이지에 쓴 조각 글 2,000여 편에서 뽑아서 정리한 것이고요. 강연을 통해 그 글들에 대해 일종의 검증을 받고, 반응을 확인하게 되었죠. 상호작용을 하면서 선순환하고 있습니다. 그 과정에서 강연료도 나오고, 인세도 나오고요.(웃음)

용수철을 눌러놓으면 튀어오르는 것처럼, 분출되지 못한 글쓰기 욕구가 한꺼번에 폭발한 듯하네요.

그런 면이 있을지도 모르죠. 이런 것은 느낍니다. 어떤 자유로움 같은 것, 제게 선택권이 있다는 것. 전에는 항상 윗분에게 맞추는 글을 썼잖아요. 그분 생각에 도달하는 것이 전부였거든요. 도달해봤자 결과물이 내 것도 아니었거든요. 끝나면 성취감을 느끼기보다 '하나 끝냈다, 무사히 끝냈다'는 안도감이 전부였고요. 주제, 마감, 분량이 정해진 글을 썼고, 항상 검사를 받았죠. 지금은 내가 쓰고 싶은 것을 쓰고, 하고 싶은 말을 해요. 아닌 것을 해달라고 하면 안 해요. 옛날에는 강제로 시도하고 도전해야 했어요. 아마 그래서 제 글쓰기 근육이 키워졌을 겁니다. 지금은 시키는 사람이 없으니 스스로 도전해야 합니다. 예를 들면 방송 출연이 그런 겁니다. 방송 출연 안 해도 되죠. 사실 돈도 안 돼요. 그런데 그걸 하는 것이 책을 팔고 강연을 하는 데 결정적으로 도움이 됩니다. 강연하고 책을 파는 것만으로도 충분히 먹고살 수 있지만, 좀더 지평을 넓히기 위해서는 그런 도전이 필요하거든요. 굉장히 재미있어요. 내가 하고 싶어서 하는 거고요. 두렵기도 하지만 설레기도 하죠. 실패할 때도 있지만 요즘에는 그걸 즐긴다고 생각하고 도전합니다. 물론 강연을 하든 책을 쓰든 방송에 나가든 너무 어려우면 안 해요. 예를 들어 〈세계는 그리고 우리는〉이라는 프로그램 진행을 해달라는 요청이 있었는데, 그건 제게 난이도가 너무 높아요. 그런 것은 제가 알아서 거절합니다.

잘하실 것 같은데요.

아뇨. 그건 너무 어려워요. 〈대화의 희열〉 같은 것은 한번 해볼 수 있겠다 싶어서 하는 거고요. 좋건 나쁘건 반응이 오거든요. 〈뉴스공장) 나갔다가 악플 엄청 달리고 욕도 무지 먹었지만요.(웃음) 반응이 필요하다면 감수해야죠. 김경수 지사가 나가서 변호해줘서 무마가 되고…… 경험을 해보니 어려운 일을 당했을 때 두 가지 경우가 생기더라고요. 하나는 그 어려움보다 더 큰 어려움이 뒤에 온다는 거예요. 두번째 파도가 더 무서워요. 또하나는 그 어려움이 반드시 해결이 된다는 거예요. 시간이 지나고 나면 항상 '왜 그걸 걱정하고, 그걸로 힘들어했지' 하게 되더라고요. 하지만 그 어려움에 대해 무사안일하게 대처하면 그 어려움보다 더 큰 어려움이 뒤따라오더라고요. 김대중 대통령은 '풍파는 전진하는 자의 벗이다'(니체)라고 하시며 토인비의 '도전과 응전'을 항상 이야기하셨는데요, 그분한테 들었던 것을 하나씩 되새김질하죠. 그때는 단지 그분의 생각을 받아썼을 뿐인데 지금은 나한테 접목을 시켜요. 단지 글쓰기만 배운 게 아닌 거죠. 예를 들어 노무현 대통령은 '나는 도전하고 시도함으로써 여기까지 왔다, 시도하고 도전하면 성공과 실패 확률이 5대 5다, 그런데 시도하지 않으면 100퍼센트 실패다, 왜 100퍼센트 실패의 길을 가려고 하는가? 실패가 두려워서 그러는 것인데, 그건 스스로 실패의 길을 가는 것이다, 한 대도 안 맞는 싸움은 없다, 맞을 것은 맞고, 더 때리면 된다, 싸워라'라고 하셨는데, 그게 그분 생각이거든요. 평생 그렇게 사셨고요. 요즘 정말 그분 말씀이 맞다는 생각이 들었어요. 노무현 대통령에게는 시도, 도전과 함께 상상력이 있었어요. 지지율 2퍼센트도 안 되던 시절에 대통령을 꿈꿨다든가, 상고 나와서 판검사 될 상상을 했다든가 말이죠. 저는 결국 꿈이나 상상력, 시도와 도전, 실패를 감수할 수 있는 용기가 한 묶음이라고 생각해요. 김대중, 노무현 대통령은 그걸 하신 분들이구나, 그분들이 나한테 준 가르침대로 살자, 시도하고 도전하고 꿈을 꾸자…… 저는 쉰 살이 넘도록 꿈이 하나도 없었어요. 목표도 없었습니다. 되고자 하는 것이 없었어요. 무언가 되어야겠다는 생각도 없이 대학 다니고 입사 시험 안 보던 시절이라 면접만으로 대우에 들어가고, 증권으로 배치를 받고, 회장 비서실에서 오라니까 가고, 거기 있었다는 이유로 청와대 행정관으로 가…… 계속 그랬거든요. 제가 제 의지로 뭔가를 결정한 것은 청와대에서 나오고 나서부터예요. 효성에 갔다가 한 달 반 만에 나온 것이 제 의지로 한 첫번째 행동이었습니다.

무엇이 제일 불편하셨나요?

낯섦 같은 거였죠. 8년 동안 김대중, 노무현의 생각에 빠져 있다가 전혀 다른 생소한 얘기를 써야 하는 상황을 힘들어 했던 것 같아요. 그런데 사실은 거기 나와서도 다른 데 갈 수 있을 줄 알았어요.(웃음)

글쓰기와 강연이 서로 융합하고 시너지 효과를 통해서 생각이 발전하는 것 같은데요, 1,000회 이상 강연을 하고 나서 가장 크게 변한 점은 무엇인가요?

내가 말을 할 줄 아는 사람이라는 것을 알게 된 게 가장 크죠. 그리고 내가 성장하고 있다는 것을 느끼죠. 변화하고 발전하고 있다는 걸요. 강연을 안 했으면 어떻게 알 수 있었을까, 어렴풋이는 몰라도 지금같이 알지는 못했을 겁니다. 항상 이렇게 얘기합니다. 글을 잘 쓰려면 말을 많이 해봐라, 말하고 써라, 말을 잘하려면 글을 써라, 메모하는 습관을 들여라…… 제가 블로그나 홈페이지에 쓴 게 다 메모죠. 글이라고 하긴 그렇고요. 말하기 위해서 자꾸 써놓은 것이 좋은 말을 만들고요. 말을 하면 생각이 다 정리가 돼요. 글을 쓸 때 훨씬 좋아요. 이건 같이 해야지, 어느 하나만 해서는 다른 쪽이 좋아지지 않는다고 생각해요. 그런데 김훈 작가처럼 말은 못하는데 글은 잘 쓰시는 분을 보면 그렇지 않은 것 같기도 하고요.(웃음) 도올 선생 같은 양반들을 보면 내 생각이 맞아요. 그분은 말을 못 하게 하면 좋은 글 못 쓸 겁니다. 공자도 말할 기회가 없었으면 공부의 기쁨 같은 것을 몰랐을 거라고 생각합니다.

강연을 할 때마다 대상이 다르기 때문에 강연 콘셉트도 바꿔야 하잖아요. 학생, 교사, 공무원한테 하는 강연이 다를 수밖에 없을 텐데요.

오늘은 인하대 가서 해야 하고, 그 이후에는 농협 퇴직자들을 상대로 해야 해요. 저보다 나이 많은 분들 대상이죠. 그리고 저녁에는 도서관 강의가 있는데, 다양한 분들이 오시는 자리죠. 제가 가지고 있는 풀 중에서 편집을 해요. 인하대 강연에서는 글쓰기 말고 '나답게 사는 법'에 대해 얘기할 거예요. 농협 퇴직자들에게는 제2의 인생을 사는 법에 대해 강연하려 합니다. 어디서든 되도록 경험한 것을 가지고 얘기하려 합니다. 고등학교 강연도 많이 해요. 특히 『강원국의 글쓰기』 관련해서는 도서관 강연, 고등학교 사서들이 부르는 강연에 많이 가죠.

기억나시는 특이한 질문이 있다면요?

희한하게 강연을 하러 가보면 마흔 가지 안팎에서 모든 질문이 다 나와요. 사람 생각은 다 똑같구나, 그런 생각이 들더라고요. 많은 대상을 만나다보니까 대략 알겠어요. 그분들이 궁금해하는 게 뭔지. 특이한 질문은 별로 없어요.(웃음) 좋아하는 책이 뭐냐, 글이 안 써질 때는 어떻게 하냐, 이런 것들이죠.

글쓰기 책을 계속 쓰겠다고 하셨는데요, 공무원을 위한 글쓰기 등 열 권 정도는 내겠다고……

다음 책은 정했어요. 청소년의 글쓰기. 지금 창비에서 강의하는 게 있어요. 창비학당에서 교사들만 모아줬어요. 그분들한테 글쓰기 지도에 관해 강의하고 있는데, 그걸 가지고 청소년의 글쓰기 책을 내려고 해요.

그다음에는요?

제 독자 중에 40, 50대 여성분들이 많아요. 자녀들 다 키우고 글을 써보고 싶어하는 분들이죠. 그리고 자기 인생을 정리하고 싶어하는 어르신들도 있고요. 그런 분들을 위한 글쓰기 책도 생각하고 있어요. 요즘 공무원 시험이 서술형으로 바뀌고 있습니다. 공무원을 위한 글쓰기는 그래서 생각한 거고요. 마지막으로 쓴다면, 사실은 레드오션인데요, 직장인 글쓰기예요. 제일 많은 독자가 있는 곳이죠. 하지만 관련된 책이 엄청 많이 나와 있죠.

유시민 작가 입장에서는 도발이라고 생각할 만큼 라이벌 구도를 만들고 계신데요.(웃음)

응해주지를 않으니.(웃음)

5년 뒤에는 넘어서겠다고 선언하셨잖아요.(웃음)

이유를 얘기했죠. 유시민 작가는 글쓰기에만 전념하지 않잖아요. 저는 그것에만 몰두하고 있고요. 성장 속도가 다르다는 거죠. 유시민 작가는 이미 큰 분이고, 저는 이제 시작하는 사람이죠. 그야말로 개발도상에 있는 사람이기 때문에 성장률이 높을 수밖에 없어요. 적어도 글쓰기에 관해서만큼은 유시민 선배보다 더 잘 말할 수 있는 사람이 될 것이다, 단지 그게 목표지, 유시민 작가보다 글을 잘 쓸 것이다, 이런 건 아닙니다.

40, 50대 여성들과 노년층 독자들이 많다고 하셨는데요, 아무래도 살면서 상처도 많이 받고 자기 표현을 못하신 경우가 많아서 그런 것 같습니다. 글쓰기의 치유 능력을 강조하시니까요.

글쓰기에는 치유력이 있죠. 저는 여성분들에게는 그것으로 접근하려고 해요. 우리 사회가 정말 자기감정을 표현하지 못하는 사회거든요. 50, 60대 여성분들 보면 거의 다 울화병이 있어요. 더 나이드신 분들은 거의 한을 품고 있죠. 평생을 할 말 못하고 산 거예요. 자기 존재를 드러내지 못하고 산 거죠. 사람에게는 한 축에 생각과 의견이 있고, 다른 한 축에는 감성, 감정, 정서가 있는데, 그것들을 글쓰기를 통해 표현하는 것이 중요하다, 그러면 그걸 어떻게 표현할 것이냐, 이런 것들을 책으로 쓰고 싶어요.

생각이 다른 사람들끼리 서로 토론하고 이견을 좁히는 게 중요할 텐데……

학교 다니면서 관용에 대해서 전혀 배우지 않아요. 나와 다른 것을 받아들이고, 차이를 인정하고, 다양성을 존중하는 태도를 배우지 못하죠. 학교에서 공존하는 방법을 가르쳐주지 않아요. 그 결과 우리 사회는 자기와 다른 것과는 섞이지 않아요. 토론이 안 됩니다. 말도 섞지 않아요. 개인적으로도 행복하지 않아요. 사람들은 경쟁할 때 행복하지 않죠. 서로 힘을 합치고 도울 때 행복합니다. 모든 면에서 가장 필요한 게 서로 다른 것끼리 섞이는 거죠. 공존하고, 협력하고. 노무현 대통령이 임기 말에는 그거 하나만 생각했어요. 대연정도 거기서 나온 거예요. 이건 정말 교육에서 해결해야 한다고 생각해요.

나중에 소설이나 시를 쓰고 싶다는 말씀도 하셨죠.

먼저 해야 할 일은 문창과 같은 데서 공부를 하는 것이고요, 공부를 하면서 소설이든 시든 시나리오든 찾아보려 합니다. 지금 생각하는 것은 소설이에요. 제 연애담.

〈파파이스〉에 출연하셔서 김어준 총수가 '자본의 앞잡이였네요'라고 농담했을 때 '그때 김우중 회장은 내게 영웅이었다'고 하셨잖아요.

그게 사실이었으니까요. '세계는 넓고, 할일은 많다'라는 말도 만드셨잖아요. 내가 대우에 89년에 지원을 했고 거기서 나온 게 99년이거든요. 99년에 대우가 문을 닫았죠. 그때가 대우의 최전성기였어요. 세계 경영이라면서 마지막 불꽃을 태울 때였죠. 김우중 회장은 제가 대우에 가기 전부터 영웅이었어요. 샐러리맨부터 시작한 분 아닙니까? 실제로 존경할 만한 점이 많은 분입니다. 돈을 대물림하고, 이런 스타일은 아닙니다. 사명감이 있었던 사람이에요. 다음 세대에 대한 책임감도 있었고요. 그게 그분의 진정성입니다. 그런 것을 봤기 때문에 그렇게 얘기한 건데, '자본의 앞잡이?'라고 해서……(웃음) 그 방송을 김우중 회장이 봤대요. 누군가가 보여줬겠죠. 그래서 저를 보자고도 했습니다. 그전에도 뵙긴 했지만요.

만나셨나요?

못 만났어요. 지금 건강이 굉장히 안 좋아서. 〈파파이스〉가 저한테는 말을 하고 사는 삶의 문을 열어준 거예요. 내 말이 먹히는구나, 내가 웃기는구나……

엄청 재밌었습니다.(웃음)

전혀 웃기려고 한 게 아닌데, 김어준 씨가 그렇게 반응을 해줘서 자신감을 좀 얻었어요. 실제로 그걸 계기로 방송에서 요청도 왔고요. 그런데 얼마 전에 〈김어준의 뉴스공장〉 나가니까……

엄청 공치사를 하더라고요. 자기 때문에 그렇게 된 거라고 말하라고.(웃음)

인연이 묘한 것이, 제가 방송에 알려진 것이 〈파파이스〉하고 〈말하는대로〉를 통해서인데요, 유희열 씨가 거기서 저를 눈여겨보고 〈대화의 희열〉에 추천해서 KBS TV에서 방송을 하게 됐거든요. 김어준 씨도 〈파파이스〉에 또 불렀어요. 〈뉴스공장〉에서도 부르고. 저는 딱 두 가지가 저를 이끌어간다고 생각하는데요, 하나는 관계고, 또하나는 성실함이에요. 재능이 없다는 것, 실력이 없다는 것을 안 들키려고 어떻게든 성실하게 준비해요. 그걸 사람들이 높이 사주는 것 같아요. 누군가가 저를 다른 사람에게 소개해주면 그 사람 마음에 들려고 노력을 해요. 그러면 소개를 한 사람도 좋은 소리를 듣죠. 그게 관계를 만들고 상호작용을 하죠. 그렇게 관계가 만들어지면 그 사람이 또다른 데 소개를 해주는 거예요. 저는 어떻게든 기대에 부응하려고 해요. 그걸 또 누군가가 봐요. 보는 사람이 있어요. 그럼 그 사람과 관계가 만들어지고, 또 거기에 부응하는 거죠.

소개해준 사람을 만족시킬 수 있는 실력이 있으니까.

역량이나 실력이 아니고 성실입니다. 어떻게든 쥐어짜고, 잠 안 자고, 골머리를 앓아도 하는 거죠. 몸도 상하고, 스트레스도 엄청 받는데 어떻게든 맞춰요. 그야말로 맞추는 삶이에요. 1,500번 강연하면서 한 번도 펑크 내본 적이 없어요. 지각한 적도 없고요.

오늘도 한 시간이나 일찍 오셔서 저희가 당황했는데요.

차가 막힐지 안 막힐지를 모르니까요. 저는 늘 일찍 출발해요.

〈뉴스공장〉 말씀하셨는데요, 문재인 대통령의 연설을 놓고 인터뷰를 하셨는데, 그 텍스트를 읽어보니까 오해의 소지도 있을 수 있겠더라고요. 신동호 비서관을 '디스'한 듯한 느낌도 있고요.

능라도 연설을 얘기했는데요, 우리 민족은 강인합니다, 우수 합니다, 함께 살아야 합니다, 5,000년 같이 살다가 70년 떨어져 산 것뿐입니다, 이거였죠. '디스'가 아니고요. 그런 것은 사실 과거 연설에도 굉장히 많았 고요. 그것만 딱 떼놓고 보면 상투적인 이야기입니다. 그 장소와 문재인 대통 령의 진정성이 감동을 줬다고 얘기했죠. 그런데 앞만 딱 떼어서 부각을 시키 면 신동호 비서관이 상투적으로 글을 쓰는 사람이라고 '디스'한 것이 되죠.

악플 다는 사람들은 '자기가 다시 들어가고 싶어서'라고 하 겠죠.(웃음)

저는 노무현 대통령한테서 배운 어법 중에 억양법을 굉장히 좋아합니다. 본인이 하고 싶은 얘기를 더 부각시키기 위해 앞에 한 자락을 깔아요. 예를 들어 두바이에 갔을 때 그랬죠. '내가 오면서 하늘에서 봤는데, 쭉 이어진 사막을 보니 신이 버린 땅이었다.'

난리가 났겠네요.(웃음)

그런데 이어서 '그것을 바꾸어놓은 인간의 힘이 그만큼 위대하다는 것을 느꼈다, 위대한 지도자를 주셨다'라고 한 거죠. 그다음 말로 반전을 만든 겁니다. 저도 뒷말을 하려고 한 말인데, 그런 것들이 오해를 사는 경우도 있는 것 같아요.

책에 '김대중처럼 노무현같이'라고 사인하시는 경우가 많습니다.

아, 글쓰기 책이잖아요. 예를 들어서 '김대중처럼 노무현같이 지승호답게' 써라, '답게'를 꼭 쓰거든요. 결국은 '답게'에 방점이 있어요. 저는 모방에서 출발해야 한다고 생각해요. 단순히 글쓰기만이 아니고, 삶 자체를 그렇게 살라는 의미에서 노무현같이 살아라, 김대중처럼 살아라, 그렇지만 자기답게 살아라, 그런 뜻으로 쓴 거죠. 김대중처럼 살기는 어렵지만, 누구나 나답게 살 수는 있어요.

두 분이 비슷하지만 다른 점도 많잖아요. 글쓰기에서 두 분의 좋은 점을 흡수한 부분이 있을 것 같습니다.

김대중 대통령의 성실함과 치밀함, 꼼꼼함, 노무현 대통령의 직관을 배웠습니다. 물론 김대중 대통령도 통찰력이 있는 분이고, 노무현 대통령도 굉장히 성실하신 분이죠. 상대적으로 그렇다는 거고요. 두 분 공히 사람을 배려할 줄 알고 존중을 해줘요. 아까 공감 능력에 대해 말씀하셨지만 그걸 타고난 분들이에요. 사람에 대한 이해가 깊은 분들이고요. 어려운 처지에 있는 분들 보면 안타까워했고, 두 분 다 눈물이 많았잖아요. 그런 감수성, 감성, 공감 능력이 배울 부분이라고 생각하고요. 그리고 스스로 성장하려는 노력을 끊임없이 하시는 분들이거든요. 공부 중독자들이고요. 늘 질문하고, 뭐든지 유심히 보고요. 항상 나는 못 본 것을 보시고 '저게 뭐지' 하고 물어보세요. 달리 얘기하면 자기만의 생각이나 의견을 만들려고 끊임없이 노력한 분들이죠. 두 분 다 호기심이 왕성했거든요. 호기심에서 출발하죠. 질문하고, 관찰하고…… 자존감이랄까, 남의 말에 흔들리지 않고 항상 자기 생각을 가지려 했고요. 스스로 서려고 했던 분들입니다. 그런 것을 흉내내려고 저도 노력하고 있습니다.

"글쓰기는 심리에서 시작해 소통으로 완성된다"고 하셨는데요, 사람에 대한 이해가 필요하다는 말씀인 것 같습니다.

자기를 이기고, 자기를 믿고, 자기 안에 있는 것을 끌어낼 수 있는 힘을 가져야 한다, 그런 마음 근육을 키우는 것이 중요하다는 얘기입니다. 글쓰기는 심리적인 것이라고 생각해요. 자존감이라고도 할 수 있고, 자신감이라고도 할 수 있는데, 글쓰기는 거기서부터 시작된다고 생각합니다. 자기를 믿지 못하는 사람은 자기 안에 있는 것을 끌어내지 못한다는 거죠.

남을 이해하기 전에 나를 먼저 이해할 필요가 있다는 말씀이네요.

제가 본 김대중, 노무현 대통령은 글을 쓰기 전에 가만히 생각을 했어요. 자료를 찾고, 누구 말에 귀기울이고, 기웃거리는 등 부산 떨지 않습니다. 자기 안에 쓸거리가 있다고 생각하고 그걸 끄집어내는 데 집중하죠. 그게 심리라고 생각하고요. 결국 글이라는 것은 누군가에게 보여주기 위해 쓰는 거지, 자기 혼자 읽는 게 아니잖아요. 독자와의 이인삼각이라는 거죠. 독자에게 뭔가 주는 글을 써야 해요. 글을 쓸 때 저는 독자를 머릿속에 앉혀놓고 대화를 하면서 글에 대한 독자의 반응을 실시간으로 느낍니다. 나로부터 시작하지만, 완성은 독자에게서 이루어져야 한다, 내가 다 썼다고 해서 다 쓴 것이 아니다, 독자가 읽었을 때 비로소 내 글도 완성된다…… 그러자면 읽히는 글을 써야 하고, 독자에게 뭔가 주는 글을 써야 한다는 거죠. 스티븐 킹도 그랬잖아요. 쓸 때는 문을 닫고, 다 쓰고 나면 문을 열어야 한다. 문을 닫고 쓴다는 것은 자기 안에서 뭔가를 끄집어내는 일이에요. 하지만 그렇게 쓰고 끝내면 아무 의미가 없죠. 다 썼으면 문을 열고 독자의 반응을 보라는 말인데, 전적으로 공감합니다.

독자도 성향이 있죠. 이를테면 진보 독자, 보수 독자가 있을 수 있고요. 그러면 글에 대한 반응도 달라질 텐데요.

누군가한테 포커스를 맞춰야 한다고 생각합니다. 누구나 만족시키고 누구한테나 칭찬받는 글을 쓰려고 하면 실패합니다. 『회장님의 글쓰기』가 실패한 것은 회장과 일반 사원 모두를 만족시키려 했기 때문이에요. 확실히 한쪽 편을 들고 거기서부터 써야 해요.

『회장님의 글쓰기』에서는 "설득당할 사람을 갑으로 만들어야 한다"는 말이 인상적이었습니다.

저는 사람들이 쉽게 설득당하지 않는다고 생각합니다. 설득하기 어려워요. 사람들은 마음 쉽게 안 바꿔요. 자기가 설득당하고 있다는 생각이 들면 절대 설득당하지 않습니다.

자기도 모르게 설득당하게 해야겠네요.

그렇죠. 그랬을 때 설득이 되는 거예요. 설득을 하려고 마음먹으면 '저놈이 날 가르치려고 드네. 내가 호락호락 설득당할 것 같아?' 이렇게 오히려 무장을 하죠.

햇볕정책하고 똑같네요.(웃음)

그렇죠. 저는 설득하지 말고 설명하라고 합니다. 그냥 보여주라는 거죠. 유시민 전 장관이 그걸 잘합니다. 자기가 아는 사실과 근거를 가지고 설명을 합니다. 이런 거다, 판단은 네가 해라, 네가 결정권을 갖고 있다…… 그런데 사실은 자기가 취한 사실 속에 이미 설득이 들어가 있는 겁니다. 자기한테 유리한 것만 모아서 얘기하잖아요. 그 얘기를 듣다보면 설득이 됩니다. 그런 식의 설득이 먹히는 거죠. 그게 좋은 설득이라고 생각합니다.

영화 〈노무현입니다〉에 출연하시고 나서 인터뷰를 하셨잖아요. 그 영화에서 노무현 변호사와 문재인 변호사의 캐릭터를 비교한 일화가 재밌더라고요. 노무현 변호사는 수임료로 큰 돈이 생기면 사무실을 돌아다니면서 '누구 돈 필요한 사람 없어? 자네 전세금 필요하다고 하지 않았나?' 했던 반면에 문재인 변호사는 돈이 생긴 걸 알아도 아무 말 안 하고 있다가 연말에 조용히 사무장을 불러서 '수임료 외에 돈이 좀더 생겼는데, 전 직원들에게 똑같이 나눠서 보너스를 주자'고 했다더라고요. 두 분의 캐릭터와 일하는 방식이 다르다는 걸 느낄 수 있고, 두 분의 통치 스타일도 알 수 있는 에피소드인 것 같습니다. 이런 식으로 김대중 대통령과 노무현 대통령을 비교할

강원국

수 있는 에피소드 같은 것이 있나요?

저는 연설에 대해서만 얘기할 수밖에 없는데, 김대중 대통령은 다 구성을 해서 낭독본으로 드린 것도 가서 읽어요. 그렇게 읽는 것이 국민에 대한 예의고 존중이라고 생각하셨습니다. 노무현 대통령은 읽지 않고 가서 그냥 말하는 것, 청중과 눈을 마주치는 게 예의라고 생각하셨어요. 김대중 대통령은 국민의 손을 놓지 마라, 앞서가더라도 반보만 앞서가라고 했고, 노무현 대통령은 국민이 하자고 하는 것을 하는 것은 국민에게 영합하는 것이다, 리더는 앞서가는 사람이다, 앞서가면서 뭔가를 하자고 제안하는 사람이라고 했습니다. 이런 면에서도 연설 스타일이라든가 리더십에 대한 생각의 차이가 있다고 생각을 합니다.

〈파파이스〉에 출연해서 "대통령은 말과 글로 국정 운영을 하기 때문에 최순실 국정농단 사태에서는 최순실이 대통령이었다고 봐야 한다"고 말씀하셨죠. 그만큼 대통령에게는 말과 글이 중요하다는 의미이겠죠. 이전에도 꽤 팔렸지만, 최순실 국정농단 사태 때 『대통령의 글쓰기』 판매가 팍 올라갔죠?

역주행이라고 했죠. 지금 30만 부쯤 팔렸다는 것 같아요.

인간적으로 최순실 씨한테 사식이라도 넣어주셔야 하는 거 아닌가요?(웃음)

그보다는 노무현재단에 가서 기부를 하는 것이 먼저죠.

기부하셨다면서요.

조족지혈이죠.

권양숙 여사님께서 '그분은 글로 생계를 유지하는 사람인데, 그걸 받으면 어떻게 하냐, 돌려줘라'라고 했는데, 노무현재단에서는 '받은 것은 못 돌려준다, 이후로는 기부하지 말라'고 했다면서요.(웃음)

이후로도 할 생각입니다.(웃음)

노무현 전 대통령 유서에 '책을 읽을 수도 글을 쓸 수도 없다'라는 부분이 있는데, 〈노무현입니다〉를 보면 문재인 후보가 '늘 유서를 품에 안고 다니는데, 그 부분이 마음 아팠다. 그 정도 상황일 줄은 몰랐다'고 하는 부분이 나오잖아요. 읽고 쓰는 데 애착을 가진 분이었다는 것을 작가님이 가장 잘 아실 텐데요.

애착 정도가 아니고요, 그분한테 글쓰기는 자신이 살아 있다는 것, 자기 존재를 보여주는 일 그 자체예요. 말과 글로 자기를 실현하는 사람이었거든요. 말과 글로 세상에 영향을 미치고 뭔가를 바꾸는 게 살아 있는 것이다…… 그러니까 말하지 못하고 글을 쓰지 못하는 상황은 살아 있는 게 아니죠. 그냥 밥만 먹고 사는 거고, 목숨만 부지하는 거죠. 자기 말과 글이 전혀 영향력이 없다면 읽을 일도 없는 거죠. 말하고 쓰기 위해서 읽는 거니까요. 그래서 '책을 읽을 수도 글을 쓸 수도 없다'는 말은 단지 건강이 안 좋다는 의미라기보다는 전에 하셨던 말씀이 있는데, '책을 안 쓰겠다, 내 글을 누가 읽어주겠는가'라고, 그런 의미가 아닐까 생각해요. 내 말과 글이 의미가 없어졌다, 사는 것 자체의 의미가 없어졌다, 그럴 때 나는 이런 선택을 할 수밖에 없다, 이렇게 받아들여졌어요. 그때 좀 견디셨으면……

노무현 전 대통령이 후보 시절에 그런 말씀을 한 적이 있어요. '내가 왜 말이 많은 줄 아는가, 항상 소수자였기 때문에 그렇다.' 소수자는 자신을 계속 어필해야 하고 항변해야 하죠. 그런데 대통령이라면 아무리 지지 기반이 한정되어 있다 해도 소수자라고 볼 수는 없지 않을까요. 최고 권력자인 셈인데요.

김영삼 대통령 때까지는 말이 필요 없었어요. 그런데 김대중 대통령 때부터는 말이 필요했습니다. 설득이 필요했고, 뭘 하려고 할 때면 국민의 지지를 얻어야 했기 때문에 말을 안 할 수가 없었습니다. 노무현 대통령 때는 더 심해졌어요. 더 많은 말을 해야 했죠. 그런 의미에서는 소수자죠. 김영삼 대통령 때까지는 언론이 알아서 포장해줬습니다. 자기가 하고 싶은 대로 다 할 수 있었습니다.

군사정권 때는……

더 말할 필요도 없죠. 김대중 대통령 때부터는 뭘 하자고 하면 계속 반대를 하니 설득도 계속해야 했잖아요. 말을 안 할 수가 없었습니다. 그런 의미에서는 대통령이었더라도 소수자였죠.

노무현 전 대통령의 유서가 컴퓨터 화면에 있었다는 이유로, 일부에서는 가짜라고 주장하기도 했습니다. 5년간 노무현 대통령의 말씀을 듣고 글을 쓰신 분이니 그분의 문체를 제일 잘 아실 텐데요, 확신이 들던가요?

저는 딱 보고 '이분이 직접 쓰신 거다'라고 생각했습니다. 마지막에는 늘 컴퓨터에 글을 쓰셨어요. 메모할 때는 종이에 쓰셨지만, 본인이 직접 완성된 글을 쓰려고 할 때는 연설문도 종이에 쓰지 않으셨고요. 그걸 훨씬 편하게 생각하셨어요. 그걸 미리 써놓지는 못하셨을 테고, 머릿속으로 쓰고 고치고 쓰고 고친 다음 마지막에 쓰고 가셨겠죠. 군더더기 없이 툭툭 치면서 가는 스타일이 딱 노무현 대통령 글입니다. 그런데 문재인 대통령도 문체가 비슷해요.

노무현 대통령은 친해지면 '누구누구 씨'라고 부르는데, 마지막에 뵈었을 때 '원국 씨'라는 말을 들으셨다면서요.

그때 정말 비로소 노무현 대통령의 참모가 됐구나, 생각했는데 그게 마지막 뵙는 자리였죠. 그 말을 정말 듣고 싶었거든요.

꿈 중 하나가 '강원국이라는 이름의 상설 글쓰기 학교를 만드는 것'이라고 하셨는데요.

그건 제가 강연을 그만두고 나서야 할 수 있을 것 같아요.

거기서 강연을 하셔야겠네요.

지금과 같이 제가 찾아다니는 강연이 아니라 청중이 찾아오는 형태의 강연을 하겠다는 거예요. 다른 강연은 다 접어야죠. 언제가 될지는 모르겠는데, 건강이나 나이 문제로 안 될 수도 있고요. 강연하는 게 지루해질 수도 있을 것 같아요. 요즘은 이걸 얼마나 더 할 수 있을까, 하는 생각이 들어요.

'글쓰기 강의를 그만둬야 할 날이 오고 있다'는 표현이 책에도 나오더군요.

처음에는 막 가슴이 뛰었거든요. 무대공포증 같은 두려움 한

강원국

편으로는 설렘도 있었는데요, 익숙해지면서 점점 없어지는 것이 있어요. 과연 글쓰기에 대해 말하는 것이 글쓰기에 도움이 될까, 글쓰기를 강의를 통해 배우는 게 가능한가, 내가 사기나 치고 다니는 것 아닌가, 하고 강의를 하면 할수록 회의에 빠지는 부분도 있습니다. 그러면서 지루해질 수도 있겠다는 생각이 들어요. 그래서 어느 날 갑자기 접을 수도 있겠다 하는 생각이 들었습니다.

"투명인간처럼 살지 않겠다", 글쓰기의 이유 중에서 가장 절박한 이유 같았습니다. 내 존재를 드러내기 위한 절박함, 자존감이나 자존심과 연결되기도 하고, 무시당하지 않겠다는 의식도 포함된 것 같습니다.

대우증권에 있다가 회장 비서실에 갔을 때부터 저는 항상 주변인이었어요. 메인스트림이 아니었습니다. 전라도에서 태어난 것부터 그랬던 것 같고요. 서울에 올라와 대학에 갔을 때도 촌놈이었고요. 저는 과 친구들하고 어울리지 못했어요. 전주에서 올라온 친구들하고만 지냈습니다. 대우증권에 들어가서 잠깐 나름대로는 메인이라고 느끼다가 회장 비서실에 가서는 또 완전히 변두리가 된 거죠. 거기에도 핵심이 있어요. 청와대 들어가서도 마찬가지였죠. 거기에는 정권의 주인이 있잖아요. 저는 거기에 공헌하는 게 없어요. 그 사람들이 필요해서 쓰는 사람, 더부살이하는 사람이지, 주역이 아니었잖아요. 주역이 아니라는 것을 가끔 느꼈어요. 눈빛으로, 또는 말로. 그 사람들이 '너 뭔가 착각하는 것 같다'는 눈길로 쳐다볼 때. 그 사람들 눈치를 안 볼 수가 없어요. 청와대 밖에 있으면 눈치볼 일이 없죠. 그런데 가까이 있으면 눈치를 봐야 합니다. 그런 생활의 연속이었어요. 최근에 방송하면서 이런 일이 있었어요. 유희열 씨가 방송중에 오열을 했어요. 그 분위기가 너무 어색해서 제가 농담을 했어요. 유희열 씨가 울음을 그쳤어요. 그랬더니 난리가 난 거예요. 제작진 사이에서. 그 장면 하나 뽑아 먹으려고 하는 방송인데 그걸 망쳐버리면 어떻게 하냐고. 길거리에서 30분 동안 혼났어요.

방송에서는 그런 게 필요한데.(웃음)

환갑이 다 돼가는 나이에 허옇게 메이크업을 하고 30대 초반 작가한테 길바닥에서 혼이 난 거죠. 그때 또 느꼈어요. 나는 주류가 아니구나.(웃음) 잘한다, 잘한다 하니까 나서다가 또 이런 소리를 듣는구나 했죠. 방송 어법으로는 큰 실수를 한 거죠. 망쳐놓았죠.

소통과 처세는 좀 다를 텐데요, 어떻게 보면 처세의 일종이잖아요. 빨리 눈치를 채서 방송 어법에 맞는 대처를 하셨어야 하는데……

그렇죠. 눈치가 빨라야 합니다. 말귀를 알아들어야 하고요. 혼나고 나서야 말귀를 알아듣고 다음 방송을 잘했어요.(웃음) 그렇게 하라고, 쓸데없이 나대지 말라고 그러는 거예요. 분위기 맞춰서 흘러가라고, 튀지 말라고. 지금도 투명인간으로 살고 있어요. 튀지 않고 묻어가면서, 눈치보고 맞춰주고.(웃음)

모든 작가는 '관종'이라고 하셨는데요, 관종이라는 단어가 요즘 부정적으로 쓰이기도 하잖아요. 시원하기도 하지만 위험한 발언일 수도 있을 것 같은데요.

사람은 자기를 표현함으로써 스스로의 존재감을 느끼고 싶어 하죠. 인정받고 싶어하는 거예요. 글이나 말을 통해 세상에 영향을 끼치고 기여하는 게 자아실현이고요. 그걸 하지 못하면 자기 존재가 없는 것이고요. 그야말로 투명인간으로 사는 것이고, 있으나 마나 한 존재가 되는 거죠. 누구나 관종으로 사는 게 맞아요. 특히 글 쓰는 사람은 관종이 되려고 글을 쓰는 거예요. 독자에게 인정받으려고 쓰는 거잖아요. 그게 관종이죠.(웃음)

"결국 말과 글, 소통, 관계, 심리는 한통속이다"라고 말씀하셨 는데요, 사람을 잘 이해하고, 소통을 잘해야 한다는 의미이 겠죠. 그러려면 어떤 공부를 먼저 해야 할까요?

노무현 대통령이 한 말 중에서 '잘 쓰려면 잘 살아야 한다, 산 만큼 쓰는 거다, 자기 삶이 글이 된다'는 게 기억에 남아요. 신영복 선생도 그런 말씀을 하셨는데요, 그게 맞는 것 같아요. 잘 사는 사람은 항상 자기를 성찰하면서 살잖아요. 그런 게 글이 되는 거고요. 자기를 들여다보는 사람이 좋은 글을 쓸 수 있죠.

마지막으로 해주실 말씀이 있다면요?

저는 책을 쓰라고 말씀드리고 싶어요. 어딘가에 매여 있는 사람으로 사는 기간보다 자기 혼자 있는 기간, 자기로서 자기답게 살아야 할 기간이 길어지고 있다, 읽기, 듣기의 삶보다 말하기, 쓰기의 삶의 기간이 길어지고 있다, 그러니 말하고 쓸 콘텐츠가 필요하다, 그게 책 한 권이다, 적어도 책 한 권에 담아낼 말하고 쓸 거리가 있어야 그 긴 세월을 버티며 살 수 있다, 살아남을 수 있다는 겁니다. 책 한 권에 담기는 내용이라고 해봐야 열 시간 말할 거리밖에 안 됩니다.

안 해본 사람에게는 힘든 일이겠죠.

앞으로는 하게 될 겁니다. 안 하면 이 긴 세월을 살아갈 수가 없습니다.

경계에 있는 것이
삶을 풍성하게 만든다

목수정

작가

'질문하고 토론하고 연대하는 프랑스 아이의 성장 비결'을 담은 책『칼리의 프랑스 학교 이야기』를 출간하고 딸 칼리와 함께 한국을 방문한 목수정 작가를 만났다. '프랑스를 미화하는 것 아니냐'는 사람들의 질문에 그녀는 '프랑스에도 문제가 많다. 그러나 그것을 이야기하기보다는 프랑스에서 우리가 배울 만한 점, 영감을 얻을 만한 점을 얘기하는 게 우리에게 훨씬 좋을 것 같다'고 강조했다. 목수정 작가에게 프랑스와 한국의 교육, 문화정책, 정치적 상황, 故 노회찬 의원에 대한 소회, 여전히 이재명 지사를 지지하는 이유 등에 대해 물었다. 그녀는 동요 〈자전거〉의 노랫말을 쓴 목일신 시인의 딸이자 독립운동가 목치숙 선생의 손녀다. 저서로는『뼛속까지 자유롭고 치맛속까지 정치적인』『월경독서』『파리의 생활 좌파들』『아무도 무릎 꿇지 않는 밤』등이 있다.

한국 오셔서 어떻게 지내셨나요? 페이스북을 보니까 어제 대한문 쌍용차 분향소에 다녀오셨던데요.

강연하고 인터뷰하고, 평소에 마음에 둔 일을 하고, 사람들을 만나고 있습니다.

강연 반응은 어떻던가요?

그동안 만났던 독자들하고 층이 조금 다르다고 할까요? 질문도 굉장히 구체적이고 절박해요. 예전에는 추상적인 질문들이 많았다면 이번에는 구체적인 질문들이 많았어요. 자녀들을 족집게 학원에 보내는 부모들처럼 정확한 답, 똑 떨어지는 답을 원하는 경우가 있어서 좀 황당하기도 했죠.. 수험서도 아니고.(웃음) 그래 좋다, 프랑스는 그렇다, 그럼 우리는 어떻게 해야 하느냐면서 답을 달라고 하시더라고요. 충격을 받으면 그것을 소화해서 그중 자신이 옳다고 생각하는 것을 취해 스스로 이겨내는 게 독서의 의미라고 생각하는데요, 바로 손에 쥘 수 있는, 당장 쓸 수 있는, 즉각 적용할 수 있는 것을 원하는 것 같아서 '이런 게 독서가 아닌데' 하는 생각을 했죠.(웃음) 하나의 답을 찾으려면 그 답으로 가기 위한 여러 군데 꼭짓점을 찍고 그걸 종합해야 하는데, 맞춤형 질문을 담고 있는 책을 찾는 게 아닌가 하는 생각이 들었습니다.

'프랑스 현실과는 다르지 않나, 프랑스 현실과 다른 우리만의 답을 달라' 이거네요.

『파리의 생활 좌파들』을 썼을 때도 그런 반응이었는데요, 이렇게 살라는 것이 아니거든요. '이렇게 각자 좌파로서의 생각을 풀어내며 살더라' 하고 영감을 하나 툭 던지는 거잖아요. 〈경향신문〉에 칼럼을 썼을 때도 많이 들었는데요, 저는 우리한테 도움이 될 만한 얘기를 뽑아서 쓰는데, 프랑스를 미화한다는 식으로 얘기하세요.(웃음) '프랑스도 비판할 것 많고, 우리보다 잘난 것 없고, 지지리 궁상이야'라고 해봤자 우리 삶에 도움이 안 되잖아요. 우리는 대단한 민족이야, 이런 결론을 내길 원하시더라고요. 이번 강연에서도 '프랑스의 단점은 없나요? 우리 교육의 장점은 없나요?' 하는 분들이 당연히 있었죠. 프랑스 사람들은 자기네 교육이 단점밖에 없다고 생각합니다. '장점이 있어? 그게 뭐야?'라고 해요. 제가 이런 책을 썼다고 하면 당연히 비판서라고 생각합니다. 비판할 것 엄청 많아요. 프랑스 아이의 부모로서 비판할 게 엄청 많습니다. 한국 독자에게 읽힐 거니까 한국 독자들 입장에서 배울 점에 포커스를 맞춰 쓴 것뿐이지, 저들은 우월하고 우리는 열등하다고 한 건 아니죠.

일과 끝나고 학생들에게 청소를 하게 하는 것은 한국 교육의 장점이라고 하셨어요.

맞아요. 프랑스에 가서 놀란 게, 청소하는 사람들은 인종이 달라요. 청소는 내가 하는 게 아니라 남이 하는 거라고 생각해요. 거리에 쓰레기를 막 버리거든요. 심지어 집에서도 그래요. 형편이 그리 여유롭지 않아도 집에 청소하러 오는 사람들은 따로 있어요. 평범한 사람들도 그래요. 사람들이 청소하는 법을 배운 적이 없는 거예요. 가사 도우미를 부를 여력이 있는 사람들은 1주일에 한두 번씩 집이 깨끗해지는 거죠. 그래서 거리가 더러워요. 자신의 행위에 대한 책임을 스스로 져야 한다는 걸 잘 몰라요.

프랑스 교육에서 가장 인상적인 것은 무엇이었나요?

애들이 남의 성적에 신경을 안 써요. 자기중심적이고, 자기 위

타인은 놀이공원이다

주예요. 타인의 시선으로 자기를 규정하지 않아요. 그게 자유를 생산하더라고요. 가치관의 폭이 넓다는 걸 느끼죠. 그리고 유행이 없다는 것, 각자 자기 삶의 가치관에 중심이 있는 거죠. 정말 거지들도 연설을 해요. 거지도 태도가 달라요. 이 사람이 지하철을 타죠? 입을 열지 않으면 거지인지, 아닌지 알 수가 없어요. 어느 순간 연설을 해요. '나는 몇 살이고, 이름이 뭐고, 언제부터 이런 생활을 시작했고, 직장을 구하려고 하지만 쉽지 않고, 여러분이 조금만 도와주면 오늘 식사를 하고, 잠을 잘 곳을 구할 수 있다.' 연설을 할 수 없는 사람들은 짤막하게 쪽지에 써놓는데요, 자기를 숨이는 게 아니라 당당하게 얘기해요. 일상에서 종종 마주치는 이런 순간에 한 단어가 떠오르는데 그게 '존엄'입니다. 또렷이 보이진 않지만 늘 공기중에 떠있던 바로 그 개념이죠. '지금 나의 형편이 궁하여 잠시 내려놓지만, 그걸 버리진 않겠다'는 태도를 느끼게 하죠.

우리는 일상적으로 서로에게 피해 의식을 느끼는 사회가 되어 있지 않습니까? 길 가다가 누군가와 부딪치면 '너, 나 무시하냐?' 하고 싸우는 것도 한국 교육의 문제 때문일까요?

그렇죠. 학교에서는 등수, 어른이 되면 연봉으로 평가되잖아요. 1등을 하면 권력과 관심과 사랑과 우월감을 다 갖죠. 누군가에게 우월감을 심어주기 위해 누군가는 열등감을 부여받아야 하는 게 우리의 시스템이잖아요. 아등바등 서로가 서로를 딛고 서려 하죠. 왕따 경험을 하지 않은 아이가 거의 없는 것 같아요. 학교 교육에서 아이들에게 학습 의욕을 고취하려고 사용하는 유일한 가치가 성적이기 때문에 그런 현상이 일어나는 거죠. 어른이 되면 돈이라는 가치 하나로 평가받고요. 프랑스에는 고등학교 때까지 등수가 없어요. 경쟁을 하기가 참 어려운 겁니다. 다른 아이의 점수는 알 수가 없고, 서로 물어보지도 않아요. 우리는 예능을 해도 막판에는 누가 제일 잘했는지 평가를 하잖아요. 칼리가 열세 살이고, 10년 동안 학교에 다녔는데요, 상장이 하나도 없는 거예요. 학교에서 주지 않았으니까. 등수도 없고, 번호도 없어요. 숫자가 없어요. 아이들은 서열이 없는 환경에서 자유를 획득하죠. 우리는 어쩌다 쉬는 시간이 생기면 아이들이 게임에 빠져들 수밖에 없어요. 프랑스 애들은 노는 시간이 많아서 프로젝트를 짜서 놀아요. 그게 하나의 삶의 중심이 되는 거예요. 어딘가로 휴가를 갔다 오면 다음 휴가는 어디로 갈지 열심히 계획해요. 프랑스 사람들의 목표는 되도록 빨리 은퇴하는 거예요. 대부분이 그래요. 정년이 62세라 해도 그때 은퇴하는 사람들은 거의 없어요. 정년을 낮추기 위해서 프랑스 사람들은 파업을 하고 시위를 해요. 빨리 마음껏 자유를 누리기 위해서죠. 노는 것에 대해서라면 도가 튼 사람들이어서 그때부터 인생을 본격적으로 즐길 만반의 준비를 해요.

프랑스도 점점 신자유주의로 가고 있지 않나요? 복지 예산도 줄어들고 있고.

점점 그렇게 되어가고 있죠. 프랑스가 안고 있는 딜레마예요. 제가 프랑스에 간 게 1999년인데, 그때부터 계속 우경화하고 있어요. 그래서 거기 사람들이 신자유주의로 가는 세상과 싸우고 있죠. 마크롱 정부가 출범할 때는 중도를 표방했는데 점점 신자유주의로 가고 있습니다. 그래서 많이 저항하고 있고요. 지금 지지율이 30퍼센트대예요. 당선됐을 때도 50퍼센트를 못 넘었는데 계속 바닥을 치고 있죠. 마크롱도 만만치 않아요. 젊은 놈이 굽힐 줄을 몰라요.(웃음) 거의 황제처럼 군림하려고 합니다. 시민들과의 끝없는 전쟁이죠. 그래도 종종 굽히는 시늉을 하긴 합니다.

마크롱 정부의 대학 입시제도 개편 시도, 대학에 학생 선발 자율권을 주는 문제로 프랑스 사회가 첨예하게 대립하고 있는 것 같습니다.

거의 최초예요. 한 번도 건드리지 않은 근본적인 부분이에요. 프랑스 공립 학교의 역사는 거의 200년이 됐단 말이죠. 모든 프랑스 공립 학교의 교훈은 똑같습니다. 자유, 평등, 박애. 프랑스 혁명의 정신과 같아요. 혁명으로 왕의 목을 치고, 귀족들로부터 그들의 모든 특권을 빼앗았잖아요. 시민들이 자신의 대표자를 뽑아서 정치를 하고 나라를 이끌어야 해서 공립 학교를 만든 겁니다. 자유, 평등, 박애를 실현할 수 있는 시민들을 양성하는 게 공립 학교의 목적이죠. 처음에 그렇게 만들었기 때문에 공립 학교는 기본적으로 그 정신을 유지하려고 노력합니다. 대학 교육까지도 거의 무상으로 받을 수 있는 시스템을 만들었어요. 마크롱은 그걸 깨려고 하는 거고요. 이미 프랑스 사회도 어느 정도는 계급 사회예요. 바칼로레아는 통과하기 어려운 시험이 아니에요. 88퍼센트는 통과하니까요. 그런데 그랑제콜은 1퍼센트 정도만 들어가기 때문에 입학 정원이 확실하게 정해져 있어요. 아주 힘들게 공부만 해야 들어갈 수 있습니다. 보통 아이들은 그렇게 고통스러운 시간을 보내려고 하지 않아요. 그런데 이른바 상류층 아이들은 상류층으로서 반드시 건너야 할 관문이라고 생각하기 때문에 기꺼이 그 길을 가죠. 하지만 저소득층 아이들에게 이 길이 봉쇄된 건 아닙니다. 오히려 저소득층인 경우, 입학시 가산점이 주어져 유리한 조건에서 경쟁할 수 있죠. 거의 예외없이 그랑제꼴을 가려는 아이들은 그랑제꼴 준비 학교에 들어가서 2년간 숨도 안 쉬고 공부해야 해요. 그 준비 학교 자체도 정규교육 기관이고 공교육의 한 과정이니 부모의 경제적 능력이 그랑제꼴 입학에 걸림돌이 되진 않아요. 저소득층 아이들이 그랑제꼴에 진학하겠단 마음을 덜 먹는 거죠. 그런 종류의 삶을 주변에서 흔히 보지 못해서겠죠. 2017년 통계를 보면, 대표적인 그랑제꼴인 국립행정학교 입학생의 68.8퍼센트가 중산층 이상이고 4.4퍼센트만이 노동자의 자녀라죠. 전체적으로 소위 서민층 자녀는 30퍼센트 미만이에요. 하지만 이 길을 가면 재수 없는 인간들을 수없이 만나면서 그들이 구축하는 위선적인 부르주아적 삶 속에서 벗어나지 못할 거라 생각하며 다른 길을 모색하는 사람들도 많습니다. 나름 가치가 다원화되어 있는 거죠.

노키즈존 논란에 대해서는 어떻게 생각하세요?

두 가지가 충돌한 것 같아요. 한국 사람들이 가장 떳떳할 때는 돈 쓸 때잖아요. 그래서 식당이나 카페 같은 곳에서 갑질이 많이 일어나고요. 돈을 내고 뭔가를 살 때만큼은 대접을 받을 수 있죠. 돈을 냈으니까 내 마음대로 해도 된다고 생각하는 사람들이 많아요. 그래서 한편으로는 아이들이 시끄럽게 떠드는 소리 같은 것들로부터 간섭받지 않을 권리가 있다고 생각하는 사람들도 있는 것 같아요. 프랑스에서는 노키즈존 같은 것을 상상할 수가 없어요. 서로 조금씩 관용하는 거죠. 카페에는 노인도 있고, 아이도 있고, 외국인도 있고, 장애인도 있고, 다 있는 거죠. 그렇게 섞이는 공간이니까요. 서로 관용해야 한다는 걸 자연스럽게 받아들이는 것 같아요. 그리고 애들이 별로 시끄럽게 굴지 않아요. 저희 아이도 식탁에서 가끔 '엄마, 나 일어나도 돼요?'라고 물어봐요. 프랑스는 식탁 예절을 굉장히 중요하게 생각해요. 같이 밥을 먹을 때는 아직 식사하는 사람이 있으면 먼저 일어나지 않는다, 이런 것들을 철저하게 가르치거든요. 학교에서 교육을 해요. 그걸 지키지 않으면 예의가 없다고 생각하고요. 그런 게 철저하게 몸에 배어 있기 때문에 식당에서 소란을 피우는 아이가 별로 없어요.

프랑스는 유럽 최대의 출산대국이라는 말이 있더라고요. 지금 한국은 출산율이 너무 낮아서 고민인데요.

보육비를 준다고 들었습니다. 6세까지라고 하던데, 애를 6세까지만 키우고 말라는 건가요? 그 이후에 비용이 더 든다는 건 누구나 아는 사실일 텐데요. 그리고 보육만 하나요, 교육도 해야죠. 아이와 한국에서 한 달 동안 같이 있어야 하는데, 저는 강연을 하러 다니니까 같이 놀 사람이 없잖아요. 아이가 만화 학원에 다니고 싶다고 했어요. 그래서 집 근처에 있는 학원에 찾아갔어요. 1주일에 세 번 하면 30만 원, 두 번 하면 20만 원이래요. 저는 30만 원을 예산으로 잡고 왔거든요. 교재비가 또 10만 원이래요. 그럼 40만 원이잖아요.(웃음) 그러니까 아이가 고맙게도 '두 번만 해도 된다, 나머지 시간에는 배운 것을 활용하면 된다, 조급하게 생각할 게 없다'고 말해줘서 등록하고 30만 원을 냈어요. 비용 때문에 두 가지는 못하겠죠. 거기서는 공교육이 무료라고 말씀드렸지만, 당연히 수업 시간 이외에는 뭔가 조금씩 배우잖아요. 그것들도 돈 들이지 않고 배울 수 있는 시스템이 있거든요. 소득별로 차등해서 내죠. 1년에 한 20만 원만 내면 시에서 운영하는 음악원에서 음악을 배울 수 있어요. 수준도 굉장히 높아요. 우리집이 부자였다면 돈을 더 많이 냈을 거고, 지금보다 가난했다면 덜 냈겠죠. 돈이 없어서 배우고 싶은 걸 배우지 못하는 경우는 없어요. 교육에 대한 열패감이 없습니다. 자식을 낳을 때, 자식을 낳을 수 있는 경제적 상황인지 점검하지 않아도 되는 시스템이 있어요. 우리는 그렇지 않잖아요.

출산과 교육 문제는 국가의 철학과도 연관되어 있어서 해결하기가 쉽지 않은데, 무엇부터 해나가야 할까요?

무상교육이죠. 보육도. 프랑스는 대학 1년 학비가 20만 원 정도 되거든요. 장학금도 많이 줘요. 복지 시스템이 많이 무너졌지만, 37퍼센트의 대학생들이 장학금을 받아요. 대학생 중에 장학금을 가장 많이 받는 사람이 비혼모입니다. 가장 조건이 열악한 사람을 판별해서 그 사람한테 가장 많은 혜택을 줍니다. 1년에 800만 원 정도 된다고 하네요. 그리고 별도로 보육비가 나오죠. 돈을 안 벌어도 아이가 18세가 될 때까지 국가에서 지원을 합니다. 그래서 두려움 없이 혼자서도 아이를 낳을 수 있고, 키울 수 있습니다. 낙태를 할 수 있는 자유도 얼마든 있지만, 경제적인 문제 때문에 하지는 않는 거죠. 그런데 우리는 열악한 상황에 처한 개인에게 책임을 전가하잖아요. 희생을 너무 당연하게 여깁니다. 프랑스의 시스템에서는 누구도 희생하지 않아요. 저녁 여섯시까지 학교나 어린이집이나 탁아소에서 아이를 케어해주는데, 부모가 여섯시까지 올 수 없는 경우도 있잖아요. 그때 베이비시터라는 일자리가 창출됩니다. 많은 학생들이 하루에 한 시간이나 한 시간 반 정도 그 일을 해요. 우리는 보통 여자들이 직장을 그만두잖아요. 프랑스는 주 35시간 노동이기 때문에 퇴근 시간을 다섯시로 자를 수도 있어요. 유연하죠. 야외학습을 많이 하거든요. 같이 갈 학부모 자원자를 받는데, 서로 가겠다고 난리예요.(웃음) 내 아이가 학급에서 어떤지 관찰할 수 있는 아주 좋은 기회죠. 1년에 휴가가 5주나 되어서 노동 시간을 유연하게 짤 수 있죠. 학교 교사들도 걸핏하면 안 나와요.(웃음) 재밌는 건 교사들이 안 나와도 사람들이 그 교사들을 원망하지 않는다는 거예요. 아프다고 1주일 안 나오면 '무책임하다'고 하지 않고 정부를 원망해요. 교사에게 희생을 요구하지 않습니다. 쉴 권리가 있는 거죠. 교사들이 파업할 때도 원망하지 않습니다. 당연한 권리이기 때문이죠. 파업하면 학부모도 알고, 아이들도 압니다. '아, 그런 일이 있었구나' 하고 거기에 대해 고민을 하는 거예요.

타인은 놀이공원이다

한국에서는 한 사람이 쉬면 '너 때문에 우리 일이 많아졌다'며 원망하죠. 최저임금 가지고 을과 병, 병과 정이 싸우는 상황이 벌어지고요. 말씀하신 대로 국가와 싸워야 하는데……

그렇죠. 아이 아빠한테 "한국에서 최저임금을 올렸더니 그 많은 자영업자들이 죽겠다고 그런다"고 했더니 "자영업자끼리 뭉쳐서 협동조합이나 노조를 만들어 치받아야지. 스스로 자신들의 권리를 쟁취할 생각을 해야지"라고 하더라고요. 프랑스식 사고로는 그게 당연한 일이거든요. 프랑스 사람들이 생명처럼 생각하는 휴가의 기원이 1936년으로 거슬러올라가는데요, 그때 웬일로 좌파연합이 승리를 했습니다. 공약이 모든 사람, 모든 노동자에게 2주의 유급 휴가를 주겠다는 것이었죠. 그리고 최저임금을 대폭 올리겠다, 주 40시간 노동을 하겠다고 약속하면서 정권을 잡았어요. 노동자들이 1주일 기다리고 파업을 했습니다. 공약 지키라고. 그 사람들 입장에서는 좌파연합의 승리는 곧 자신들의 승리였던 겁니다. 승리를 자축하는 의미에서 파업한 거죠. 200만 명이 파업을 해서 결국 모든 것을 얻었어요. 엘리제궁에서 총리가 노총의 대표를 모셔다가 사인을 한 거죠. 그게 프랑스에서 직종을 불문하고 누구나 2주간의 유급 휴가를 얻게 된 것의 시작이었어요. 여가라는 개념의 시작이었죠. 휴가 열차가 다니기 시작하고, 여가를 유익하게 보낼 수 있는 방법에 대해 정부 차원에서 접근해 문화정책들이 개발되기 시작한 거예요. 그게 점점 늘어나 1981년에 5주의 유급 휴가가 만들어지고, 그게 건드릴 수 없는 권리가 됩니다. 안 쓰면 없어지는 겁니다. 돈으로 주지 않아요. 직종에 따라서는 휴가가 연 11주인 경우도 있습니다. 유급 휴가의 미니멈이 5주인 거예요. 일과 노동이 대등한 의미를 갖게 되는 겁니다. 우리가 누리는 모든 것이 바로 그렇게 시작됐다는 것을 초등학교 때부터 역사 교과서에서 배워요. 1936년 인민전선 정부 때 시작된 일을 몇 페이지에 걸쳐서 역사 시간에 배우죠.

작가님 이름으로 검색을 해보니까 故 노회찬 의원 이름이 연관 검색어로 여러 개 뜨더라고요. 그만큼 인연이 깊었다는 얘기겠죠.

제 인생에 학교가 몇 군데 있는데, 그중 첫번째로 꼽는 것이 민주노동당입니다.

민주노동당의 전성기에 근무하셨죠.

그 시절이 없었다면 오늘의 저도 없었을 것 같아요. 어렴풋했던 반골 기질, 저항적인 생각들이 자리를 잡게 된 게 그때인 것 같습니다. 동지라는 이름을 가진 사람들이 옆에 있었던 거예요. 연인, 친구, 가족도 아닌 동지라는 카테고리가 생겼는데, 되게 좋더라고요. 목수정 동지, 이런 말을 스스럼없이 서로에게 쓰고, 지금도 만날 때는 그렇게 불러요. 우리는 여전히 동지인 거죠. 같은 뜻을 가진 사람들. 민주노동당이라는 원내 정당을 갖기까지 노회찬, 이재영, 오재영 같은 분들이 청춘을 다 갈아서 넣었어요. 저는 유학 갔다 와서 "어머 이런 데가 있었어?" 하며 들어간 거고요. 사무실이 있고, 월급도 빠짐없이 나오는 원내 정당, 정책에 관련된 법안을 만들 수 있는 틀을 만들어주신 분이 노회찬 의원이었죠. 거기서 사상의 유토피아를 경험했습니다. 처음에 정책연구원으로 들어갔을 때 돌아가신 이재영 정책위원장이 많은 말씀을 해주셨는데요, '정책은 상상력의 산물입니다'라는 말이 정말 아름답게 들렸습니다. 우리가 각자의 영역에서 가장 이상적인 정책들을 상상할 수 있는 터를 만들기 위해 인생을 바치신 분들이죠.

타인은 놀이공원이다

민주노동당의 다수 당원들과는 성향이 약간 달랐잖아요.

계파 갈등이 있었죠. 저는 대학 다닐 때 특별히 운동을 한 적이 없기 때문에 어느 계파에도 속하지 않았고요. 그런데 소위 주체사상을 신봉하시는 분들과는 거리가 있었죠. 그분들의 생각이 지나치게 닫혀 있다고 생각했고요. 하지만 정책위에 있는 정책연구원들과는 갈등이 없었어요. 대부분 저처럼 자유롭고, 개인주의적이고, 먹물에 가까운, 집단주의적으로 사고하지 않는 분들이었거든요. 결국 계파 갈등으로 당이 깨지면서 저는 나왔죠. 진보신당 당적을 가졌지만, 프랑스로 다시 돌아왔어요. 문화정책 담당 연구원을 두기에는 진보신당이 어려운 상황일 거라는 판단도 했고, 아이가 학교에 갈 나이가 되기도 했죠. 아이를 어디서 키울지 고민했는데, 프랑스에 가서도 글을 쓸 수는 있을 것 같더라고요. 그때 마침 제 책이 나오기도 했고요. 한국어로 글을 쓰게 되면서 여전히 민주노동당에 대한 문제의식을 머릿속에 칩처럼 박고 살게 된 거죠.

주변에서 왜 계속 이재명 경기도지사를 옹호하냐고 걱정하시는 것 같은데요.

그분을 지지하는 이유는 너무나 명확합니다. 제가 재벌이었어도 이재명을 제거하고 싶은 생각이 들었을 거예요. 이재명은 무서운 게 하나도 없는 사람입니다. 재벌 무서운 줄 모르는 사람이에요. 그렇게 싸우면서 성장해왔죠. 전쟁 같은 삶을 살아왔죠. 이를 악물고 살아온 분인데, 이 사람의 목표가 너무나 뚜렷한 거예요. 제도권에서 습성화된 민주주의를 배운 게 아니에요. 민주주의의 주인은 시민이고, 사회를 끊임없이 감시하기 위해서 시민이 정치를 직접 해야 한다고 생각하죠. 자기도 믿지 말라고 해요. 복지는 인기를 얻으려고 하는 것이 아니라 의무라는 겁니다. 너무나 교과서적으로 하는 거죠. 세금 걷어서 세금 낸 모든 사람에게 돌려주는 게 지자체장이 해야 하는 일인데, 남들은 어떻게 해왔든 그걸 하려고 하죠. 아직까지는 그런 사명을 저버린 적이 없는 사람입니다. 의심할 이유가 없죠. 김상조 씨가 저렇게 된 것을 보면서 정말 당황스러웠습니다. 평생을 재벌과 싸웠던 사람이 재벌을 개혁할 수 있는 자리에 간 거잖아요. 그런데 재벌들을 솜방망이로 다루며 면죄부를 주고 계시죠. 권력이 얼마나 빨리 사람을 썩게 만드는지 알게 되죠. 이재명도 더 큰 권력을 가지면 어찌 변할지 모릅니다. 정치인은 늘 악마와의 거래를 제안받는 사람이니까. 그러니 지금까진 그는 그 악마와 싸워왔고, 그 태도가 변치 않는 한 지지할 겁니다.

미투 운동의 성과에 대해서는 어떻게 생각하시나요?

아직 큰 승리는 없었어요. 심지어 고은 시인은 뻔뻔하게도 증인이 저렇게 많은데 반격하려 하고 기회를 보며 다시 나오려고 하잖아요. 그렇다고 아무 의미가 없었다는 것은 아니고요. 여성들이 전쟁에 나섰다는 거죠. 나만의 문제가 아니라고 생각했던 거고요. 모든 계층에서요. 지금 출판 시장에서 잘나가는 게 페미니즘이잖아요. 여성이 공부하기 시작했고, 무장하기 시작했고, 자신을 지키는 언어를 찾기 시작했어요. 일단 이런 사회적 의제가 한국 사회에서 피어나기 시작했고, 자리잡기 시작했다는 겁니다. 공중화장실의 무수한 구멍들을 보면서 마음을 졸였던 사람들은 여성들이었어요. 남성들은 몰랐잖아요. 여성화장실에 그렇게 많은 구멍이 있었다는 걸. 그게 문제라고 말도 못하고 살아왔다는 데 대해 분노하고 있는 거죠. 남성들도 최소한의 상식을 가진 사람 행세를 하려면 페미니스트 감수성을 장착해야 한다고 생각하게 된 것, 그게 성과입니다.

최근 워마드의 일부 행동에 대해서는 페미니스트 진영 내에서도 논란이 되고 있는 것 같은데요.

잘 모르겠어요. 워마드는 들어가본 적도 없고요. 거기서 돌발적으로 나오는 사건들과 행위들이 정말 문제가 있는 건지, 아니면 워마드를 폄훼하기 위해서 공작이 이루어지는 것인지는 알 수가 없죠. 우리도 80년대에 전두환의 각을 뜨자, 이런 노래를 일상적으로 부르며 시위했어요. 책임을 져야 할 위치에 있는 사람들을 그런 식으로 공격했죠. 그건 정치적 표현인데요, 우리가 너무 심한 건 아닌가, 이런 생각은 하지 않았단 말이죠. 프랑스 혁명 때 사람들이 불렀던 노래 가사에 '적군에 맞서 싸우자, 적군의 피로 우리의 발을 적시리라'라는 표현이 나와요. 그게 프랑스 국가거든요. 적군은 국군이에요. 같은 나라 국민인데, 혁명 세력이 국군들을 다 처단해서 그들의 피로 발을 적시겠다고 하는 노래를 아직도 국가로 부르고 있어요. 여성들 입장에서는 페미니즘 혁명을 하고 있는 상황이거든요. 말이든, 정권이든, 사고든 뒤집겠다는 거죠. '이 표현은 너무 나갔네'라고 말할 수는 있어요. 그렇다고 해서 '걔들은 안 돼. 이 운동은 안 돼'라고 해서는 안 된다고 생각합니다. 달을 가리키는 손에 때가 심하게 끼었다고 비난하는 한심한 상황이라고 봐요. 2만 명이 모였잖아요. 얼마나 불평등하다고 생각했으면 그랬겠어요. 평생 맞다가 죽지 않으려고 남편을 죽인 여자가 정당방위로 인정받은 적이 대한민국에서는 한 번도 없어요. 바람을 피웠다는 이유로 애인을 죽인 남자는 살인이 아니라 과실치사를 받아요. 이런 싸움을 하지 말라고 하는 것은 치사한 거죠. 입장 바꿔놓고 생각해야죠.

프랑스에는 국민들이 어떤 요구를 하면 정치권이 응답을 하는 전통이 있는 것 같습니다.

이런 경우가 있었습니다. 여성이 남편한테 계속 폭력을 당하다가 남편을 죽였어요. 법정에서 정당방위가 인정되지 않아서 사회적으로 이슈가 됐죠. 순식간에 굉장히 많은 사람들이 청원 서명을 했어요. 올랑드 대통령 때였는데요, 딸들을 엘리제궁에 초청했어요. 자초지종을 듣고 사면을 했습니다. 프랑스 법원이 부당한 상황에 대해 제대로 판단하지 못한 데 대해 사과를 했어요. 우리나라에서도 셀 수 없을 만큼 많은 비슷한 청원이 이루어졌지만 받아들여진 적은 없잖아요. 대통령이 해결책을 제시해주는 것을 본 적이 없습니다. 무위의 정치 같아요. 아무것도 안 하는 정치. 프랑스는 급격하게 여론이 일어나면 대통령이 바로 반응해요. 난민 신청을 했던 어떤 가족이 있는데, 가족 중 한 아이가 학교에 다니고 있었어요. 난민 신청이 받아들여지지 않아 가족이 전부 추방됐죠. 학교 다니는 아이를 포함해서요. 그러자 고등학생들이 파업을 했습니다. '학생에게는 국적이 필요 없다, 학생을 쫓아내는 것은 자유, 평등, 박애라는 공화국의 원칙에 위배된다, 받아들일 수 없다'고 한 겁니다. 이틀 동안 학교를 폐쇄하고 파업을 했더니 대통령이 바로 반응을 했어요. 들어오게 하겠다. 우리 같았으면 뭉갰을 거예요. 백이면 백 그랬겠죠. 하다못해 이런 일도 있었어요. 이혼을 했는데 아내가 접견권을 인정하지 않아서 아이를 볼 수 없게 된 남자들이 있었던 겁니다. 접견권을 누릴 수 없는 아빠들의 모임, 협회가 있었어요. 그 사람들이 고공농성을 한 거예요. 가족부 장관이 그 사람들을 내려오게 해서 얘기를 듣고 방법을 찾아줬습니다. 프랑스에서는 시위를 하면 장관이든 누구든 튀어 오거든요. 되든 안 되든 얘기를 듣고 나름대로 해결책을 제시해요. 우리는 죽든 말든 상관 안 하잖아요. 나라가 왜 이런지 모르겠어요. 시민들이 말을 하면 듣는 척이라도 해야죠.

어떤 차이일까요? 장관들이 권한이 없어서일까요?

없긴 왜 없습니까? 특히 대통령은 사면권이라는 엄청난 권한이 있어요. 자신의 발언이 갖는 힘이 있잖아요. 방향성을 제시하는. 제 생각에는 국민들을 사람으로 보지 않는 거예요. 너와 나는 계급이 달라, 이런 생각을 하는 거죠. 그런 사고를 대통령도 하고, 국회의원들도 하고, 장관들도 하고 있는 거죠. 국민은 개돼지라고 생각하는 거예요. 그러니까 대꾸를 안하죠. 300명 국회의원 중에 자신들을 직장 동료라고 생각해줬던 사람은 노회찬 의원뿐이었다고 국회 청소노동자분들이 증언했잖아요.

문화정책을 공부하셨는데요, 한국의 문화정책에 대해서는 어떻게 생각하십니까? 문화정책이라는 게 있는지도 의심스럽긴 하지만요.

제가 당에 있을 때 제일 매달렸던 주제가 문화예술 분야의 실업급여입니다. 태생적으로 예술가는 프리랜서일 수밖에 없잖아요. 떼돈은 못 벌어도 기본적으로 생활이 되는 시스템을 만들었어요, 프랑스는. 그러니까 예술이 안정적으로 만들어지죠. 실험도 하고, 가끔 대박도 나오고요. 그래서 예술을 하면서 살겠다는 사람들이 있는 겁니다. 꼭 스타가 되지 않더라도 적당한 선에서 할 수 있는 사람들도 생기는 거죠. 이것 때문에 제가 세미나도 많이 하고, 연구보고서도 내곤 했습니다. 이걸 연구하러 한국에서 프랑스에 많이 옵니다. 문재인 정권에서 이것을 하겠다고 100대 과제에 넣었습니다. 그래서 논의가 이루어지고 있는데요, 한번은 한국에서, 이 예술가 실업급여 제도에 대해 취재하러 왔습니다. 그 제도의 수혜자의 한 사람인 영화계 스태프를 취재할 때 같이 있었어요. 그분과 인터뷰를 진행하면서 사전 설명 차원에서 "한국엔 문화예술인에 대한 복지 예산과 정책이 딱히 없다"는 이야기를 했더니, "한국엔 문화부가 없어요?" 반문하더군요. 문화상품을 만들 때 지원하는 거지, 예술인들 일상의 삶을 위한 지원은 거의 없다고 설명했죠. 프랑스는 문화예술인의 복지를 생각하는데, 우리는 여전히 문화를 돈벌이로 생각합니다. 문화에는 크게 두 개의 카테고리가 있어요. 예술창작과 개개인이 일상에서 누리는 문화. 한국에서는 전자, 그중에서도 대박을 터뜨리는 것들에 대해서만 신경을 쓰는데요, 기획사에서 한류를 키워놓으면 팔아먹을 때 숟가락을 얻는 겁니다. BTS를 국가가 키운 게 아니잖아요. 우리나라 지자체들이 해당 지역에서 드라마나 영화가 촬영이 되면 관광객 유치 효과가 크니까 서로 촬영 유치를 하려고 애쓰잖아요. 프랑스에도 영화진흥위원회인 일드프랑스가 영화나 방송, 광고 촬영이 프랑스에서 이루어지게끔 하는 일을 해요. 프랑스에 있는 일드프랑스 영진위에 한국 문화쪽 공무원들이 출장을 온 적이 있어요. 그들의 노하우를 알아보기 위해서였겠죠. 이런 질문을 하더군요. "당신들이 영화나 방송의 촬영유치를 위해 노력하는 건 관광수입 증대를 위해서죠?" 프랑스 공무원은 답했죠. "그런 효과도 있을 수 있겠지만, 그건 저희가 목표하는 바는 아닙니다. 저희가 촬영 유치를 위해 애쓰는 건, 프랑스에 있는 영상분야의 인력들에게 좋은 일자리를 계속 제공하기 위해서예요. 그들이 계속 일하고 있어야, 좋은 실력을 갖출 수 있고, 영상산업 분야의 퀄리티도 유지되니까요". 이 답을 우리나라 공무원은 이해할 수 없어 하더군요.

사람들 머릿속에 예술은 자기가 좋아서 하는 건데 그것까지 국가가 도와줘야 하느냐는 거부감이 있죠.

제 첫번째 논문 주제가 1980년대 미테랑의 공공예술 정책이에요. 프랑스는 공연 예술이 당연히 공공서비스라고 생각해요. 문화는 교육과 마찬가지로 누려야 할 권리이지, 사치가 아닌 거예요. 공화국이 시민들에게 제공해야 할 권리라는 거죠. 프랑스에서는 자기 돈 들여서 연극 만드는 사람이 없어요. 후원도 아니고 모두 국가에서 나온 돈으로 작품 만들고, 그걸 누군가 사요. 학교에서든 공연장에서든 지자체에서든 삽니다. 그들은 작품만 만들어요. 많건 적건 당연히 돈을 받죠. 사립학교는 국가 지원을 받잖아요. 교육이라는 공적 영역을 담당하기 때문이죠. 똑같은 거예요. 연극이라는 공공서비스를 제공하는 사람도 당연히 지원을 받는 겁니다.

『칼리의 프랑스 학교 이야기』를 쓰게 된 이유가 있나요?

'프랑스 교육 시스템이 우월하다'고 말하기 위해서가 아닙니다. 좋은 점이 많지만, 나쁜 점에 대해서도 한 권의 책을 쓸 수 있습니다. 그들에게 없는 게 우리에게는 있을 수도 있고요. 제가 외국인이라서 볼 수 있는 면들이 있었던 거죠. 제가 프랑스에서 8개월 정도 아이를 키웠다가 돌아왔어요. 당시 민주노동당에서 일하고 있었는데요, 한국에 3년 정도 있다가 프랑스에 돌아가서 아이를 학교에 보냈죠. 아이에게 경쟁 없는 자유를 주고 싶다고 빌었어요. 칼리가 프랑스에서 10년 정도 학교에 다녔는데, 전혀 경쟁이 없었어요. 사실 있긴 있는데, 그건 자신과의 경쟁입니다. 프랑스에는 서열이 없습니다. 앞서 말했듯이 숫자도 없습니다. 번호가 없고 이름만 있어요. 아파트에도 호수가 없어요. 10층짜리 아파트에도 이름만 쓰여 있어요. 숫자가 없어지니까 애들 하나하나의 모습이 보이는 겁니다. 또하나 없는 게 형식입니다. 프랑스 학교에는 입학식도 없고 졸업식도 없어요. 학기말이 되면 종무식, 졸업식이 아니라 파티를 준비하는데, 다들 놀 준비에 여념이 없죠. 석차나 우등상 같은 것에 신경쓰는 분위기는 거의 찾기 힘들죠. 학기가 공식적으로 끝나기 며칠 전에 상당수의 애들이 사라지기도 합니다. 공식 방학이 시작되는 날부터 비행기표 값이 껑충 뛰거든요. 이틀 전 표는 반면 엄청 싸니까, 방학 이틀 전부터 학교 수업 제끼고 부모가 애들 데리고 떠나는 거죠······

경쟁이 아니면 어떤 방식으로 공부를 하게 만드나요?

자발적으로 호기심을 갖게 하는 것을 최선의 방법으로 생각하더라고요. 2학년 때부터 구구단을 배우길래 '우리랑 비슷하네'라고 생각했는데, 5단까지만 배우더라고요. 6단부터는 3학년 때부터 배운다고 해요. 천천히 스며들게 만들더라고요. 아이가 초등학교 시절, 한번은 문제집에 대한 선생님의 조언을 구한 적이 있습니다. 선생님은 '문제집이요? 그런 건 당장 태워버리세요'라고 답하더라구요. 학습지, 문제집 같은 것이야말로 공부를 지겨운 것으로 만드는 지름길이라는 거죠. 학교에서 처음 내용을 접하고 호기심을 가지고 새로운 지식에 접근해야 모두 함께 재미있게 집중할 수 있다는 겁니다. 선행학습 금지, 문제집 퇴출. 이런 입장이시더라구요. 이 나라 학습지 시장이 별 볼 일 없어 보이던 이유를 알게 됐죠. 체육도, 미술도, 음악도 수월성을 키워주는 게 목표가 아닙니다. 이를테면 수영을 가르칠 때, 아이를 먼저 물가에 데려가고, 물에 발을 담그게 하고, 물과 친해지고, 그안으로 스스로 발을 들이밀 때까지 천천히 기다려주죠. 이런 예능교육의 목적은 그것을 통해 인생을 좀더 즐겁게 살 수 있는 세계를 아이들에게 발견하게 해주는 거거든요. 주관적인 시험을 보는 사람들은 주관을 갖게 되는 거죠. 객관적인 시험만 보는 사람들은 대세를 좇는 사람이 되는 거고요. 다양성이 없어지는 겁니다. 언제부터 객관식에 길든 삶을 살았나요, 1세기도 안 됐습니다. 우리는 고려 말부터 과거 시험을 봤습니다. 당시 현안에 대한 가장 개혁적인 계책을 내놓은 사람을 등용해서 썼죠. 적어도 500년 이상 그런 식으로 트레이닝을 해온 민족입니다. 지금은 효율만 좇다보니 그런 면을 잃은 게 아닌가 하는 생각이 듭니다.

프랑스 사회의 문제점도 많다고 하셨잖아요.

금융위기 이후 계속 긴축 상황입니다. 복지가 축소되고, 교육 예산이 줄고, 교육의 질이 저하될 수밖에 없습니다. 사르코지가 교원을 8만 명이나 줄였잖아요. 역사를 배워도 프랑스 중심으로 배우죠. 따로 세계사를 배우지 않아요. 기본적으로 자신들이 세상의 중심이라 생각하니까, 제도 개혁이 힘듭니다. 전통이 워낙 유구하다보니 뭐든 바꾸기가 어렵죠.

『파리의 생활 좌파들』을 보면 '좌파란 무엇인가?'라는 질문을 계속하시는데요, 요즘 들어 전 세계적으로 전통적인 좌파의 입지가 좁아진 것 같습니다.

좌파란 낭만적으로 얘기하면 모두가 가는 길에 문제를 제기하는 사람, 삐딱한 삶을 사는 사람이죠. 한국적 기준에서 얘기하면 좌파는 생명을 지향하는 사람입니다. 인간을 지향하는 사람인 거죠. 우파는 이윤을 지향하는 사람이고요. 그게 한국적 정의인 것 같아요.

양성평등 교육이나 젠더 교육은 어떻게 해야 한다고 생각하십니까?

프랑스에서는 성이 있고, 젠더라는 게 있다고 이야기하는 것부터 시작합니다. 생물학적으로 타고난 성이 있는가 하면, 사회적으로 성장하면서 스스로 깨닫고 선택하는 성이 있죠. 생물학적 성과 사회적 성은 일치할 수도 있지만, 일치하지 않을 수도 있고요. 거기서부터 시작합니다. 동성애자나 트랜스젠더를 차별해서는 안 된다, 그런 존재도 충분히 세상에 있을 수 있다, 똑같은 인간으로서의 삶을 누릴 수 있다고 얘기하는 게 젠더 교육의 핵심입니다. 우리도 그렇게 가르칠 수 있죠. 더불어 페미니즘 교육도 해야 하고요. 특히 여혐이라는 단어가 일반화되면서 현상 자체가 일반화된 게 아닌가 하는 생각이 드는데, 그걸 극복하는 교육이 같이 이루어져야겠죠.

민주노동당에 계실 때 내부에서 '사랑학을 교과목으로 채택하자'는 제안을 하셨는데요, 프랑스에는 그런 교과목이 있나요?

없는 것 같은데요. 1969년도에 나온 『10대를 위한 빨간 책』이라는 책을 제가 번역했거든요. 교사들이 쓴 책입니다. 68혁명을 즈음하여 교사들이 아이들에게 몰래 건네준 책이죠. 서문에서 '어른들은 종이호랑이다. 무서운 것 같지만, 그들은 사실은 두려워하고 있다'는 얘기를 하는데, 사랑에 관한 챕터가 나옵니다. 남자와 여자가 만나서 서로 애무하면 즐거움이 커지고, 서로 마음으로 사랑하게 되면 만지고 싶어지고, 어떤 부위를 만지면 서로 더 흥분하게 되고 성적인 결합을 할 수도 있다, 이런 얘기가 나오죠. 어린 나이에 부모가 되는 것은 모두가 선택할 수 있는 일은 아니기 때문에 피임은 어떻게 해야 한다는 이야기도 하고요. 정신적인 사랑에서 육체적인 사랑으로 넘어가는 과정을 적나라하게 알려주고, 어떻게 하면 사랑을 배가시킬 수 있는지, 거기에 따르는 위험은 무엇인지, 그런 것들을 가르쳐주는 책입니다. 그 일부가 생물학 교과서에 들어가 있기도 합니다. 사랑과 젠더와 생식에 관한 것들이 생물학과 시민윤리 교육으로 나뉘어 있어요. 젠더는 생물학 쪽에 들어 있고, 페미니즘은 시민윤리 교육 안에 들어가 있습니다. 프랑스의 초등학교 시민윤리 교육 교과서를 보면 존엄과 존중이라는 단어가 나오는데요, 그것의 시작은 자기 자신에 대한 존중이라고 이야기합니다. 존엄은 자신이 인권을 가진 존재임을 인정하는 것이고, 존중은 다른 모든 사람도 내가 가진 것처럼 그것을 가졌음을 인정하는 것이거든요. 스스로 존엄한 존재임을 깨달아야 한다는 걸 초등학생한테 가장 먼저 가르치는 거죠. 굉장히 단순한데, 건전한 신체를 가져야 하기 때문에 잠을 충분히 자야 하고, 몸에 해로운 음식을 먹지 말아야 하고, 이를 잘 닦아야 하고, 몸이 더러워지지 않도록 청결을 유지하는 것을 가르치는 일부터가 하나의 인권 교육이에요. 거기서부터 출발해서 자유를 가질 권리, 남에게 부당하게 체벌당하지 않을 권리, 노동자로서 휴식할 권리, 너무 많이 일하지 않을 권리를 얘기할 수 있는 거죠.

늘 경계를 넘어야 한다고 하셨는데요, 그런 삶이 힘들거나 외롭다고 느껴진 적은 없으신가요?

그런 적은 없어요.(웃음) 칼리도 정체성이 둘이잖아요. 강연할 때 칼리가 같이했던 적이 있는데, 그런 질문이 나왔어요. '정체성이 둘인 아이들은 극단적인 경우가 많다. 한쪽은 그걸 좋아하고, 한쪽은 혼란스러워한다, 너는 어떠냐?' 하고 물었죠. 칼리는 아주 가볍게 '아주 좋다. 국적이 둘이라 문화도 둘이고, 사용할 수 있는 언어도 둘이다'라고 답했어요. 저도 그렇거든요. 프랑스에 사는 한국인이기 때문에 볼 수 있는 것들이 있습니다. 다른 코드를 갖고 있기 때문에 나만이 쓸 수 있는 게 생기는데, 그게 장점이라고 생각하거든요. 재밌고요. 왔다갔다하는데 돈이 많이 들기는 하지만.(웃음) 경계에 있는 게 제 삶을 풍성하게 해준다고 생각해요.

책이 나오고 나서 칼리의 반응은 어땠나요?

내용이 뭔지는 대충 알죠. 읽어보지는 않았을 거예요. 자기 친구들도 인터뷰하고 그랬으니까, 조금 흥분했죠. 표지에 자기 얼굴이 나와서 좋아했어요. 아빠도 예술가인데, 아이를 토대로 작업을 하거든요. 엄마랑 아빠가 둘 다 자신을 대상으로 작업한다는 것을 나쁘지 않게 생각하는 것 같아요.

커서 보면 선물로 느낄 수도 있을 것 같네요.

선물일 수도 있고, 증거물일 수도 있죠.(웃음)

두 분은 만난 지 오래됐는데, 여전히 서로에게 다정하신 것 같아요.

서열이 확실해서 그래요, 서열이 확실해서.(웃음)

역시 서열이 확실해야 크게 안 싸우는군요.(웃음)

한국의 엄마집에서 지내는 동안, 제가 외출하고 없을 때, 저희 엄마가 칼리한테 '엄마가 잘 안 해먹이냐, 왜 이렇게 말랐냐, 아빠가 엄마를 혼내줘야겠다'고 하셨대요. 칼리가 '할머니, 아빠는 엄마를 혼낼 수 없어요'라고 얘기했다죠. (웃음) 그건 저희 집뿐 아닌 거 같아요. 다른 집들도 들여다보면, 대부분 남자들이 여자들한테 혼나며 살죠. 반대의 경우는 거의 보이지 않던데요. 서열은 분명하지만, 토론은 많이 해요. 무엇으로 시작해도 결국 정치적인 논쟁으로 끝나는 토론이죠. 처음 만났을 때부터 지금까지 논쟁으로 살아왔어요. 제가 논문을 쓰는 중이었는데, 한국의 문화정책의 한계점을 얘기했어요. 칼리 아빠는 한국 친구나 제자들이 많았는데요, 그런 관점의 이야기는 들어본 적이 없다는 거예요. 당시 저는 우리나라의 문화정책이 산업적 가치를 입증하는 분야에 대한 투자를 할 뿐, 그 일을 하는 사람들이 합리적 노동조건으로 그 안에서 일을 지속할 수 있는 제도적 장치에 무관심하다는 점에 문제의식을 가지고 있었거든요. 이 사람은 동아시아의 문화에 관심이 많은 사람이어서, 제 얘기를 더 듣고 싶어했죠. 그때부터 날이면 날마다, 밤이면 밤마다 토론을 했죠. 노회찬 의원이 파리의 저희 집에 온 적이 있는데, 그 때 노의원과 칼리 아빠가 필이 통해서 이야기를 많이 나눴죠. 음악, 미술, 건축…… 노의원은 칼리 아빠를 그리스인 조르바에 빗대어, 파리의 조르바라고 불렀어요. 그분이 자살한 연유를 물어보지는 않았지만, 한국 사회의 야만을 너무나 잘 드러내주는 사건이라 큰 충격을 받았다고 해요. 저희는 이를테면 동지적 관계인 거죠.(웃음) 칼리는 엄마, 아빠가 끝도 없이 정치 얘기를 하면 지겨워하죠. 그러면서 은연중에 아이에게 스며드는 관점이 있겠죠. 얘가 브래지어를 할 나이가 됐어요. 어제 이모가 브래지어를 사줬대요. '이걸 하면 좋아지는 게 있어?'라고 물어서 '여자가 가슴이 커지면 많이 출렁거릴 수 있고, 남자들이 볼 때 유혹을 느낄 수도 있고, 사회생활이 불편할 수도 있어'라고 했더니, '그게 남자들 문제지, 여자들 문제야?'라고 했대요. 브래지어를 하는 여자들 입장에서는 긍정적으로 받아들일 만한 이유가 없다는 거예요.

아버님이 동요 〈자전거〉의 노랫말을 쓰신 목일신 선생님이시죠.

당신께서 어렸을 때 지은 시예요. 어른이 돼서는 시를 쓰시지 않았고, 국어 선생님이셨어요.

할아버님은 독립운동가 목치숙 선생님이신데, 남들과 다른 집안 환경이 어린 시절에 영향을 주었겠죠?

그랬을지도 모르지만, 그걸 느끼면서 자라지는 않았어요. 우리는 이렇게 살아야 한다, 이런 얘기를 들은 적이 거의 없습니다. 일제강점기 때 태어났으면 당연히 독립운동 하는 거 아닌가, 그렇게 생각하며 자랐던 것 같아요. 친일하는 사람들은 극히 드물었고.

사실은 반대였죠.(웃음)

독립운동을 한 게 특별히 우리의 자랑이라고 생각하지는 않았던 것 같습니다. 부모님도 그런 얘기를 하지 않으셨고요. 아빠는 국어 선생님이라는 직업을 사랑하셔서 너무나 충실하게 수행하셨고, 학생들에 대한 사랑을 많이 보여주셨어요. 방학이 되면 학생들에게서 카드가 쏟아졌죠. 졸업한 학생들과도 서신 교환을 꾸준히 하셨고요. 엄마가 책을 참 많이 읽으셨어요. 제 사촌이 이모는 자기네 집에 와서 엄마가 없으면 책을 읽고 계셨다고 해요. 그 모습이 너무 보기 좋았다는 겁니다. 노인이 돼서도 책을 많이 읽으세요. 제가 낸 책들도 여러 번 읽으시죠.

다음에는 어떤 책을 준비하고 계신가요?

계약은 했는데요.(웃음) 잘 써질지 모르겠네요.

출판 시장도 위축되어 있죠. 작가님 책은 많이 팔리긴 하지만, 그걸로 생계를 유지하기는 쉽지 않을 것 같아요.

많이 팔리지 않는데요. 한국에서 책을 내시는 분들은 주로 강연을 해서 수입을 얻으시잖아요. 책 판매 자체보다는. 저는 프랑스에 사니까 강연도 많이 할 수 없고요. 어쨌든 글을 쓰는 사람이라 기회는 많이 주어져요. 과거에 문화정책을 공부했기 때문에 연구 용역 과제 같은 것이 들어오기도 하고요. 그리고 통역도 합니다. 전문적으로 공부하지는 않았지만, 특정 영역의 통역은 그 분야를 잘 아는 사람을 쓰는 경우가 많거든요. 과거에 노동자 정당에 있었기 때문에 노조나 진보 정당들에 대한 식견이 있는 편이잖아요. 이런 분야나 문화정책에 대한 통역을 하고 있어요. 제가 첫 책을 낸 것이 10년 전인데요, 그때부터 지금까지 경제적으로 독립해서 살고 있어요. 아이 아빠한테 기대지 않고요. 기적 같은 일이죠.(웃음) 저는 가족의 식생활을 책임지고 있어요. 옷을 산다거나 여행을 간다거나 할 때 아이 아빠한테 손을 벌린 적이 한 번도 없습니다. 그럴 수 있도록 기회가 주어지더라고요. 잡다하게요. 1년에 한 달 정도는 강연도 하게 되는데, 그것도 도움이 되고요.

올해 특별하게 계획하고 계신 것이 있나요?

제 숙원사업이 대체의학을 배우는 거예요. 집에서 책도 많이 읽고 있어요. 누가 아프면 불어로 된 책도 읽고, 한국어로 된 책도 읽으면서 해법을 찾아요. 무한한 매력을 느껴요. 옛날에 태어났다면 마녀로 몰려 불타 죽었을 것 같기도 합니다. 중세 때 마녀로 몰려 불타 죽었던 게 그런 사람들이었거든요. 교회와 의사가 하던 역할을 자기들이 하려다가 그들로부터 말살당한 거죠.

마지막으로 해주실 말씀이 있다면요?

우리는 더 나은 세상을 위해서 무수히 모색하는 나라라는 생각이 들어요. 제가 했던 고민들을 펼쳐보면 이미 그걸 고민하고 있던 무수한 사람들이 나타나요. 어쩌면 우리는 인생을 즐기기보다 열심히 더 나아가기 위해 끝없이 모색하고 있다는 생각이 듭니다. 이렇게 모색하는 사람들이 많으니 언젠가 문제를 해결할 좋은 방법들을 찾을 수 있지 않을까, 이런 희망을 갖고 있습니다. 문제 제기를 하다보면 공감하는 분들이 한두 명씩 계속 나타나요. 그분들과 공명하는 것을 느낍니다. 프랑스는 과거에 혁명을 했고, 그것을 동력으로 지금까지 느긋하게 흘러왔어요. 사회에 대한 불만이 여기저기에서 터져나오지만 시스템을 바꾸지 못하고 그 상태 그대로 머물러 있죠. 하지만 우리는 가만히 있지 않고 부지런히 모색하는 민족이고, 또 에너지가 많은 민족이잖아요. 머지않아, 우리 사회는 답을 찾아낼 거라고 생각합니다. 많은 사람들이 앞다투어 더 밝은 세상을 찾아 나서고 있으니까요.

우리는 인생을 즐기기보다
열심히 더 나아가기 위해
끝없이 모색하고 있다는 생각이 듭니다.
이렇게 모색하는 사람들이 많으니
언젠가 문제를 해결할 좋은 방법들을
찾을 수 있지 않을까,
이런 희망을 갖고 있습니다.

나는 아직도
변하지 않은 사회와 불화한다

강용주

의사

2018년 3월 보안관찰법 위반 혐의 무죄 판결을 받은 강용주를 대림동에 있는 아나파의원에서 만났다. 강용주는 고등학교 3학년 때인 1980년 광주민주화운동에 참여했다가 5월 27일 도청이 함락된 후 도망쳤다는 죄책감으로 고통스러워하다 운동권에 투신했다. 1985년 구미유학생 간첩단 사건으로 구속되었고, 사형을 구형받았다가 1심에서 무기징역을 선고받고, 1999년까지 14년을 복역했다. 스스로의 양심을 지키기 위해 전향을 거부했고, 준법서약서를 쓰지 않았던 그를 국제 앰네스티에서는 세계 최연소 비전향 장기수로 선정하기도 했다. 고문피해자 치유 모임인 '진실의 힘'에 참여했고, 2012년에 설립된 광주트라우마센터 초대 센터장을 역임했다. 2013년 〈광주일보〉 창사 61주년 기념 광주전남 미래인물 61인, 2014년 광주 MBC 창사 50주년 희망인물로 선정된 그는 우리 사회 약자의 목소리를 대변하기 위해 여전히 힘쓰고 있다. 인터뷰는 2018년 3월 6일 저녁에 이루어졌다.

지난 2월 21일 보안관찰법 위반 혐의 무죄 판결을 받으셨는데요, '아직도 그런 법이 있나' 하고 생각하는 사람도 많을 것 같습니다.

'아직도 국가보안법으로 처벌받는 사람이 있어? 보안관찰법? 그런 법이 있었어? 그런 법으로 처벌받는 사람이 있었어?' 보통 이렇게들 생각하잖아요. 우리 사회 전체를 보는 것이 아니라 보고 싶은 것만 봐서 그런 거죠. 저는 그런 분위기에서 '무슨 소리냐, 여전히 변하지 않은 지점이 있다, 여기에 바로 보안관찰법으로 고통받는 사람이 있다'고 이야기하는 거고요. 저는 우리 사회가 변했으면서도 변하지 않은 지점에 서 있는 겁니다. 형제복지원 피해자가 120일째 국회 앞에서 농성을 하고 있어요. 1987년에 형제복지원 사례가 폭로되고 나서 30년이 지났는데, 아직도 형제복지원 사람들은 진상 규명을 해달라고 농성하고 있잖아요. 만약에 그 사람들이 민주 인사였다면, 이른바 우리 사회의 중산층이었다면 그렇게 방치했겠어요? 어떻게 보면 변화하지 않는 지점, 우리가 외면하려고 하는 지점, 저는 그것을 이야기하면서 그게 바로 우리의 책임이라고 이야기하는 거예요. 제 역할이 세상과 불화하는 지점이 있긴 한데, '여기 변하지 않은 세상에 피해를 입은 사람이 있다'고 이야기하는 거라 그렇습니다. 그런 부분에 대해 법원이 법치주의와 인권의 관점에서 무죄 판결을 내린 거잖아요. 저는 법원이, 조광국 판사 재판부가 정말 중대한 결정을 내렸고, 좌고우면하지 않고 인권의 최후 보루로서 제 역할을 해주었다는 데 대해 감사합니다. 이건 행정부가 한 일은 아닙니다.

하지만 보안관찰법 자체는 계속 유지되고 있지 않습니까?

그렇죠. 판사가 그렇게 얘기를 했죠. '보안관찰법 자체에 위헌의 소지가 있다고 볼 수는 없다, 왜냐하면 헌법재판소의 2015년 결정도 위헌이 아니었기 때문이다.' 그런 입장에서 우리가 신청했던 위헌법률심판제청을 법원이 받아들이지 않았죠. 보안관찰법은 문제가 없는데, 강용주는 직업이 확실하고, 재범의 우려도 없고, 착한 사람, 좋은 사람이니까 강용주에 대해서는 보안관찰법 처분이 위법하다고 한 겁니다. 그런 부분에서는 한계가 있죠. 보안관찰법이 존재하는 한 제2, 제3의 보안관찰법 처분 피해자가 나올 수 있다는 점에서는 아쉬움이 있습니다.

영화 〈1987〉을 보이콧하셨죠. 거기에 대해 비판한 분들도 있었고요. 그게 상처가 됐을 수도 있을 것 같습니다.

상처 되는 일은 없었고요. 〈1987〉은 의미 있는 영화죠. 6월 항쟁의 승리와 그것이 가능했던 조건들을 이야기하면서 박종철 군 고문치사 사건을 재조명했는데요, 의미는 있지만, 좋은 게 좋은 건 아니라는 거죠. 안유라는 사람이 이부영 씨한테 고문 조작에 대해 알려줘서 87년 5월 명동성당의 정의구현사제단 5·18 추모 미사에서 박종철 고문치사 사건이 축소, 은폐되었다고 폭로할 수 있었는데요, 그렇다고 해서 그 사람이 나쁜 짓 했던 걸 합리화해서는 안 되죠. 아니 그러면 최남선, 이광수는 왜 비판합니까? 그 사람들이 3·1독립선언서, 2·8독립선언서를 기초했던 분들 아닙니까? 안유 씨 문제는 그런 거예요. 1987년 이후 우리 사회에서 노골적인 폭력들이 사라졌다고 하고, 공식적으로나 비공식적으로나 강압적인 전향 제도가 사라졌다고 했잖아요. 그런데 1992년에 제가 대전교도소에서 대구교도소로 이감을 갔을 때예요. 그때 안유 씨가 저한테 했던 짓이 있거든요. 그건 고문 행위나 같은 거죠. 그것 말고도 그 무렵 마산교도소, 대구교도소 일반수들에게도 악행을 많이 저질렀어요. 야차 같은 존재였죠. 많은 시국 사범들한테 가혹행위를 했고요. 고문 가해자인 겁니다. 그걸 같이 봐야 하는 셈이었던 거죠. 2017년에 6월 항쟁 30주년 기념으로 KBS에서 관련 프로그램을 만들었는데요, KBS 스페셜 〈시민의 탄생 1987〉이었습니다. 저는 거기 안유 씨가 나온 것을 보고 깜짝 놀랐습니다. 그래서 KBS PD에게 이야기를 했습니다. '저 사람은 고문 가해자다, 어떻게 저 사람을 부를 수 있느냐.' PD가 말하길 '안유 씨가 그 프로그램을 만들기 위해서 인터뷰를 할 때 자기는 시국 사범들, 학생들에게 가혹행위를 했던 사람인데, 나 같은 사람이 나가도 되느냐'고 했다는 겁니다. PD가 '그런 이야기까지 다 하시면 될 것 아니냐'고 해서 시국 사범들에게 가혹행위를 했다는 것을 인정하고, 미안하다며 이야기를 쭉 했다더군요. 그런데 다큐를 만들다보니까 시간이 없어서 그 부분을 뺐다는 겁니다.

그럼 안유 씨에 대해서도 공개적인 사과의 기회를 박탈한 것이 되지 않습니까? 사과를 한 것과 사과를 받아들이는 것은 다른 문제이긴 하지만요.

그래서 제가 그 PD한테 그랬어요. '여보세요, 당신은 알면서도 의도적으로 당신이 원하는 대로 만든 거잖아요.' 이른바 PD 저널리즘에 의해 자기가 하고 싶은 말을 하려고 인터뷰나 자료를 짜맞추는 거죠. 그 내용을 넣으려다보니까 이게 들어가면 모양이 빠지니까 뺀 거잖아요.(웃음) 그러면 최소한 자막에라도 내용을 넣어야 하는데 안 넣은 거 아닙니까? 저는 그래서 '당신은 사회적으로 고문 가해자의 편을 든 것이다. 당신은 고문 피해자들에게 2차로 가해를 한 공범이다'라고 했어요. 그리고 언론노련에 가서 얘기했죠. 당신들은 언론노련에서 언론 노동운동을 하는데, 이 고문에 관해 어떤 입장과 원칙도 갖고 있지 않다, 이건 문제가 있다, 하고 항의를 했는데 결국 그 사람들이 받아들이지 않았죠. 그래서 제가 「'딥스로트'의 이중잣대」라는 경향신문 칼럼을 쓰게 된 겁니다. 작년 9월쯤에 썼는데, 12월에 〈1987〉이 나온 거죠. 거기 안유 씨가 나왔다고 해서 제가 말이 안 된다고 한 이야기를 이산하 시인이 자기 페이스북에 올리고, 〈1987〉을 만든 장준환 감독 페북에다가 올렸죠. 강용주 씨가 이렇게 말하고 있다고 했더니 장준환 씨가 '그것은 강용주 씨 개인의 이야기고요'라고 하더라고요. 이산하 시인이 '무슨 소리냐, 강용주는 개인이 아니다. 그렇게 이야기하면 안 된다'고 했더니 장준환 씨가 페북 내용을 바꿨죠. 저는 그렇게 반응하는 것에 깜짝 놀랐습니다. 〈1987〉은 거칠게 표현하면 민주 '국뽕' 영화잖아요.(웃음) 87년에 6월 항쟁이 일어났고, 같은 시기에 형제복지원 사건이 폭로됐습니다. 87년 6월 항쟁은 자랑스러운 일이죠. 그렇지만 미처 돌보지 못한 사람들, 6월 항쟁의 빛나는 순간에 가려진 그늘도 있잖아요. 그런 사람들에 대한 배려, 관심, 연대가 있어야 건강한 것이죠. 저는 그런 부분들을 지적한 거예요.

안유 전 보안과장이……

1987년 항쟁이 일어났을 때는 보안계장이었죠. 이부영 씨가 써놨어요. 민주화운동을 한 사람한테는 그렇게 잘하고, 배려 깊은 사람이었다고 해요. 김영삼 정권 때 최형우 씨가 내무부 장관을 했잖아요. 그때 김삼석 남매 간첩단 사건의 김삼석 씨가 체포되어 고문을 당했다는 얘기가 있었죠. 〈말〉지 기자들이 물어봤습니다. '고문하면 되느냐?'고. 그랬더니 최형우 씨가 '아, 고문하면 안 되죠'라고 했어요. '그런데 김삼석 씨는 왜 고문했냐?'고 했더니 최형우 씨가 그래요. '간첩은 다르죠'. 민주 인사들은 고문하면 안 되지만, 간첩은 고문해도 된다는 거죠. 민주 인사에게는 그렇게 잘 대해준 사람이 조작간첩 강용주한테는 꽁꽁 묶어 전향을 강요한다는 것은 이

중적이잖아요. 우리 사회의 허접한 본질인 거죠. 이부영 씨 같은 민주 인사들에게는 인간적인 사람이었는지 모르죠. 하지만 나머지 사람들에게는 개백정이었던 겁니다.

트라우마센터를 만드는 과정에서 민주화운동을 하셨던 분들도 비슷한 인식을 갖고 있다는 것을 확인하고 상처를 받으셨던 것 같은데요.
상처는 아니고, 좀 다른데요.

배신감 같은 건가요?
85년 구미유학생 간첩단 사건이 났을 때로부터 30년이 지났는데도 이 사람들은 똑같다는 거죠. 이 이중성을 경멸하기 위해 제가 이 얘기를 하는 거지, 상처를 받은 것은 아닙니다. 그런 사람들한테 기대를 갖고 희망을 갖는 것은 아니잖아요. 그래, 당신들이 민주 인사고, 민주화운동의 대부고, 신부라는데 '당신들의 밑바닥을 보여줄게' 한 거죠. 안유 씨랑 무슨 차이가 있겠어요. 그 사람들이 반성하고, 변하고, 성찰해야 하는 문제지, 제가 상처받은 것은 아닙니다.

원칙을 지키면서 홀로 싸워온 삶이라고 할 수 있을 것 같은데요, 제가 표현력이 부족해서 뭐라고 해야 할지 모르겠습니다. 그럴 수 있었던 원동력은 무엇일까요?
폭력에 굴복하지 않는다는 거죠. 나를 잠시 동안은 굴복시킬 수 있겠지만, 영원히 굴복시킬 수는 없다는 거죠. 그리고 진실은 폭력보다 강하다는 겁니다. 존엄한 존재로서의 나로 살아남기 위한 투쟁인 것이고요.

강용주

어떤 상황에 처하더라도 자기가 포기할 수 없는 지점이 있잖아요. 85년에 남산 안기부에 잡혀갔을 때 저는 시키면 시키는 대로 뭐든 하는 개가 되었다고 얘기하거든요. 제 영혼이 쓰레기통에 처박혀버린 거죠. 그런 상태에서 다시 저 자신을 일으키고 싶었던 거예요. 일으키기 위한 싸움이 전향과의 싸움이었던 거고요. 사람이 비틀거리지 않고 늘 직선으로만 간다든지, 돌부리에 한 번도 걸려 넘어지지 않고 먼길을 갈 수는 없습니다. 늘 비틀거리고, 늘 돌부리에 걸려 넘어지지만, 그러면서도 계속 걸어가는 게 삶이잖아요. 80년 5월, 고등학교 3학년 때 5·18을 겪었습니다. 5월 27일 도청이 함락될 때 총을 버리고 도망을 갔어요. 그때 살아남은 자의 부끄러움인 거죠. 그래서 학생운동을 하게 됐죠. 안기부에 잡혀가서 폭력에 굴복해 전두환이 써놓은 대로 TV에 나가서 주절거리잖아요. 그런 나 자신으로부터 일어나서 존엄을 지키고 싶었고, 거짓에 굴복하기 싫었습니다. 더더군다나 전두환 정권이었잖아요. 광주 시민을 학살한 전두환한테 잘못했다고 할 수는 없는 거죠. 나의 꿈은 그거였어요. 나의 존엄을 지키고 망월동에 계신 5월 영령들에게 떳떳하게 돌아가고 싶다는 거.

5·18 당시 도청을 지키다가 도망갔다고 하셨는데요, 그럴 수밖에 없었던 상황인 것 같은데 왜 자신을 학대하듯 도망이라는 표현을 쓰느냐고 지적한 분도 있었습니다.

그건 어쩔 수 없어요. 80년 5월 당시에 많은 사람이 죽었잖아요. 특히 5월 27일 도청이 계엄군에 함락되면서 수많은 사람이 죽고, 다치고, 끌려가서 갇히고 그러지 않았습니까? 그 현장을 빠져나왔던 사람들은 죽은 사람들에 대해 늘 죄책감 같은 게 있죠. 야스퍼스가 얘기하잖아요. 형이상학적인 죄라고 하는 것, 어떤 사회가 불의와 야만으로 가득차 있을 때 거기에서 내가 죽지 않고 살아남은 것만으로도 죄라고 얘기했잖아요. 저는 그 야만의 시대, 그 살육의 현장에서 살아남은 것만으로도 형이상학적인 죄인인 거죠. 다르게 표현하면 형이상학적인 책임인 거고요. 다른 한편으로는 자기 양심에 자기가 묻는 대답인 거죠. 그래서 당시에 살아남은 사람들은 살아남은 자의 부끄러움으로 나머지 세월을 살면서 우리 사회를 민주화로 이끌잖아요. 저는 80년 5월 도청에 갈 때는 죽겠다는 생각이었는데. 새벽에 도청이 함락되고 나서 시민군들이 항복하고 쭉 나오는 것을 보고, 도청 앞으로 계엄군들이 들어오는 것을 보고는 총을 버리고 사시나무 떨듯 하면서 도망을 친 겁니다. 그런 나 자신의 모습이 계속 남아 있는 거예요. 아우슈비츠에서 살아남은 사람들이 늘 하는 그런 얘기죠.

대부분의 사람들은 그런 상황을 겪으면 회피를 하지 않습니까? 그런데 다시 운동권이 되셨지요.

트라우마를 겪으면 그게 다양한 형태로 나타나죠. 과민하게 나타나는 사람도 있고, 회피하는 사람도 있어요. 비슷한 상황만 봐도 질겁하는 사람도 있고요. 한국전쟁 당시에 학살당한 사람의 집안 같은 경우 자식들한테 정치 근처에도 못 가게 하잖아요. 그런 게 생존의 본능인 거죠. 당연히 그럴 수 있다고 생각하고요. 저는 그때 만 열여덟 살, 고등학교 3학년이었어요. 맑은 유리 같고, 백지 같지만 그만큼 깨지기 쉬운 나이잖아요. 5·18을 겪고 나서 저는 제 영혼에 금이 가버렸다고 생각했어요. 이제까지 제가 알아왔던 세계가 무너져버렸어요. 거기서 살아남은 자로서 제가 할 수 있었던 일은 학살자 전두환에게 맞서는 것뿐이었죠. 그게 제 존재였습니다. 싸우지 않으면 생존할 수 없으니까 학생운동을 하게 된 거죠.

이메일 주소 아이디가 sonof518인데요, 그만큼 광주에 대한 기억이 선생님의 인생을 좌지우지했다고 볼 수 있을 것 같습니다. 광주민주화운동이 선생님에게는 어떤 의미인가요?

제 개인적으로는…… 결코 피해 갈 수 없는, 그리고 어디서나 마주하게 되는…… 또다른 나입니다. 80년 5·18을 겪고 나서 나의 모든 삶은 5·18을 통하지 않고는, 5·18을 피하지 않고는 설명할 수가 없습니다. 늘 마주한 것만은 아니고, 도망치려고도 했죠. 아마 죽을 때까지 그러지 않을까 싶어요. 저는 괜찮아요. 세상에 나와서 80년 5·18 때 목숨 걸고 총을 들고 싸웠고, 14년 동안 싸워서 전향 제도, 준법서약서를 폐지시켰고, 18년 동안 싸워서 보안관찰 제도를 무력화시켰으면, 이만하면 잘 산 거지, 뭘 더 바라겠어요. 그 원동력이 제가 열여덟 살 때 만났던 5·18입니다. 흔들리고 비틀거리고 넘어지지만, 계속 걸어갈 수 있게 해주는 힘인 거죠.

보안관찰 제도를 김대중, 노무현 정권에서도 없애지 않았죠.

사람들이 이걸 폐지할 의사가 전혀 없다고 생각해요. 의지도 없고, 의사도 없고, 이 사람들이 하는 게 늘 그렇지 않나요? 이번 제 보안관찰법 위반 혐의에 대한 무죄 판결에 대해서도 검찰은 뭐라고 했습니까? 검찰은 행정부예요. 문재인 정권이 징역 1년을 구형한 거죠. 그리고 문재인 정권이 나에게 보안관찰 면제 처분을 한 것이 아니고, 불청구를 해서 나를 영원한 보안관찰 대상자로 남겨둔 거잖아요. 이 못된 짓거리, '내로남불'에 파열구를 낸 것은 서울지방법원 단독판사입니다. 그래서 마지못해 이끌려서 항소를 안 한 것이지 스스로 한 것은 아니죠. 보안관찰 재판이 2017년 3월 말, 4월 초쯤 시작됐죠. 대통령 선거를 한다고 했을 때, 제가 '보안관찰 재판을 받는 것이 말이 되느냐' 그랬더니 조국 수석이 자기 페북에다 그랬습니다. '보안관찰 폐지되어야 합니다. 이건 있을 수 없습니다. 우선 정권 교체부터 하고요.' 그런데 정권 교체되고 나서, 하던가요? 지금 법원의 판결처럼, 보안관찰의 재범 가능성에 대해서 엄격하게 얘기를 해요. 검찰에서 보안관찰처분을 때리고, 거기에 대해 행정소송을 내면 열 건 중에 아홉 건을 우리가 이기고 검찰은 한 건밖에 못 이깁니다. 최근 몇 년 동안을 보면 말이죠. 그래서 작년 7월 민주당의 유력 국회의원에게 '지금 민주당이 소수당이니 보안관찰을 없애기는 쉽지 않을 것이다. 하지만 판례 자체가 엄격해지고 있으니 그 판결에 준해 보안관찰법을 엄격하게 적용해라, 그렇게 되면 보안관찰 처분 대상자들도 점점 줄어들 거고, 실질적으로 무력화되지 않겠나, 그렇게 해라, 날 풀어줘야 할 것 아니냐'고 했더니 저한테 그러더라고요. '무조건 보안관찰법 폐지하라고 하지 않고, 그렇게 얘기해줘서 고맙다. 나도 노력하겠다.' 결국은 청와대 민정 쪽에서 그랬다고 해요. 자기들이 검토한 결과 이 문제는 개입하지 않는 것이 좋겠다고.

왜 그럴까요?

　　작년 9월에 청와대 행정관을 만났는데, 광주에서 올라온 친구예요. 다른 사람을 만나고 있었는데, 제 일행이 근처에 있으면 오라고 했나봐요. '이게 말이 되냐, 나를 아직도 보안관찰 한다는 게. 이건 해결해줘야 한다. 그래야 촛불로 바꾼 정권인 거지. 그래야 세상 변했다고 느낄 것 아니냐'고 했더니 민정수석실 행정관 나리가 뭐라고 하냐면 '중요한 문제가 얼마나 많은데, 그런 것 가지고 징징거리냐'는 거예요. 제가 그래서 대놓고 그랬어요. '지금 너 나한테 짖냐? 니가 언제부터 청와대 개새끼가 됐간디. 니가 청와대 강아지 새끼냐. 어디서 나한테 짖고 있어.' 이렇게 얘기했어요.(웃음) 내가 보안관찰 갱신 얘기할 때 강금실 장관 이야기를 하잖아요. 보안관찰

처분이 잘못됐다고 행정소송 할 때 제 변호사가 강금실이었는데, 그 사람이 법무부 장관이 되어서 보안관찰을 갱신하는 건 정신분열 아닌가요? 아니면 다중인격이거나.(웃음) 저는 그런 이야기를 합니다. '니들은 그만한 배짱도 없냐?'고. 앞으로 법무부에서는 공개적으로 활동하는 사람에 대해서는 보안관찰 처분을 하지 않을 방침이라고 한 게 99년에 나온 기사 내용입니다. 그런데 이 사람들이 가서 뭘 합니까? 어쨌든 자기들이 나한테 보안관찰을 할 때 내게 준법정신이 결여되어 있다고 해요. 그런데 준법서약서는 2003년에 검찰에서 지침을 내려서 폐지를 했어요. 준법서약서는 양심의 자유를 침해하고, 쓴 사람은 내보내고 안 쓴 사람은 안 내보내는 등 형평성의 원칙에 위배된다는 논란이 있어서 폐지한다고, 더이상 요구하지 않겠다고 말이죠. 그래서 이른바 준법서약서의 근거는 이미 사라진 거죠. 사상의 자유를 탄압하는 것 중에 전향 제도도 없어지고 준법서약서도 없어졌는데, 그 준법서약서 내용이 원래는 '준법정신이 확립되어 있을 것'이거든요. 그런데 보안관찰법에는 그대로 남아 있어요. 개정을 해야 하는데 안 하고 있죠. 그런데 법원에서는 그렇게 이야기해요. 신고 의무를 다하지 않았다, 소환에 불응했다며 준법정신이 결여돼 있다, 재범의 우려가 있다고 하는 겁니다. 제가 99년에 출소해서 지금 18년째 아닙니까? 저는 음주운전도 한 적이 없어요. 제가 법질서를 어긴 것은 과속을 하거나 주차 위반을 한 정도입니다. 그런 저한테 준법정신이 결여돼 있다고 하는 건 말이 안 되죠.

구미유학생 간첩단 사건으로 1985년도에 구속되셨잖아요. 처음에는 사형을 구형받고, 1심에서 무기징역을 선고받고, 1999년까지 14년을 복역하셨습니다. 어머님도 그렇고, 주변에서 '제발 뭐든 쓰고 나오지' 하는 얘기도 많이 하셨을 텐데

타인은 놀이공원이다

요. 그 기간 동안 독방에 계시고, 때로는 고문도 받고, 징벌방에도 계셨잖아요.

신영복 선생이 『감옥으로부터의 사색』이라는 책을 내셨잖아요. 거기서 사람들이 가장 감명 깊게 읽은 부분이 이거라고 하거든요. 남들은 감옥에서 여름이 좋고 겨울이 싫다지만, 나는 겨울이 더 좋다, 왜냐하면 여름에는 더워서 옆에 있는 사람들을 밀어내지만, 겨울에는 옆에 있는 사람과 체온을 나눌 수 있기 때문이다. 저는 그걸 보고 마리 앙투아네트 아냐, 하는 생각을 했어요.(웃음) 저는 들어가서부터 계속 독방에만 살았는데, 여름은 혼자 있으니까 좀 나아요. 겨울은 정말 추워요. 난방이 있어요, 뭐가 있어요? 변기통, 똥통이 다 얼고, 방안에 있는 물이 다 얼고, 거기서 담요 하나로 견뎌야 하죠. 그래서 우리말로 겨울이 곱징역이라고 그러죠.(웃음) 전향한 신영복 씨가 혼거방에 가서 붓글씨 쓰면서 그렇게 사는 것하고, 우리가 개밥 먹고 전향 강요당하고 사는 건 전혀 다른 삶이죠. 저는 그랬어요. 행형법상으로는 그래요. 2년 동안 독방에 넣을 수 있고, 필요하면 6개월을 연장할 수 있다. 2년 6개월 이상 독방에 못 넣게 되어 있어요. 지들 법에 그래요. 그런데 저를 14년 동안 넣은 것 아닙니까? 국제 앰네스티에서는 장기간의 독방 감금은 고문의 일종이라고 해요. 얘들이 나한테 원했던 게 그거였죠. 어떻게든 국가권력에 굴복시키겠다는 거. 저는 그 폭력에 굴복할 수 없었던 거고요. 사건 자체가 조작인데, 내가 굴복하면 사건을 인정해버리는 거잖아요. 그래서 전향을 안 했던 거고요. 국가폭력의 야만성이라는 것은 단순하지 않아요. 86년도에 그랬죠. 이중독방에 갇혀 있던 사람 중에 최주백 선생 같은 경우는 암에 걸렸는데, 한 번도 치료를 안 보내서 암이 온몸에 퍼져 병사에 가 있다가 죽었어요. 죽으니까 전향을 권하는 교회사가 그랬죠. 종이를 흔들면서 '이 빨갱이 새끼들아, 니들이 전향이 안 해? 최주백이 봐. 죽기 전에 전향하고 죽었어'라고요. 죽기 전에 지장을 찍어 와서 떠드는 거죠. 그런 야만적인 폭력, 그걸 어떻게 하겠어요. 여기서 죽었으면 죽었지, 너희한테 굴복하지 않겠다는 거였어요. 그런데 '나는 굴복 안 해' 그런 생각을 한다고 해서 그게 가능하겠어요. 아니죠. 당시 86년도에 전향을 안 하고 30년째 살고 계신 분이 있었어요. 53년에 들어와서 그때까지 살고 있던 겁니다. 34년, 35년을. 일반수들은 그때 무기를 받으면 15년 정도면 나갔어요. 그런데 이 사람들은 전향을 안 했다고 해서 30여 년을 살고 있던 겁니다. 죽을 때까지 감옥에 사는 겁니다. 여기를 벗어나는 방법은 자살을 하거나 죽는 것밖에 없는 거예요. 그런데 죽어도 거기서 강제로 무인을 받아 전향을 했다고 하는 거잖아요. 이것은 지옥이죠. 국가권력의 이름을 빌린 그 야만의 현장에서 내가 할 수 있는 게 뭐겠어요. 그 폭력에 굴복하든가 맞서든가, 둘 중 하나죠. 저는 맞서기로 결정한 거고요. 맞서기로 결정했지만, 하루하루가 힘들죠. 저녁마다 스스로 물어요. 이렇게 어찌할 수 없는 상황에 놓여버린 나 자신에 대해, 빠져나갈 방법이 없는, 이 무덤 속 같은 곳에 처박혀버린 상황에 대해. 어느 누구 하나 손잡아주지 않고요. 그랬죠. 나는 절대 전향 안 한다, 그렇지만 견디다 견디다 못 견디면 자살하겠다, 자살했으면 자살했지, 내가 너희 놈들한테 굴복하지는 않겠다. 비전향 결심을 할 때 나의 전 존재를 걸고, 나의 목숨을 담보로 싸우겠다고 생각한 겁니다.

방금 지옥이라는 표현도 하셨는데요, 그만큼 고통스럽다면 사람들은 '일단 지옥에서 빠져나가고 보자'는 생각을 하게 될 것 같습니다.

세상을 살아가는 방법에는 여러 가지가 있죠. 바둑에서 꼼수와 정수를 이야기하지 않습니까? 『미생』이라는 만화책에 그런 이야기가 나오죠. 꼼수를 정수로 받는다. 저는 태어나기를 기본적으로 폭력에 굴복하지 않도록 태어난 사람이에요. 저는 소로의 『시민 불복종』을 읽으면서 '아 당신도 나 같은 과였구나, 아니 내가 당신 과였구나' 하는 생각을 했습니다. 마틴 루서 킹 목사의 『자유를 향한 대행진』을 읽으면서도 그랬죠. '아하, 우리는 세상에 맞춰 사는 사람이 아니라, 세상과 맞서 사는 사람이구나', 요즘 말로 하면 프로불편러인 거죠.(웃음) 가장 큰 것은 그거 같아요. 나의 자존, 나의 존엄이 훼손되고 무너졌을 때 거기에 대해 가장 강력하게 반발한다는 거. 80년 5·18 때 한 번 도망쳤고, 안기부에 가서 한 번 폭력에 굴복했어요. 쓰레기통에서 저를 일으키고 싶었다고 했잖아요. 무너져버린 자신을 일으키는 것이, 나의 존엄을 지키는 것이 세상 무엇보다도 소중했던 거죠. 저는 그래요. 세상의 가치가 밖에 있는 사람이 아니고, 안에 있는 사람이죠. 나의 존엄과 나의 가치가 나에게 응답을 할 때 그렇게 사는 겁니다. 감옥에서는 그랬죠. 나는 몸이 편한 삶보다 마음이 편한 삶을 살련다, 이렇게 꼼수가 아니고 정수로 받는다고 하면 사람들이 다 웃죠. '그게 될 것 같냐?'면서요. 왜 영리하게 못 사냐고 하죠. 정수로 가는 것이, 뚜벅뚜벅 계속 걸어가는 것이 결국 가장 빠른 길이었잖아요. 그러면 제가 늘 세상의 가치에 반해서 살아온 사람이냐 하면, 그렇지는 않아요. 저도 조금은 비겁해요. 조금씩은 타협하고요. 하지만 근본적으로, 결정적으로 비겁하게 살거나 타협하지는 않으려는 거죠. 전향 문제라는 것은 그런 거죠. 나의 존엄, 나 자신의 정체성과 관계되는 결정적인 문제예요. 삶과 죽음밖에 없죠. 가운데는 있을 수가 없어요. 저는 사는 걸 택했어요. 98년에 전향 제도가 폐지되고 준법서약서가 도입되었을 때 저는 그게 변형된 전향 제도라고 반대했죠. 같은 사동에 있던 다른 조직 사건으로 들어온 사람이 그래요. 자기가 어쨌으면 좋겠냐고. 저는 그한테 '무슨 소리냐? 왜 준법서약서를 쓰냐? 전향이랑 똑같은 건데'라고

강용주

이야기하지 않았어요. '이 문제는 누구한테 물어볼 것이 아니다. 네가 너 자신한테 물어야 한다. 고민을 해라. 네가 간절히 원하고, 하고 싶은 대로 해야 덜 고통스럽고 후회가 없다, 어떤 선택을 하든 간에'라고 이야기했어요. 그 랬더니 한 이틀을 고민하다가 이런 얘기를 하더라고요. '형, 나, 우리 딸 너무 보고 싶어.' 딸을 낳자마자 100일도 안 돼서 머리 감겨주고 옷 갈아입혀 주고 그러다가 들어온 거예요. 그애가 커서 초등학교에 다니고 있어요. 얘가 더 크기 전에 같이 있고 싶다는 겁니다. 그럼 그 선택을 해라. 저한테 미안하다고 해요. '아니야, 나한테 미안할 일이 아냐'라고 했죠. 그때 군산교도소에서는 학생들끼리 토론을 했어요. 민주집중제, 다수결로 정리를 합니다. 네명인가는 준법서약서를 안 쓴다고 하고, 다섯 명인가는 써야 한다고 했나봐요. 그래서 민주집중제니까, 우리는 조직이니까 다 써야 한다고 쓴 겁니다. 자기 양심에 반해서 한 사람이 있는 거잖아요. 그래서 쓰고 나갔던 사람 중한 명이 준법서약서 폐지하라고 명동성당에서 단식을 계속하거든요. 이것은 이른바 집단적 광기라고 생각해요. 민주집중제라는 탈을 쓴. 한편 마산교도소에서는 무슨 일이 있었나 하면, 검사가 학생들을 보러 왔어요. 그러니까 한 학생이 자기가 대표로 가서 만나겠다고 하고 검사한테 '우리는 다 안 쓰기로 했으니까 넌 꺼져라'라고 한 거예요. 그래서 다 안 썼습니다. 그건 집단의 이름을 빌린 폭력이에요. 마산교도소는 다 안 썼으니 영웅적이다? 아니에요. 그런 집단주의는 광기예요. 군산교도소와 마산교도소, 한쪽은 쓰고한쪽은 안 썼지만, 저는 현상의 양면이라고 생각하거든요. 집단의 광기라고하는. 자유로운 인간이 사라져버린.

타인은 놀이공원이다

광주트라우마센터를 처음 만들 때는 '도망가고 싶었다'는 표현도 하셨는데요.

그렇죠. 어떤 트라우마를 겪었던 사람들은 그 트라우마가 일어났던 현장이나 장소를 방문하거나 그 시기가 오면 힘들어져요. 재경험이 되고.

트라우마의 '기념일 반응Anniversary reaction'이라고 하셨죠.

기념일 반응도 있고, 자기가 고문당했던 비슷한 상황, 트라우마를 겪었던 장소를 피해 다니는 거죠. 지하철 사고를 겪은 사람은 지하철을 못 타잖아요. 광주는 제 힘의 원천이기도 하지만, 또 한편으로는 트라우마의 원천이기도 하죠. 제가 99년에 감옥에서 나왔을 때 그렇게 이야기했어요. 나는 이제 세상에 빚이 없다, 내 전 존재를 걸고 싸워서 전향 제도를 폐지시키고 준법서약서를 무력화시키고 나왔다, 나는 한 인간이 사회적 존재로서 할 수 있는 것은 다 했다고 생각한다, 그래서 나는 이제 더는 당위에 의해 살지 않겠다, 내가 하고 싶은 대로, 내가 원하는 대로 살겠다, 더이상 세상은, 사회는 나에게 그런 것을 요구하면 안 된다, 나는 하지 않을 거다. 그래서 의사가 되고, 전문의를 따고, 광주에 안 내려가고 서울에 있었던 거죠. 광주에서 되도록 멀리 떨어져 있으려 했고, 5월이 돼도 광주에 내려가지 않았습니다. 2008년도죠. 조작간첩들이 재심을 한다고 할 때였는데요, 진실화해위원회나 과거사조사위원회 같은 것들이 아직 없을 때였어요. 그분들의 트라우마를 치유해야 할 필요가 있었죠. 누군가는 해야 하는데 2008년까지 아무도 안 하고 있었죠. 명색이 의사고 전문의니까 제가 해야 하는 일이 되었던 거예요. 그때 민주화운동기념사업회하고 엮이는 일들이 일어났죠. 그래서 인권운동가, 인권변호사, 정신과 의사, 임상심리사 들과 봉

은사에서 고문 피해자 치유 모임을 처음 만들었죠. 그리고 한 3, 4년 오거나 이저 역할을 했습니다. 그래서 조작간첩들이 무죄 판결을 받고 그러면서 고문 없는 세상을 위해 고문 피해자들이 자기 돈으로 만든 재단, 세계에서 하나뿐인 '진실의 힘'이라는 단체가 만들어졌죠. 그쪽 일을 서울에서 하고 있는데, 저더러 광주로 내려오라는 거예요. 나는 광주 안 간다 했죠.(웃음) 트라우마의 현장을 왜 다시 가겠어요. 그때 면목동 병원이 잘되고 있었어요. 큰 병원이면 모르지만, 동네 의원은 의사 혼자서 다 해요. 의사 없으면 그 병원 안 가죠. 병원도 망가지고, 트라우마의 현장이고, 그래서 못하겠다고 했어요. 오수성 교수, 한홍구 교수, 이런 분들이 3, 4개월 저를 설득했죠. 광주에 트라우마센터가 만들어지는데, '네가 없으면 안 된다, 이걸 아는 사람이 없는데, 그러면 그냥 정신병원 하나 만들어주고 말 텐데, 그럼 어떡하나?' 그렇게 해서 고민 고민을 하다가 하게 됐어요. 그런 생각을 했습니다. 내가 피하고, 피하고, 또 피하려고 해도 이건 운명 같은 일이구나, 내가 의사가 되고, 서울에서 고문 피해자 치유 모임을 했던 것도 광주에서 트라우마센터를 만들고 그 일을 하기 위한 준비 과정이었구나. 감옥에서도 그런 생각을 했었는데요, 예수가 십자가에 못박혀 죽기 전에 기도를 하잖아요. 피눈물을 흘리면서, 이 잔을 마시지 않게 해달라고 하잖아요. 그런데 피할 수 없다면 이 잔을 마시겠다고 하잖아요. 감옥에서 전향 제도와 싸울 때도 그런 마음이었어요. 여기서도 안 하려고 몇 개월을 계속 버텼지만, 제가 할 수밖에 없는 일이라는 생각이 들더라고요. 그래서 서울에서 편하게 살던 삶을 정리하고, 잘되던 병원을 정리하고 내려간 거죠. 저는 가기 싫었어요.(웃음) 이야기했잖아요. 늘 조금은 비겁하고, 조금씩은 타협한다고.

타인은 놀이공원이다

**거기서도 여러 가지 활동을 많이 하셨을 텐데요, 지금 와서
생각해보시면……**

가장 큰 것은 그거죠. 국가폭력 생존자들의 치유를 과거사 청
산의 핵심 과제 중 하나로 만들었다는 거. 김대중, 노무현 정권의 과거 청산
이라고 하는 것은 희생자의 아픔이 빠진 물질주의적 과거 청산이었어요. 민
주화운동기념사업회다, 기념관이다, 이런 것은 많이 했지만, 고문받은 사람
들을 치유하기 위한 시설 같은 것은 하나도 만들지 않았잖아요. 남아공에
서는 진실과화해위원회를 만들면서 치유센터를 같이 만들었어요. 여기는
그러지 않거든요. 저는 희생자의 고통을 중심에 놓는 과거 청산을 주장하
고, 그것의 핵심 과제 중 하나로 치유센터 설립을 얘기했죠. 경찰서나 유치
장에 가면 철제 책상 하나 있고, 거기서 조사받잖아요. 두들겨맞고.(웃음) 진
실화해위원회에서 진상 조사를 하는 조사관들이 고문 피해자들을 만나는
방들이 전부 그렇게 생겼어요. 대공분실 분위기죠. 이쪽에 앉아서 질문하고
대답하고. 그걸 받다가 도망쳐 나온 사람들이 많습니다. 보안사 생매장 사건
의 김정환이나 지금 무죄 받은 유서 대필의 강기훈이나. 진실을 밝히겠다는
의지 같은 것은 있지만, 국가폭력의 생존자들이 어떤 고통, 어떤 아픔을 겪
고 있는가에 대한 의식은 전혀 없는 거죠. 조사관들이 정말 열과 성의를 다
해서 조사를 할 것 아닙니까? 운동권 했던 사람들이 들어갔으니까 사명감
에 불타죠. 그러다보면 감정이입이 되고 동화가 됩니다. 그래서 생존자의 트
라우마가 전이가 돼서 2차 트라우마를 입게 되거든요. 남아공에서는 조사
관들에게 PTSD(외상 후 스트레스 장애)는 무엇이고, 당신들이 조사하는 사
람들은 어떤 특성을 가지고 있다, 이런 것들을 경찰이 심문하듯 하는 게 아
니라 마주앉아 편안한 분위기에서 쭉 교육시켜요. 그리고 한 달에 한 번씩
임상심리 전문가나 정신과 의사가 조사관들을 다 모아놓고, 참여외상이라

강용주

고 하는데요, 참여외상에 대한 교육을 합니다. 그리고 중간중간에 '당신이 예쁜 딸 얼굴만 봐도 좋았는데, 괜히 짜증나고, 성질나고, 술 먹고 잠 안 오고, 마누라한테 화내고, 그러면 당신은 심적 외상을 입은 것이다, 당장 상담을 받아야 한다'고 말합니다. 그런데 여기는 희생자의 고통을 중심에 놓지도 않았고, 조사하는 사람들이 참여외상을 입는 것도 아무도 챙기지 않았어요. 진실화해위원회 2대 위원장이 안병욱 씨 아닙니까? 그 안에 있는 조사관들이 참여외상을 입어 너무 힘들다고 해서 임상심리사를 한 명 채용했는데요, 1년 지나니까 재계약을 안 하고 그 사람한테 나가라고 했습니다. 이런 게 뭐가 필요하냐고. 이렇게 희생자의 고통이 빠진 물질주의적 과거 청산과의 싸움을 했던 것이죠. 그게 저는 가장 컸다고 생각해요. 두번째로는, 어쨌든 트라우마의 생존자 치유를 우리 사회의 중요한 과제로 올렸다는 것이라고 생각합니다. 우리가 지금 그렇게 얘기하잖아요. 세월호 사건이 났을 때도 그랬고요. 그런 것이 없었을 때 그걸 과제로 제기했다는 거죠. 세번째로는 그게 구체적으로 현실화된 것이 광주트라우마센터였다는 거죠. 저는 광주트라우마센터에서는 그런 것을 이야기했어요. 광주트라우마센터의 모토, 우리의 클라이언트들에 대해 기본적으로 가져야 할 것은 존경과 감사의 마음이다, 당신들이 살아 있어서 고맙습니다, 당신들이 이렇게 싸워주셔서 고맙습니다, 고문 피해 생존자를 치유하는 힘은 외부에서 오는 것이 아닙니다, 80년 5·18에 자식을 잃고, 30년을 싸워오면서 우리 사회의 민주화를 만들어온 5·18 부상자와 유가족은 단순한 피해자가 아닙니다. 그 사람들은 생존자고, 우리 사회의 민주화를 만들어낸 영웅들이죠. 광주트라우마센터가 하는 일은 생존자들이 저마다 자기 안에 갖고 있는 치유의 힘을 제대로 발휘할 수 있도록 돕는 것이지, '우리가 당신들을 치유해주겠다' 하는 것이 아니에요. 네번째는 그런 거였어요. 광주트라우마센터를 하면서 5·18 트라우마센터라는 말을 안 쓰려고 했던 이유. 80년 5·18 이후에 얼마나 많은 사람들이 광주에 빚진 마음을 가지고 싸웠습니까? 얼마나 많은 사람들이 분신하고, 투신하고, 노동 현장에 들어갔나요? 저는 광주가 그분들을 같이 기억해야 한다고 생각해요. 그래서 광주에서 광주를 넘어 같이해야 한다는 생각에, 5·18 유가족뿐만 아니라 민주화운동까지 포괄하는 국가폭력 피해자 전반을 치유하는 센터가 되어야 한다는 거였죠. 그런 부분을 계속 강조했고요. 그리고 또하나, 80년 5월의 광주가 해방의 공동체였던 한편으로 트라우마의 공동체이기도 했다는 겁니다. 광주가 민주화에 영웅적인 힘을 발휘하긴 했지만, 트라우마의 공동체로서 한계, 아픔, 왜곡이 있을 수밖에 없습니다. 그래서 그것을 넘어 광주가 이제는 치유의 공동체로 나아가자, 사회정의를 실현하고, 사회적 약자와 연대하고, 그래서 인권과 민주주의를 위해 같이 싸우는 그런 치유의 공동체로 나아가자, 그런 방향성을 세웠다는 것에 대해서는 자부심이 있습니다. '당신 무슨 일 했어?'라고 하면, 여러 가지 일이 많았죠.(웃음)

어떤 일들이 있었나요?(웃음)

광주트라우마센터는 보건복지부 시범사업입니다. 보건복지부와 광주시가 매칭펀드를 했죠. 이 사람들은 일반적인 정신 질환을 치료하는 광역 정신보건센터를 하겠다고 한 거고, 우리는 국가폭력치유센터를 하겠다고 한 거예요. 그 부분에서 싸움이 제일 컸었죠. 우리 센터의 정체성을 지키느라요. 또 한편으로는 광주시하고도 싸웠어요. 제가 광주에 있었던 4년 반 동안 2년 반을 윤장현 시장이랑 싸웠습니다. 광주시가 보건복지부 입장을 대변해서요. 강운태 시장 때는 싸움이 해결됐습니다. 강운태 시장은 80년 5·18 때 국보위 위원이었습니다. 내무부에서 파견 나온 과장으로 있었다고요. 그러니까 광주시장을 하려다보니 5·18이 자기 아킬레스건이잖아요. 그래서 더 도와주려고 했죠. 생색을 내보려고 했고요. 그래서 강운태는 싸우고 나서 약속을 하면 지켜요. 그런데 윤장현이 시장이 되고 공약으로 그랬어요. 광주트라우마센터를 아시아 치유 허브로 만들겠다고. 센터도 방문하고 자기 인수위에서도 그렇게 말해서 당연히 될 줄 알았죠. 그런데 이 사람이 관료들한테 잡혀가지고, 센터의 방향성과 독립성의 문제로 싸우는 거예요. 약속을 했으면 지켜야 하지 않습니까? 그런데 안 지켜요. 이렇게 2년반 동안 싸우다가 온 거죠. 그래서 광주트라우마센터에 가서 뭘 했냐고 하면, 센터의 독립성과 자율성을 위해 보건복지부, 광주시와 싸웠고, 그중 3분의 2는 윤장현 시장과 싸웠어요. 저는 광주트라우마센터를 할 때 3년 정도면 된다고 했습니다. 그런데 윤장현 이 사람이 가운데서 엉망을 만들어놨어요. 예를 들면 광주트라우마센터 건립 기금을 국회에 넣어서 만들었어요. 30억을. 구리시 국회의원 윤호중 의원이 예결위 계수조정소위로 들어갔습니다. 그때 한나라당 원내대표 최경환 의원이 경산 지역구에 200억짜리 자전거 도로를 넣었죠. 마지막에. 그러니까 계수조정위원이 이것도 넣자고 한 겁니다. 자기 지역구에다 안 넣고 광주트라우마센터 건립기금으로 넣은 거죠. 윤호중 의원뿐만 아니라 보건복지부 의원인 70년대 운동권이었던 분들, 남윤인순 의원 같은 분들이 트라우마센터 일이라면 다 나서서 도와줬습니다. 광주에서는 강기정 의원이 하고. 그래서 그 예산을 만들었는데, 윤장현 시장이 보건복지부에서 반대한다고 그 예산을 반납한 거 아닙니까?(웃음)

타인은 놀이공원이다

이런 치유센터가 많이 만들어져야 하지 않겠습니까? 세월호 도 국가폭력 피해라고 볼 수도 있을 것 같습니다. 강연도 하 시고, 치유 과정에 참여도 하시는 것 같은데요.

세월호, 안산에 직접 결합을 한 것은 아니고요, 광주트라우마 센터가 만들어졌고, 특히 국가폭력과 관련해서 치유 문제를 광주가 먼저 시 작했기 때문에 그 경험들을 그분들과 나누는 거죠. 저는 한 고통이 다른 고 통을 위로하고 치유할 수 있다고 믿거든요. 고통에는 치유의 힘이 있다고 생 각해요. 국가폭력의 생존자들에게 치유의 힘이 있듯이 말이죠. 80년 5·18 당시 유가족들이 세월호 사건 피해 학생들의 부모들 나이였어요. 5·18 때 고등학생들이 가장 많이 죽었잖아요. 세월호 유가족과 5·18 유가족이 만났 을 때 5·18 유가족인 어머니들이 그렇게 얘기했어요. '아이고, 어쩔 거나, 우 리 애 죽었을 때, 내가 저 나이였는데, 저것들을 어떻게 할 것이냐.' 세월호 유가족들도 30년 후의 자기 모습을 보는 거죠. 국가로부터 배제되고, 끊임 없이 트라우마를 입었던 5·18 유족들의 고통을 보면서 거꾸로 위로를 받는 거예요. 세월호 유가족들이 자기들이 겪은 고통을 누구한테 설명하고 이해 시킬 수 있겠어요. 세월호 유가족들이 광주에 와서 5·18 유가족들 만나서 하는 말씀이 이래요. '어머님들 보니까 너무 좋아요. 아무 말 하지 않아도 우리 마음을 알아주니까요.' 5·18이라는 아픔이 세월호라는 또다른 아픔 을 위로하고 치유하는 데 가교 역할을 하는 거죠. 실질적으로 많은 일을 하 는 것은 5·18 유가족, 부상자 들이고요, 저희 센터는 중재자 역할을 했다고 생각합니다. 중재자로서 발언해야 할 부분이 있죠. 당사자들만 치유받는 것 이 아니고, 우리 사회가 다 치유받을 거라고 생각합니다. 그런 사회적 치유 를 우리가 어떻게 해낼 것이냐, 그런 얘기들을 쭉 하는 거죠.

강용주

세월호 사건을 두고 진보와 보수가 정치적 해석을 달리하다 보니까 갈등이 엄청나게 큽니다. 얼마 전 집회에서는 보수 단체들이 광화문의 세월호 조형물을 태우기도 했고요. 이런 갈등의 해소가 쉽지 않아 보이는데요.

염치 있는 사회가 되어야 할 것 같습니다. 염치라는 것은 타인의 고통에 대한 연대이기도 하고, 자기 자신에 대한 부끄러움을 아는 거잖아요. 두 가지 측면이 있어야 하는데, 지금 우리 사회는 그렇지 않다는 거죠. 진영 논리로 받아들이잖아요. 진실이 무엇인지, 어떤 부분이 밝혀지고 어떤 부분이 밝혀지지 않았는지, 이런 것들에 대해 서로 대화하고 토론할 수 있어야 정상 사회죠. 우리 사회는 극단적으로 분열되어 있기 때문에 그런 부분이 어려워요. 세월호가 지금 목포 신항에 올라와 있잖아요. 그때 음모론이 얼마나 많았습니까? 그 많은 음모론을 제기했던 사람이 지금도 우리 사회에서 중요한 스피커로 작동하고 있잖아요. 과연 저쪽만 그러는가, 아니에요. 지난번 대선 때 〈더 플랜〉이라는 영화에서 개표 조작을 주장하지 않았습니까? 거기에 대입했던 수치를 이번 대선에 적용하면 똑같은 수치가 나오잖아요. 요괴가 춤추면 이성이 잠들거든요. 우리 안에 요괴는 없는지, 우리 안의 요괴가 춤추도록 계속 둔다면, 그리고 거기에 열광한다면 이런 분열도 더 심해질 거라고 생각해요. 그런 단계의 치유는 폭력적인 것이 될 수밖에 없다고 생각합니다. 저는 그것을 우려하는 거죠.

아까 세월호 유족들이 광주에서 예전에 상처받았던 유족들을 보며 위로받는다고 하셨는데요, 5·18 유족들의 상처도 아직 아문 게 아니지 않습니까? 그분들의 치유 과정을 보면서 어떤 것을 느끼셨나요? 그리고 앞으로 어떤 것들을 해나가야

타인은 놀이공원이다

한다고 생각하십니까?

광주에 있는 분들은 그렇게 얘기하세요. '야, 든든한 우리 편이 생겼다'고. 당신들이 아파하고 힘들 때 늘 자기편이 되어주는 든든한 우군이 생겼다고요. 5·18과 관련해 이러저러한 일들이 생기잖아요. 가령 전두환이 육사 가서 사열을 받았다든가, 홍어 택배 어쩌고 하는 5·18 폄하 발언이라든가, 망월동에서 〈임을 위한 행진곡〉을 못 부르게 한다든가, 이런 게 다시 트라우마를 입는 과정이거든요. 그럴 때마다 저희가 개입해서 치유를 하니까, 옛날로 돌아가긴 하지만 옛날처럼 심하게 돌아가지는 않는다고, 오래가지는 않는다고 말씀하세요. 그리고 어느 상황이 되었든, 항상 우리 편이 있다는, 든든한 아이템이 있다는 그런 위안을 얻으시는 것 같습니다.

들어줄 사람이 있다는 것은 중요하죠. 지금까지 몇 분 정도 상담을 하셨습니까?

내담자들은 200~300명 정도 됩니다. 5·18 관련된 분들이 5,000명 정도, 광주전남에 계신 분들은 2,000여 명 되는데요, 그중 15~20퍼센트가 광주트라우마센터와 관계를 맺었으니까 엄청 많이 오신 거죠. 그리고 저희가 생존자들의 이야기를 사회적으로 공유할 수 있는 분위기를 만들었던 거죠. '마이 데이'라고 생존자 한 분을 주인공으로 모셔서 온전히 그분의 이야기를 귀기울여 듣고 공감하는 프로그램이거든요. 이 프로그램을 하면 지역에서 신문 기자들도 오고, 유력 인사도 와서 같이 들어요. 당사자들은 자기의 아픈 이야기를 꺼내놓음으로써 공감을 받고 지지를 받아 속이 좀 풀린다고 하고요, 청중들은 이야기를 들으면서 치유되는 느낌을 받고, 5·18에 대해, 유족이나 부상자들의 아픔과 고통을 모르고 외면해서 미안하다고 하거든요. 그러면서 사회 자체가 하나의 치유적인 공동체로 발전하는 것이죠. 치유라는 것은 개개인뿐만 아니라 사회적인 지지와 연대가 있어야 가능하잖아요. 그것들이 만들어지는 거죠. 그러다보니 지난 대선 때도 그렇고, 지금은 정치하는 사람들이 광주에 오면 첫번째로 방문하는 곳이 망월동 국립묘지와 트라우마센터잖아요. 그 정도 위상을 갖게 된 겁니다. 5·18 부상자들이나 유족들은 그게 자기들의 든든한 힘으로 작동한다고 생각하는 거죠.

고문은 한 사람의 육체와 정신을 파괴하고, 평생 지워지지 않는 트라우마를 심는데 그걸 어떻게 극복하셨나요?

극복이라는 말은 좀 그런 것 같아요. 극복하는 것이 아니고, 그것으로부터 일어서는 건데, 다시 옛날로 돌아가는 것은 아니죠. 새로운 관계를 형성하는 거예요. 고문이라는 것은 존재를 근본적으로 파괴하는 행위잖아요. 존재가 파괴되면서 나의 몸과 나의 정신이 분리가 되고요. 나와 공동체가 분리되죠. 뿐만 아니라 내 몸은 지금 여기에 있지만, 나의 영혼은 그때 그 자리에 계속 갇혀 있죠. 치유라는 것은 지금과 분리된, 그때 거기에 갇혀 있는 나의 영혼을 통일시키는 과정이에요. 몸과 마음을 통일시키는 과정이고, 또 공동체와 단절되었던 관계를 회복하는 거죠. 고문이나 트라우마를 겪게 되면서 일상의 삶이 결딴나는 거잖아요. 새로운 방식으로 일상의 삶을 재건하는 것이 치유라고 생각해요. 그런데 치유의 힘은 생존자 내면에 있다고 하잖아요. 그게 가장 중요한 것이고, 또 그걸 뒷받침해주는 공동체의 지지와 연대가 있어야 하죠. 저희는 상처 입은 치유자라고 합니다. 나의 내면의 소리, 양심의 소리에 귀기울이면서 전 존재를 걸고 싸워 마침내 승리한 사람인 거죠. 저는 그렇게 이야기해요. 프레모 레비가 '가라앉은 자'와 '구조된 자'를 이야기하잖아요. 가라앉은 자는 아우슈비츠에서 죽은 사람이고,

레비는 거기서 살아남아 구조된 자입니다. 저는 구조된 자나 가라앉은 자가 아닙니다. 저는 가라앉은 자 가운데 스스로 일어선 자입니다.

고문 피해를 당하신 분들은 그 기억을 잊고 싶어서 고문 가해자를 기억하지 못하는 경우가 많다고 들었습니다.

제가 그래요. 우리 선생님들을 보면 거기에서 있었던 일을 사진처럼 기억하시는 분들도 많아요. 그걸 어떻게 잊을 수 있냐고 하죠.

수십 일을 같이 먹고 자면서 육체적, 정신적 고통을 준 사람이니 잊지 못할 수도 있는데, 너무 아픈 기억이니까……

내 기억 속에서 미뤄놓아야 생존할 수 있죠. 망각도 생존의 방법입니다. 저는 잘 기억이 나지 않아요. 그냥 멍한 느낌이죠. 80년 5·18 때도 5월 26일에 어머니한테 큰절을 하고 YMCA를 갔죠. 그러고 나서 총을 들고나왔는데요, YMCA에 네댓 시간을 있었어요. 사람들이 수십 명 있었는데, YMCA 체육관의 뽀얀 형광등 불빛만 기억나거든요. 나머지는 기억이 나지 않아요. 목숨 걸고 싸우다 죽겠다고 간 아이가 그걸 기억하겠습니까? 안기부에서 고문당했을 때도 어땠겠어요. 이 고문으로부터 살아남기 위해 그 사람들이 짖으라면 짖고, 핥으라면 핥는 개가 되어 있는데, 나머지는 기억할 수 없는 거죠. 그래서 재밌는 이야기가 있어요. 시국 사건이나 조작간첩 사건 등 큰 사건이 났을 때 최고 권력자는 그 문제에 대해 어떻게 반응했을까, 그 문제를 어떻게 처리했을까, 이게 궁금하잖아요. 그런데 조사를 해봐도 또렷이 나오는 게 없어요. 딱 한 건이 있죠. 국가정보원 과거사진실위원회에서 나온 책에 보면 딱 하나, 최고 권력자가 개입한 사항이 있어요. 그게 각하 지시사항이라고 하는 건데, 저와 관계된 내용이었어요. 전두환한테 보고를 했

더니 '강용주라는 놈이 광주 촌놈인데, 왜 서울을 왔다갔다했느냐, 그런데
왜 수사 결과에는 관계가 없는 것으로 나오냐, 그 관계를 밝혀라' 하는 게
지시사항이에요. 한홍구 교수가 저를 만나서 '용주야, 너 안기부 있을 때 수
사 중반 갔는데, 갑자기 널 달아매서 두들겨팬 적이 없냐'고 해요, 중반 정도
가면 덜 맞거든요. '잘 기억이 안 나는데요. 기억이 없어요' 하니까 화를 막
내시는 거예요.(웃음) '그게 왜 기억이 안 나냐. 잘 생각해봐'라고 해요. '전두
환이 그렇게 했으면 하루나 이틀은 엄청 고통스럽게 만들었을 텐데, 왜 기억
이 안 나냐?'고 해요. 그만큼 전두환이 우리한테 관심이 있었고, 구미유학생
사건의 강용주한테 특별한 관심이 있었던 겁니다. 그게 제가 이 사건에서
핵심적인 인물이 된 이유였죠.

**현대 의학은 고문의 상처를 발견하지도 못하고, 후유증 진단
이나 치료도 하기 어렵다고 말씀하셨는데요, 그 부분에 관심
을 갖고 계신 것 같습니다.**

저는 고문에도, 치유에도 관심 없어요.(웃음) 매년 6월 26일이
면 UN 고문생존자 지원의 날 행사를 합니다. 2008년에 UN 고문생존자 지
원의 날 10주년을 맞아서 그 행사 제안을 했어요. 그래서 그다음부터 서울,
광주에서 하고 있죠. 그리고 국가인권위원회에서 고문에 관한 책들을 번역
했어요. 이스탄불 프로토콜에 관계된 매뉴얼 북 같은 책들을 제가 소개해
서 우리나라에서 처음 번역을 하게 됐죠. 국가인권위원회에 2년간에 걸쳐
제안을 했어요. 그렇게 고문 치유에 관한 이론적인 것들을 소개하고, 광주
트라우마센터에서도 외국책을 들여와 만들어냈죠. 지금은 다른 분들도 많
이 하니까 제가 꼭 해야 할 일은 아닙니다.

14년간 옥바라지를 하셨는데, 어머님 조순선 여사를 생각하시면 특별한 감정이 들 것 같습니다.

세상에 어머니가 왜 있을까…… 신이 다 돌보지 못해서 자기 대신 어머니를 보낸다고 하잖아요.(웃음) 누구에게나 소중하고 특별한 존재가 어머니죠. 제가 어머니한테 감사하는 것은 그런 거예요. 어머니가 언제나 나의 선택을 지지해주고 함께해주셨다는 거죠. 80년 5월 18일부터 시위에 참여해 19일부터 사흘 동안 집에 안 들어갔습니다. 친구들과 유인물 만들고 그랬거든요. 집에 안 들어오니까 제가 죽었다고 생각하셨겠죠. 그때는 핸드폰도 없을 때니까요. 제가 성격이 그래요. 뭐 하나에 꽂히면 경주마처럼 그것만 쳐다보는 스타일입니다. 좌고우면을 안 하죠. 5·18에 참여하면서도 어머니한테 전화를 해야겠다는 생각 자체가 없었어요. 어머니는 제가 죽었다고 생각해서 병원마다 찾아다니고, 시체가 있다는 데는 다 가보셨다고 해요. 어머니 말씀이 당신만큼 5·18 때 시체를 많이 본 사람은 없을 거라는 거예요. 80년 5·18 때도 저와 함께 싸우신 거죠. 교도소에 있을 때도 어머님은 늘 제 편이었어요. 어떤 선택을 하든 간에 말이죠. 엊그제 보안관찰법 위반 관련 무죄를 받았다고, 광민회, 광주민주화회의인가 하는 곳 선배들이 축하한다고 해서 광주에 내려갔거든요. 거기 운동권 선배들이 모여 있는데, '우리는 용주 너 잘 몰라. 어려서 감옥 들어가 14년 있었고, 병원 하면서 서울에 있었잖아' 하시는 거예요. '우리 용주보다 어머님이 열 배는 더 훌륭해. 우리는 용주 어머님이 너무 훌륭하신 분이라서 용주를 알지, 용주는 잘 모른다'고 그러시더라고요.(웃음) 어머님은 나만큼, 나와 똑같이 싸워주신 거죠. 출소했을 때 제가 그랬어요. 제가 자그마한 승리라도 했다면, 그건 어머님과 함께해서 거둔 승리였다고요. 출소한 다음에는 어머님을 모시고 살았고요, 서울에 있을 때도 어머니가 한 달에 1주일씩은 계속 와 계셨어요. 시

강용주

간이 나면 어머님 모시고 여행 다니고 그랬어요. 어머님이 언젠가 돌아가신
다고 생각하면 슬프긴 하죠. 저는 감옥에서 나와 18년 동안 어머니와 많은
것을 했어요. 아직 못다 한 것도 있지만 충분히 공감하고 공유하고 즐겼다
고 생각해요. 그런 얘기 하잖아요, 부모님 장례식장에서 가장 서럽게 우는
자식이 불효자식이라고. 저는 울긴 울겠지만, 별로 많이 울 것 같지는 않아
요.(웃음)

**2013년 〈광주일보〉 창사 61주년 기념 광주전남 미래인물 61
인, 2014년 광주 MBC 창사 50주년 희망인물로 선정되셨는
데요, 정치권에서 연락은 없었나요?**

애기가 나오려고 하다가도 간첩 강용주라고 하는 순간 쑥 들
어갑니다.(웃음) 우리 사회에서 간첩이라는 건 천형 같은 거예요. 아무리 조
작이다 뭐다 해도 그것을 수용할 만한 정당들이 없죠. 저도 그럴 거라고 생
각하고요. 잠깐 얘기가 왔다갔다하지만 금방 들어가버립니다. 광주에 보궐
선거가 있을 때 누가 좋겠냐고 하면 광주 사람들이 절 추천한다는 얘기를
듣긴 했습니다. 그런데 검증 들어가면 간첩이구나, 비전향 장기수고, 그러면
앗 뜨거, 하지 않겠어요. 권은희 씨가 나왔던 보궐선거가 재밌었죠. 김한길
씨가 합당하기 전 당대표였을 때 그 보궐선거를 했어요. 세 명을 놓고 민주
당에서 여론조사를 했나봐요. 권은희하고 저하고 강위원 이렇게 세 사람이
요. 그런데 저에 대해서는 뭐라고 했냐 하면 '구미유학생 간첩단 사건으로
무기 징역을 받았고, 비전향으로 나온……' 그랬대요. 그런 전화를 받고 누
가 지지를 하겠어요.(웃음) 죽음의 키스지. 기자가 알려주는데 그런 설문이
었고, 5.6퍼센트인가 나왔다고 하더라고요. 정말 나쁜 놈들이다, 나한테 물
어보지도 않고…… 그런 정도였죠.

사실 정치라는 게 많은 것을 바꿀 수 있는 영역이기도 한데, 기회가 되면 하실 생각도 있나요?

저는 넓은 의미에서 정치적인 행위를 계속하고 있어요. 좁은 의미의 정치는 불가근불가원인 것 같아요. 저같이 간첩죄로 들어가서 비전 향으로 나온 사람이 정치를 하겠다고 하는 순간 못하게 되죠. 제 나이가 50대 후반이잖아요, 62년생이니까. 이제 나이가 많죠. 그래서 정치 쪽은 별로 생각하지 않고요, 그냥 재밌게 살자, 한 번 왔다 가는 인생인데, 후회 없이 재밌게 살자는 생각입니다.

트라우마센터도 여러 군데 지어야 할 것 같은데, 국가나 사회가 어떤 지원을 해야 한다고 생각하십니까? 그간의 공적 지원이 물질주의에 빠진 과거 청산이라는 지적도 많이 하셨고, 실질적인 피해자들을 위한 활동이 아니었다고도 말씀하셨는데요.

지난해 5월 문재인 대통령이 광주에 오셨잖아요. 행사에 참가하시고 식당에서 오찬을 하셨죠. 5·18 관계자 등이 참가했는데, 그때 그 자리에 있었던 5·18 유족, 부상자, 유공자 들이 광주트라우마센터를 국립 기관으로 만들어달라고 했습니다. 대통령께서 두 가지 말씀을 하셨어요. 하나는 5·18에 대한 진상 규명이었고, 또하나는 광주트라우마센터를 국립트라우마센터로 만들겠다고 하신 거였죠. 저는 큰 결정을 하셨다고 생각합니다. 국가가 나서서 치유사업을 하면 그 자체로 효과가 크거든요. 과거 국가 폭력의 가해자가 이제 진실을 규명하고 그 피해자들을 치유하기 위해 나선다는 것은 그것만으로도 치유적인 힘을 갖습니다. 그런데 광주트라우마센터를 국립으로 만드는 일을 보훈처에서 하게 되면 문제가 있어요. 보훈처는 보훈 대상자를 상대로 하잖아요. 보훈 대상자 대부분은 한국전쟁이나 월남전 관계자고요. 5·18은 극히 일부잖아요. 민주화운동 관련자들이나 민주화운동 과정에서 죽거나 고문당한 열사 가족들은 국가보훈 대상자가 아닌 것이 되죠. 그래서 저희가 국립트라우마센터 국립화 주무부처를 행정안전부로 해달라고 쭉 이야기했던 거예요. 행안부에서 민주화운동 관련 사업들을 총괄하잖아요. 5·18과 더불어 다른 민주화운동 관계자도 포함하는 센터를 만들자고 한 거죠. 그래서 행안부에서 하기로 했어요. 방법은 두 가지인 것 같아요. 광주에 국립트라우마센터가 만들어지면, 지부나 동등한 자격으로 제주 4·3, 부마, 서울 이렇게 같이 갈 수 있겠죠. 그게 하나의 방식이고, 아니면 다 독립적으로 할 수도 있을 텐데요. 어쨌든 거점을 두고, 같이 가는 게 좋지 않을까 싶어요. 그래야 통일성을 가질 수 있고요. 그리고 국립트라우마센터를 운영하게 되면 센터장을 임명할 것 아닙니까? 문재인 정권에서는 취지에 맞춰서 하겠지만, 보수 정권이 들어오면 자기들 입맛에 맞는 사람을 임명할 거 아니에요. 그러면 의미가 퇴색할 수 있잖아요. 그래서 국립트라우마센터가 되면 사회적 합의와 고민이 모여야 한다고 생각합니다. 국립트라우마센터장이라면 아마 중앙부처 국장급 정도가 될 텐데, 정권 바뀔 때마다 낙하산으로 임명하면 엉망이 되지 않겠어요. 그런 부분에 대한 제도적인 고민을 해야 한다고 생각합니다. 전 세계 60여 개국에 200여 개의 치유센터가 있는데요, 정부 주도로 모든 걸 운영하는 곳은 노르웨이와 우루과이 두 나라뿐이에요. 그 두 나라는 모든 의료를 국가에서 총괄하기 때문에 가능한 일인데, 나머지 국가폭력 치유센터들은 정부에서 지원을 받든 못 받든, 펀드를 받긴 하지만, 독립성과 자율성을 갖는 조직입니다. 덴마크에 있는 고문 피해자 치유센터가 세계에서 최초로 만들어졌는데, 예산의 90퍼센트를 외교부에서, 10퍼센트를 복지부에서 지원받아요. 예산은 국회에서 통과

되고요. 이사회는 시민단체, 코펜하겐 의과대학, NGO, 이렇게 구성되죠. 그래서 자율성을 갖는 겁니다. 정부에서 지원은 하지만 간섭은 하지 않죠. 국가폭력의 가해자인 국가가 만든 치유센터가 지원은 받되 간섭은 받지 않는, 독립성과 자율성을 갖는 센터가 되려면 어떻게 해야 할 것인가, 저는 그게 큰 고민입니다. 정권은 늘 교체되기 마련이니까요.

요즘 활발하게 벌어지고 있는 미투 운동에도 그런 면이 있는 것 같습니다. 여성들의 트라우마가 봇물처럼 터져나오고 있죠.

세상에는 계급이 있잖아요. 자본가 계급이 있고, 노동자 계급이 있고, 소자산 계급이 있고, 노동자들 중에도 정규직이 있고, 비정규직이 있고, 실업자가 있잖아요. 이 모든 계급의 밑바닥에 여성, 아동, 노인이 있어요. 세상의 절반인 여성이 불평등과 차별의 밑바닥에 있는 거고요. 여성이 제대로 평가받고, 존중받지 않고서는 세상이 변할 수 없어요. 이제야 진정으로 세상이 변화하는 조짐이 나타나고 있는 거죠. 우리 사회가 이 과정을 거쳐서 확 바뀌어야 하는데, 이상한 음모론들이 계속 결합되잖아요. 미투 운동은 사회적으로 근본적인 혁신과 성찰, 반성을 요구하는 거예요.

고문 가해자들이 처벌받은 경우는 거의 없지 않습니까?

두 명 있었죠. 세번째가 재판을 받고 있고요. 첫번째는 부천 서성고문사건의 권귀동. 조영래 변호사 등이 싸워서 결국 구속시켰죠. 그런데 그것도 절반이었어요. 그때 대책위원회를 했던 경찰 간부, 검찰을 기소하지 않은 게 검찰이잖아요. 그들은 누구도 처벌받지 않았어요. 두번째는 김근태 사건의 이근안. 그런데 이근안을 감싸던 사람들은 처벌받지 않았어요.

그리고 지금 재판을 받고 있는 사람이 보안사 출신의 양천구청장 추재엽이에요. 이 사람은 자기는 고문을 한 적이 없다고 하죠. 재일동포들이 고발을 했는데, 본인은 허위조작이라고 해서 고문 의혹을 제기한 사람이 유죄를 받았어요. 그랬는데 재일동포들이 일본에서 날아와 '저 사람이 맞다'고 증언을 해서 구속됐죠. 검찰은 한 번도 처벌받지 않았어요. 고문 수사관들도 처벌받지 않았고, 공범인 검찰도 처벌받지 않았습니다. 국제사회에서는 그렇게 이야기해요. 고문 없는 세상을 위한 첫번째 과제는 처벌하는 거라고요. 고문 가해자에 대한 공소시효 없는 처벌. 불처벌과의 싸움만이 고문 없는 세상을 가능하게 한다는 거죠. 고문 가해자들이 지금 당장은 처벌받지 않더라도, 10년 뒤든 20년 뒤든 언젠가는 처벌을 받는다면 권력이 시켜도 고문을 하지 않겠죠. 지금 얼마나 많은 사건들이 재심에서 무죄가 나왔습니까? 재심 사건의 고문 수사관이나, 고문을 은폐했던 검사나, 재판에서 고문당했다고 했을 때 외면했던 판사, 이 사람들은 처벌하지 않잖아요. 재심을 통해 무죄 판결을 받았는데, 그래서 명예는 회복했는데 가해자에 대한 처벌은 없는 거죠. 당신이 무죄를 받았으니까 용서하라고 해요. 도대체 용서할 놈이 누구입니까? 저는 잘못됐다고 생각합니다. 그래서 김대중, 노무현 정권의 과거 청산은 불처벌을 전제로 한 과거 청산이었다고 얘기하는 거고요. 불처벌을 전제로 한 과거 청산이었기 때문에 우리 사회가 바로잡히지 않는 겁니다. 고문에 대해서는 공소시효를 배제하도록 법률을 개정하고, 그래서 추후 무죄 판결이 나오면 해당 고문 수사관들을 처벌해야 합니다. 그래야 다시는 우리나라에서 그런 일이 벌어지지 않겠죠.

마지막으로 해주실 말씀이 있는지요?

저는 세상과 불화하는 사람으로 있고 싶어요. 그러면서도 늘 즐겁고 유쾌하게 사는 사람, 동네 병원 하면서 생활인으로, 그리고 친구들과 이태원 가서 싱글 몰트도 한잔하고, 클럽 가서 음악도 듣고, 그렇게 자유롭게 살고 싶은 거예요. 우리는 남과 같이 살도록 되어 있지 않은 자유로운 영혼이에요. 그렇게 살다 갈 수 있었으면 좋겠어요. 중요한 것은 그거예요. 저는 스스로 싸움을 만들지는 않아요. 사람들은 잘 안 믿지만요. 2016년 12월에 체포영장이 나왔을 때 포천의 요양병원에 있었는데, 형사 두 명이 오더니 수배에 걸려 있다고 같이 가자고 하더라고요. 영장도 없이 왔어요. 무슨 소리냐, 못 간다고 했죠. 2016년인데, 무법천지예요. 현행범도 아닌데 말이죠. 한 명은 남아 있고, 한 명이 가서 팩스 영장을 가지고 왔더라고요. 민변 회장인 정연순 변호사한테 문자를 넣었어요. '나를 잡으러 왔는데, 팩스 영장을 갖고 왔어. 거부해야 해, 말아야 해?' 그랬더니 정연순 변호사가 '낄낄낄. 300만 원 벌었네' 하는 거예요. 팩스 영장이 나와서 거부하는데 강제로 연행하면 300만 원을 배상하도록 하는 판결이 나와 있다고, 판결문까지 보내주는 거예요.(웃음) 제가 고민을 했어요. 나이도 50대 후반이고, 병원에 사람들도 이렇게 많은데 악쓰면서 강제로 끌려갈 게 뭐 있나, 나 300만 원 포기할래, 했죠. '당신들 이거 불법이다'라고 지적만 했죠. 지난 두 번처럼 벌금이 나올 줄 알았어요. 그런데 이 사람들이 저를 형사 기소해서 재판정에 올렸잖아요. 그래서 제가 죽자 살자 싸운 거지, 저 스스로 링 위에 올라간 게 아니에요. 하지만 아무리 작은 싸움이라도 일단 링 위에 올라가면 전 존재를 걸고 최선을 다합니다. 링 위로 안 불러줬으면 좋겠어요.(웃음) 정말 부탁입니다. 나도 힘들어요. 저에 대한 해시태그 운동을 할 때 마음에 들었던 문구가……

강용주

나도 강용주다······

나도 강용주다, 강용주에게 놀 자유를 허하라, 그게 제일 마음에 들었어요.(웃음) Let it be. 그냥 내버려두면 좋겠습니다. 물론 프로불편러로서 사회에 빛과 소금이 되는 이야기는 하고 싶지만, 일부러 싸우지는 않아요. 저는 사회 공동체와 어우러져 살고, 사회적 약자와 소외된 사람들 편에서 그 사람들과 같이 살아가는 사람일 뿐입니다. 그것만으로도 바빠 죽겠으니까 국가권력은 저를 그냥 내버려두세요.(웃음)

겉모습만 봐서는 그렇게 고생하셨다는 생각이 들지 않기도 해요. 낙천적인 성격이어서 힘든 시기를 견디신 것 같기도 하고요.

그렇죠. 감옥에서 교도관이 저한테 그랬어요. 무기징역 받고 대전교도소에 있을 때, 그때가 제일 힘들었거든요. 그즈음에는 젊은 교도관들이 많이 들어왔어요. 지나가다가 '강용주 씨, 뭐 그렇게 좋은 일이 있어요?' 해요. '뭐 좋은 일이 있겠냐? 징역 살기 힘들어서 죽겠구만' 했더니 '지금 혼자 노래 부르고 있잖아요' 하는 거예요. 제가 혼자 책 보면서 콧노래 부르고 흥얼흥얼하고 있으니까 교도관이 무기 받아서 사는 놈이 전향도 안 하면서, 하고 한심스럽게 보는 거예요. 제 신조는 그거예요. 피할 수 없으면 즐겨라. 아무리 감옥이라도 인상 쓰고 살기보다 재밌게 사는 게 낫잖아요. 제가 99년에 출소했을 때 그런 말을 했었어요. 대통령은 준비된 대통령인데, 저는 준비 안 된 출소자라고.(웃음) 저는 감옥에서 전향 제도나 준법서약서와 싸울 생각만 했지, 밖에 나가서 무엇을 할 것인지 대해서는 준비하지 않았어요. 나한테 중요한 것은 '지금 여기'거든요. 담 밖의 세상은 나의 세상이 아니었어요. 언제라도 나갈 수 있다고 생각하지만, 나갈 때까지의 나는 지금

타인은 놀이공원이다

여기에 있는 사람이기 때문이죠. 근본적으로 낙천적인 사람이죠. 그래서 나는 내일보다는 지금 이 순간이 중요한 사람입니다. 지금 이 순간을 즐겁게. 교도소에 있을 때 이북으로 간 비전향 장기수 선생님이 저한테 그랬어요. '아이고, 강용주는 저기 고비사막에 혼자 떨어뜨려놔도 웃으면서 잘 살 거다.'(웃음)

우리에게는
실전 담론이 필요하다

이은의

변호사

이은의 법률사무소를 운영하고 있는 이은의 변호사를 만났다. 이은의 변호사는 1998년 삼성에 입사, 2005년 상사의 성희롱 문제를 제기한 후 사내에서 불이익을 겪은 뒤 송사를 벌였고, 5년여 만에 승소했다. 그후 '삼성을 상대로 싸워 이긴 최초의 여성'이라는 수식어가 붙었고, 로스쿨에 진학해 변호사가 되었다. 그녀는 인터뷰 내내 현실에 적용 가능한 실천적인 담론이 중요하다고 강조했다. 우리는 매뉴얼은 있지만 개별 사안에 적용할 수 있는 담론은 부족하다는 것이다. 그녀는 갑도 을을 존중해야 하지만, 을 역시 조금 불편하더라도 갑과의 소통을 게을리하지 말아야 한다고 강조했다. 저서로 『삼성을 살다』 『예민해도 괜찮아』가 있다. 인터뷰는 2018년 1월 4일에 이루어졌다.

월간 〈채널예스〉 인터뷰를 보니까 '삼성을 상대로 싸워 이긴 최초의 여성'이라는 표현이 나오던데요, 그 싸움이 지금의 한국 사회에서는 어떤 의미를 갖는다고 생각하십니까?

사람들이 '회사 다니면서 싸울 수 있어, 조직이 없어도 싸울 수 있어, 권리가 있으니까 그 권리를 구현할 수 있어'라고 생각하지 못하잖아요. 그 부분에 방점이 찍히지 않을까 싶어요. 저도 '그 싸움을 할 수 있을 거야'라고 생각하기 이전에 '그렇게 해도 될까, 이게 가능할까' 하고 많이 생각했었거든요. 제가 따라갈 수 있는 이정표가 없었어요. 학교를 비롯해서 한국 사회가 노동에 대한 권리를 가르치지 않잖아요. 약자로서의 권리를 가르치지 않습니다. 여성으로서의 권리, 학생으로서의 권리, 노동자로서의 권리에 대해 배운 적이 없는 것 같습니다. 성교육을 예로 들면, 아이는 어떻게 생기고 출산은 어떻게 하고, 이런 걸 가르치지, 성적 자기 결정권에 대해 가르치지 않는단 말이에요.

지식만 가르치지 지혜는 가르치지 않는 거죠.

직장 내 성희롱이라는 말 자체도 제가 싸우기 전까지는 잘 몰랐어요. 강간이라면 심플하죠, 오히려. 그런 교육을 받아본 적이 없어요. 노동법이라는 게 있는 줄도 대학에 가서 수강 신청을 할 때 알았고요. 제 사건으로 싸우기 전까지는 노동법이 어떻게 생겼는지 본 적도 없었어요. 삼성에 노조가 없잖아요. 의논할 데가 없단 말이에요. 삼성에 있는 노사협의회는 싸우는 주체가 아니에요. 협의하는 주체지.(웃음)

협의회니까요.(웃음)

말 그대로 협의하는 거잖아요. 한국 사회는 약자로서의 권리에는 무엇이 있고, 그 권리가 침해되었을 때는 어떻게 싸워야 하는지 가르치지 않아요. 그에 대한 담론도 없고요. 어디 가서 누구에게 물어봐야 할지를 모르는 거죠. 저는 일단 소송을 걸어볼까, 소송을 걸 수가 있다네, 노동부에도 뭘 해볼 수 있다네, 이렇게 더듬더듬 찾아가고 잘릴 때 잘리더라도 일단 시작하자, 자르면 그때 짐을 싸자는 생각이었어요. 원래도 저축하는 스타일이 아니었는데 회사랑 싸울 때 처음으로 돈을 아껴봤어요. 언제든 나를 자를 거야, 내일 출근했는데 책상 없으면 어떻게 하지, 이런 생각을 한단말이에요. 매일 그런 생각을 하면서 출근하는 거예요. 통근버스에서 내리면회사 식당에서 밥을 먹거든요. 사무실에 올라갔는데 책상이 없어도 너무놀라지 말자는 생각을 했어요. 진짜로.(웃음) 지금은 이렇게 웃으면서 얘기하지만 그때는 진지했죠.

실제로 그런 일들이 있으니까요.

처음 1, 2년은 그런 마음이었거든요. 만 4년 중에 2년 정도 그랬어요. 나중에 가서야 자르지는 않는다는 걸 알게 됐고요. 자르지는 않으니까, '최저로 연봉이 책정되더라도 돈은 들어오겠군, 됐어'라고 생각하고 싸웠어요. 싸우면서도 '설마 이기겠어' 했는데, 이기더라고요. 이기고 나서 방송에서 보도를 할 때도 제 표현을 할 권리가 있잖아요. 억울함에 대해 말할권리. 그런데 그걸 하면 잘릴 것 같은 거예요. 고소당하면 어쩌지 하는 걱정부터 시작해서 감당 못할 책임이 머리에 떨어질 것 같은 생각이 들었죠. 그랬는데 그 기간을 지나고 나서 저도 알고 남들도 알게 된 거예요. 다니면서도 싸울 수 있고, 싸우다보면 잘될 수도 있고, 잘되면 그다음 길이 열릴 수도 있다는 걸. 애초에 권리가 뭔지, 싸울 수 있는지를 몰랐으니까 시도하지않았던 거예요. 제 싸움은 결과보다 시도와 과정에 방점을 찍어야 할 것 같아요. 이겼다는 사실에만 의미가 있는 건 아니에요.

어릴 때부터 자부심이 강했고, '나 이은의야'라는 생각을 많이 하셨다고요.

타고나길 낙천적인 면이 있어요. 지나고 나서 보면 힘들었던 일도 좋은 추억이 되기도 하고, 교훈이 되기도 하는 것 같아요. 그리고 나중에 무언가를 할 때 필요하면 그런 교훈들을 꺼내 쓰는 거죠. 30대 중후반에 회사와 싸움을 시작했을 때는 그러는 게 체화되어 있었고, 싸우면서 완전히 강화됐어요. 제가 영화 공부를 해야겠다고, 글을 써야겠다고 회사를 휴직했었는데요, 그것도 회사랑 싸울 때 도움이 됐어요. 블로그를 운영하고, 보도자료를 쓸 때 도움이 되더라고요.(웃음) 사람 만나는 걸 좋아해서 이 사람, 저 사람 만나고 다녔는데요, 회사랑 싸우면서 기자들이나 활동가들을 만날 때 정보를 캐치하는 데 도움이 됐어요. 회사에서 일했던 경험도 당연히 도움이 됐고요. 개똥도 약에 쓸 때가 있다더니, 역시 이거였어, 하는 생각이 들었죠.(웃음) 로스쿨 졸업하고 나오면 대부분 몇 년은 어려움을 겪는데, 저는 사무실 열고 어려움을 겪었던 적이 없어요. 문전성시까지는 아니었지만, 꾸준히 누군가 찾아주셨어요. 사건을 찾기 위해 동분서주하지 않아도 되었고요. 그것도 제가 걸어온 삶의 이력 덕분이라고 생각해요. 그래서 힘들 때도 이게 전부는 아닐 거야, 하고 스스로 바닥을 치게 하는 내성이 있는 것 같아요. 특별히 잘하는 것이 있어서 그런 게 아니라요.

〈여성신문〉에 「피해자와 피해의식 사이」라는 칼럼을 쓰셨잖아요. "피해자에게는 보호가 필요하지만 피해의식에는 치료가 필요하다. 한국 사회에 만연한 여혐이나 약자를 향한 혐오

역시 실제 피해가 아니라 피해의식에 기반한다"고 하셨는데요, 그 반대의 경우도 있을 수 있지 않습니까?

맞아요. 피해의식의 연장이라고 생각해요. 일단 전제는 이겁니다. 한국은 성폭력 문제를 비롯해서 약자가 당한 피해에서는 죄와 벌이 균등하지 않아요. 오늘 인터뷰에 앞서 저를 찾아온 사람이 있어요. 성폭력도 당하고 폭력도 당한 친구인데요, 폭력이 먼저 기소가 됐고 남자가 약식기소로 벌금 50만 원을 받았어요. 무고죄는 실형이나 집행유예가 나오거든요. 반면 여자를 때려서 눈이 반 이상 멍들고, 2, 3주 동안 안 빠질 정도였는데도 고작 벌금 50만 원이 나온 거예요. 죄와 벌의 균형점이 달라요. 피해자들은 본인이 입은 피해에 비해 가해자에 대해 갖는 분노가 과도한 경우가 아주 많아요. 누적된 피해가 있는 거죠.

사회가 치유에 도움을 주지 않고, 중재를 해야 할 사람들이 오히려 더 상처를 줘서 피해의식도 깊어지는 것 같아요.

이상한 중재를 해요. 가운데 있어야 하는데, 실은 가운데 있지 않거든요. 2차 가해가 되는 경우가 많고요. 이런 환경 속에 있으니 피해자가 두 번 멍들고, 세 번 멍들고, 그 멍든 것이 가해자에게 향하는 거죠. 우리 사회는 성폭력이 무엇인지는 잘 가르쳐주지만, 가해자에게 얼마나, 어떻게 책임을 물을 수 있는지는 잘 알려주지 않아요.

경찰 공권력만 봐도 들쭉날쭉하죠. 평화시위에는 공권력을 과도하게 투입하고, 주취폭력범에게는 오히려 끌려다니기도 하고요. 한국 사회에 담론 자체가 제대로 형성되어 있지 않기 때문이죠. 공권력을 어떻게 써야 하는지에 대한 매뉴얼이 없

타인은 놀이공원이다

는 거잖아요.

작년인가 재작년에 미국에서 최초로 직장 내 성희롱 문제를 제기한 여자 변호사가 있는데요, 어떤 영화감독이 그 변호사의 다큐멘터리를 찍었어요. 인권위 담당자가 연결해줘서 같이 영화를 봤어요. 20~30년 전 미국이 배경인데, 이런 문제가 발생하고 불거지면 학교 등에서 그 문제에 대해 토론을 해요. 직장 내 성희롱 예방 교육 강사를 양성하기도 하고, 직장 등 조직에서는 1년에 몇 번 이런 교육을 이수해야 한다는 의무도 주어져 있지만, 사실 우리는 일방적으로 전달만 하잖아요. 거기서 끝. 각자 생각하는 거예요. 또 제각각이 되는 거죠. 미국에는 담론이 있기 때문에 이런 문제가 일어나면 거기에 부합하는 운동이 이어져나가고 사회는 그걸 흡수해요. 미국이 이상적인 사회는 아니지만, 합리주의라는 게 분명히 있거든요. 한국은 그게 없어요. 담론이 없어서 그래요. 교육 과정에도 담론이 없어요. 전형적이지 않은 갖가지 사건들이 있어요. 이 사건들에 대해 여러모로 판단을 해야 하는데, 이게 주입식 교육이나 매뉴얼로 되는 게 아니거든요. 매뉴얼의 기본 골격을 만드는 것도 가치관에 근거한 담론이잖아요. 그 부분에서 우리 사회는 너무나 부족한 거예요.

우리가 담론을 채우려면 어떻게 해야 할까요?

교육부터 바꿔야죠. 교육이 바뀌어야 문화도 바뀔 테니까요. 약자에 대한 차별이 부당하다는 교육이 전제되지 않은 채 여성 차별만 얘기하는 건 말이 안 돼요. 차별은 여성만 당하나요? 여성, 장애인, 어린이, 노인도 있잖아요.

이은의

〈색다른 시선, 김종배입니다〉에 출연하셔서 '한국에는 아직 보복성 미투가 많다'고 하셨는데요.

폭로는 답이 아니에요. 고소를 하고 법적으로 해결을 해야 하는데, 그런 노력을 하기 싫어하거나 노력하려는 의지가 애초에 좌절되어 있는 거죠. 그래서 일단 저격하기 위해 폭로해버리는 겁니다. 이건 문제가 있어요. 한국에서는 여성들이 피해를 계속 감수해요. 여성들만 탓할 수는 없지만, 그러면 법리적으로 해결하기 어려운 지점이 발생합니다. 성폭력에 피해 당사자의 이해관계가 개입되면 법으로 규율할 수 있는 게 없어져버려요. 당사자의 선택이 개입되면 그건 폭력이 아니거든요. 하지만 '여자들, 당신들 선택이잖아'라고 얘기하기에는 여성들이 처한 사회 구조가 너무 열악하고 척박해요. 그건 범죄만 처벌한다고 없어지는 게 아니죠. 이 부분을 반드시 같이 고민해야 합니다.

그런데 소수이긴 해도 여자들의 명백한 거짓말, 무고 때문에 자살한 남자들의 경우가 최근에도 서너 건 보도됐거든요.

성폭행당해서 자살한 여자는 훨씬 더 많아요.(웃음)

그렇긴 한데요, 그렇다고 그게 문제가 되지 않는 건 아니라는 것을 변호사님이 더 잘 아시잖아요.(웃음)

그렇죠.(웃음) 자살할 만큼의 무고니까요. 그런 경우에는 집행유예가 안 나와요. 성폭력 무고가 생각보다 처벌이 셉니다. 성폭력 사건에 대해 무고를 적용하면 안 된다고 생각하지 않아요. 그런데 강간 사건이나 강제 추행 사건을 맡다보면 말도 안 되는 부분에까지 '안 했을 수도 있다'는 합리적 의심을 적용해요. 그래서 무죄가 나온단 말이에요. 합리적 의심의

타인은 놀이공원이다

적용 폭이 넓은 거죠. 그런데 성폭력 무고죄의 경우 합리적 의심의 적용 폭이 굉장히 좁아요. 그것을 피부로 엄청 느껴요. 예를 들어볼게요. 질문이기도 해요. 알게 된 지 얼마 안 된 남자가 강아지를 보고 싶다거나, 잠깐 들러 차 한잔하고 싶다면서 여자 집에 왔어요. 여자가 싫어, 하지 마, 하는데, 침대에 눕히고 순식간에 옷을 벗겼어요. 하지 말라고 밀기는 했는데, 그 이상의 저항은 하지 않았어요. 너무 당황스러웠지만 사귈까 말까 고민하던 관계여서 크게 화를 내지도 않았고요. 남자는 평화롭게 돌아갔어요. 남자가 돌아가고 여자는 생각했어요. 나는 싫다고 했는데, 왜 그랬지? 학교에서 배운 대로라면 이건 성폭력이야, 하고 신고를 했어요. 그랬더니 나중에 검사가 무고로 기소를 했어요. 어떻게 생각하세요?

법정에서 다툴 여지가 있지만, 무고라고 보기는 어려울 것 같은데요.
이런 사건들이 무고로 빵빵 맞아요.

고등학생에게 성추행을 당했다고 주장해서 그 고등학생이 자살했는데 집행유예를 받은 사례가 보도된 적이 있거든요. 판사마다 다르게 판결한다는 거 아닌가요?
아무래도 형량은 그런 부분이 있고요. 그것 때문에 자살했을 수도 있지만, 자세히 기록을 들여다봐야죠. 복합적인 일이 있을 수 있으니까요. 실제로 성폭행을 하고 고소당해서 자살하는 경우도 있거든요. 제가 이런 사건만 서너 개 하고 있어서 알아요. 피해자는 성폭행을 당하면 반쯤 얼이 나가요. 나이가 어릴수록, 뜻밖일수록 더 그렇죠. 그런 사건들의 특징을 보면 남자애들이 삽입에 꽂혀서 일이 빠른 시간 안에 이루어져요. 5분에서

10분 내외죠. 이런 사건들을 늘 접하니까 타임라인만 보고도 여자애가 원해서 한 게 아니네, 할 때가 있어요. 그런데 수사 기관이나 재판부는 그런 부분은 생각하지 않고, 강제로 했다는 것을 입증할 만한 앞뒤 정황이 없으면 강제로 한 게 아닌데 신고했을 수도 있다고 보는 거죠. 가해자 중심의 시선이죠. 또 예를 들어볼까요? 직장 선후배 관계예요. 비정규직 여직원과 선임인 정규직이죠. 환영의 의미라며 술 한잔하자고 불러요. 이쪽에서는 나이가 어릴수록 '회식인가?' 하고 나가요.(웃음) 갔더니 혼자 있어요. 그렇다고 '혼자 계시네요?' 하고 자리를 뜨지는 못해요. 술을 먹어요. 먹었더니 이 사람이 손을 잡아요. '뭐지?' 하는데, 자기가 이번에 승진을 해야 하는데 기를 받아야 한다고 개소리를 해요. 그리고 이건 최근에 제가 당한 추행 사례인데요, 누구랑 밥을 먹었어요. 공직에 계신 분인데, 저한테 '예쁘고, 사랑스럽다'고 해요. 그리고 갑자기 손을 잡는 거예요. '뭐지?' 하면서 빼려고 하니까, 자기가 이번에 승진을 앞두고 있는데 좋은 기를 받고 싶다는 거예요. 그 이후로는 당연히 연락 안 하죠. 그런데 어린 피해자들은 그 상황을 어떻게 모면해야 할지 판단하기 어렵습니다. 물론 저라고 예외는 아니었죠. 예전에 직장 다닐 때 옆 팀 과장님이랑 술을 먹는데, 갑자기 손을 잡아요. 손만 잡지 다른 짓은 안 해요. 신원이 확실한 사람이죠. 그런데 제가 갑자기 '너는 치한이야' 이렇게 얘기할 수 있겠어요? 그렇다고 유연하게 '그런데 손은 좀 놓고 얘기하실까요?' 이게 됐겠어요? 상황 봐가며 뺐을 거 아니에요. 이런 일들이 많아요. 남자가 비틀비틀하니까 여자가 택시를 잡아주러 같이 가면서 넘어지기라도 할까봐 남자 팔을 잡아요. 그런데 CCTV로 보면 손잡은 것처럼 보여요.

왜 자리를 안 뜨고 챙겨줬느냐······

　남자가 여자를 골목으로 끌고 갔는데, 거긴 CCTV가 없어요. 거기서 여자한테 강제로 입을 맞추면서 혀를 넣으려고 했대요. 여자는 그제야 남자의 목적을 알고는 부랴부랴 택시를 타고 자리를 떠요. 나중에 신고를 했는데 앞뒤 화면만 가지고 무고죄로 고발당한 거예요. 유명한 사건입니다. KBS 기자가 가해자고요. 피해자인 말단 여직원은 몇 년째 고생하고 있는데요, 국민참여재판 1심에서 졌어요. 제가 진 것은 아니고요, 남이 하고 있는 걸 가져와서 항소심중인 사건 사례예요. 국민참여재판에서 검사의 논리나 가해자의 논리를 보면요, 여자가 먼저 스킨십을 했는데, 갑자기 하지도 않은 키스를 했다고 하고, 그리고 설령 했다고 하더라도 그게 무슨 추행이냐는 거예요. 무고죄 유죄가 확정되고, 징역 9개월에 집행유예 1년인가 2년이 나와서 제 방으로 온 사건이에요. 이게 현실이에요. 그러니 무고로 고소를 당해 자살한 사람의 사례 때문에 무고의 범주를 넓혀야 하느냐고 반문하고 싶은 거예요.

그런 사례 때문에 다른 부분이 위축되어서는 안 된다는 말씀이군요.

　판례를 보면 검사는 피해자가 주장하는 성폭력이 없었다고 적극적으로 입증해야 한다고 나오거든요. 유죄가 되려면 말이죠. 하지만 실제로는 왠지 그럴듯해 보이는 소극적 증명만으로도 유죄가 나와요. 공평하지 않다는 거죠. 무고로 고생한 사람들은 성폭력 사건에만 있는 게 아니에요. 여성들, 피해자들 입장에서는 성폭력에 대한 무고를 특별히 덜 기소해야 한다고 말하고 싶고요. 무고라면 기소되는 게 맞아요. 성폭력 사안이라고 해서 더 관대하게 취급해야 할 이유도 없고요. 그렇다고 더 엄격하게 취급할 이유도 없다는 거죠.

여성들의 그동안의 분노가 표출되는 단계인 것 같아요. 남자들도 당황하고 있고요. 예전에는 무심코 했던 행동이 지금은 범죄 행위가 될 수 있잖아요.

외국은 더해요. 아까 제가 겪었던 일을 말씀드렸잖아요. 어떤 공직자가 식사 자리에서 갑자기 손을 잡았다고. 그런데 제가 그 일로 신고를 했다면 어떨까요? 사람들이 그러겠죠. 기를 받으려고 손 좀 잡은 걸 가지고 옷까지 벗어야겠어? 지난주에 사촌 동생이 한국에 왔어요. 중학교 때 호주로 건너가서 학교 마치고, 중학교 선생님을 하는데 저보다 일곱 살 정도 어리죠. 그 얘기를 했더니 깜짝 놀라면서 마치 여자 가슴을 만진 것과 같다는 듯이 반응하는 거예요. 호주에서는 손끝도 건드리면 안 된다고 하면서요. 한국은 손잡은 걸로 추행으로 기소되지는 않아요. 물론 성희롱이 될 수는 있지만요. 평소에 안 하면 되는 거예요. 과거에 해서 마음에 걸려도 괜찮아요. 이미 한 걸 어떻게 해요. 앞으로 안 하면 됩니다.

사과하고……

과거에 그랬다면 사과해야죠. 제가 직장 생활을 오래했잖아요. 친하지도 않은 사람들이 엉덩이를 치기도 하고, 귀에 바람도 불어넣고 그랬거든요.(웃음) 그러면서 저랑 친했대요. 친했던 게 아니라 편했던 거잖아요. 그거 할 만큼 편했던 거 아니냐고, 가슴에 손을 얹고 생각해보라고 말하고 싶어요. 적어도 앞으로는 친해서 그러는 건지, 편해서 그러는 건지는 똑바로 구분해야죠.

타인은 놀이공원이다

자기 혼자 착각해서 아무한테나 들이대는 50대 아저씨들을 개저씨라고 부르기도 했죠.

나이 문제는 아닌 것 같아요.

그런 사람들한테 피해를 입는 여성이 꽤 많더라고요. 지하철역에서 처음 만난 사람이 모텔에 가자고 하는 경우도 있다고 하고요.

무섭죠.

그런데 처벌 수위는 그다지 높을 것 같지 않거든요.

그게 강제추행이 아니에요. 지하철역에서 따라오며 '아가씨 예쁜 것 같아요. 모텔에 갑시다. 한번 서로 만져줍시다'라고 했다 쳐요. 경범죄로 의율해볼 수야 있겠지만, 참 애매해요. 미풍양속을 저해하는 행위지만 강제추행은 아니고……

법을 만들어야겠네요. 처벌의 수위를 논의해볼 필요도 있겠고요.

스토킹, 특히 데이트 폭력에 대해서는 기준을 갖고 입법하려는 노력이 필요해요. 제 전공이 외국어고 해외 영업을 했다보니까 서양 친구들과 접점이 많은 편인데요, 그 친구들이 한국 영화를 보면 깜짝 놀라는 게, 여자가 싫다는데도 남자가 계속 따라다니는 거거든요.

열 번 찍어서 안 넘어가는 나무 없다……

한국에서는 순애보처럼 여겨지잖아요. 근성 있는 사람처럼

이은의

여겨지고요. 개소리가 교훈으로 담보되어 있는 부분들은 시정해야 하고요. 50대 아저씨들도 착각을 해서 그런 게 아니에요. 실은 자기편의주의적인 거잖아요. 50대냐, 20대냐의 문제가 아니고, 이런 사람들은 상대의 의사는 중요하지가 않은 거예요. 일방적인 거죠.

피하기도 어렵고, 두렵겠죠. 앙갚음을 당할지도 모르고요.

일반적인 폭행, 절도 범죄랑 다르게 스토킹의 대부분은 스토커가 얘기하는 연심에서 비롯됩니다. 스토커의 입장에서만 발현되는 연심이죠. 이별 통보도 의사 표현이잖아요. 그러면 존중을 해줘야죠. 물론 한두 번 전화도 걸 수 있고, 가끔은 어떻게 지내냐고 물어볼 수도 있죠. 그걸 가지고 뭐라고 하지는 않겠죠.

'자니?'(웃음)

그 정도가 아니라 집요하게 만나달라고 하고, 집 앞에서 기다리고, 집에 이상한 걸 보내는 등 스토킹으로 분류될 만한 행위들이 있잖아요. 여자가 스토킹을 하면 남자는 괴롭죠. 그런데 남자가 스토킹을 하면 여자는 무섭습니다. 어떤 차이인지 느껴지세요?

아무래도 남자가 찾아가서 여자를 죽이는 경우도 훨씬 많고 …… '훨씬'이 아니라 '압도'적이죠.

여자는 남자를 죽이려면 계획 살인을 해야 합니다.(웃음) 공수工數가 많이 들죠. 그 공수를 준비하다가 좌절하는 거예요. 우발적 살인이 일어나는 이유는요, 물리적으로 가능하기 때문입니다. 여자들이 평화를 사랑해서 칼을 안 드는 게 아니고요, 칼을 빼앗겨서 오히려 위험에 처할 확률이

타인은 놀이공원이다

높기 때문에 본능적으로 그런 짓을 안 하는 겁니다. 스토커의 연심에서 비롯되는 사건들은 가해자가 남자일 확률이 높아요. 그걸 관대하게 봐온 거예요. 성과 관련된 모든 일에는 불균형이 있어요. 변호사 일을 하기 전에는 이런 것에 둔감했어요. 저는 엄밀히 얘기하면 집단 내 성희롱 때문이라기보다는 성희롱을 고지한 다음의 불이익 때문에 회사하고 붙은 거죠.

문제를 푸는 과정에서 입은 피해 때문에……

저도 그때는 성에 대한 문제로 많이 고민하지는 않았어요. 계급적 차별에 대한 고민을 많이 했죠. 약자로서 취급받았던 것에 대해서요. 변호사 일을 통해 법을 접하고, 피해를 호소하는 광범위한 계층을 만나면서 젠더 의식이 확장됐어요. 젠더 의식이 확장돼서 이런 사건을 많이 맡게 된 것이 아니라, 이런 사건을 많이 하다보니까 그게 공고해지고 확장된 거죠. 스토커 문제도 피해자가 남자들이었다면 진작 법이 생겼을 겁니다. 국회의원 대부분이 남자니까요. 입법 주체들 대부분이 이런 문제를 겪을 일이 없었던 거예요. 자기도 접할 일이 없고, 주변 사람이 겪어도 내 일같이 느끼지 않는 거죠.

예전에 나온 얘기는 일단 빨리 신고를 하라는 것이었는데요, 막상 신고를 해도 처벌 수위가 높지 않기 때문에 보복을 당하는 경우도 있었고요. 신고를 해야 할지, 말아야 할지 피해자 입장에서는 고민이 많을 수밖에 없을 것 같습니다.

위험 수위가 높을수록 신고하는 게 맞아요. 신고를 안 했다고 해서 보복을 안 당하는 게 아니거든요. 신고를 해야 당할 수 있는 범죄 확률도 그나마 낮아져요. 제일 좋은 건 빨리 헤어지는 겁니다. 일이 일어나기 전에 헤어지라는 쪽으로 담론이 옮겨가서 그럴 겁니다.

**데이트 폭력도 폭력일 뿐이다, 특별한 상황처럼 포장돼서는
안 된다고 하셨죠.**

아까 제가 벌금 50만 원 얘기했잖아요. 길 가는 여자를 그렇
게 때렸으면 50만 원보다 더 나왔을걸요? 그런데 둘이 싸우다가 남자가 감
정이 폭발해서 때렸나본데 그럴 수도 있지, 여자가 양양거렸나보지, 이렇게
생각하는 거예요. 그냥 폭력으로 취급하라는 겁니다. 데이트 폭력이라는 말
을 붙이면 오히려 가볍게 처벌하는 방향으로 가니까요. 폭력은 그저 폭력일
뿐이라는 걸 인지해야 합니다.

**JYJ 박유천 씨를 성폭행 혐의로 고소해서 명예훼손과 무고
혐의로 고소당한 당사자가 대법원 무죄 확정 판결을 받았는
데요, 박유천 씨가 무혐의 판결을 받은 것과 모순된 판결 아
닌가요?**

무죄라 해도 성폭력은 성폭력이잖아요. 형사법으로 성폭력을
처벌할 수 있는 영역이 이만큼밖에는 안 되는 겁니다. 입증을 할 수 있어야
기소가 돼요. 피고인이 주장하는 내용은 성폭력이 맞는데 입증이 어려운 거
죠. 수사 기관은 애초에 이 사건을 무고의 관점에서 다루지 않았고요. 박유
천 씨를 고소한 첫번째 여성이 공갈을 한 건 사실이죠. 그게 아니었다면 이
사건은 기소가 됐을 겁니다.

타인은 놀이공원이다

그런데 공갈과 성폭행은 별개의 사안으로 다뤄야 하는 것 아닌가요?

맞아요. 이 친구가 공갈로도 처벌을 받았지만, 무고로도 처벌을 받는단 말이죠. 박유천은 화장실에서 여자가 오럴도 해주고 합의해서 했다고 하고, 여자는 박유천이 강제로 했다고 해요. 내부 상황이 좀 애매해요. 기소되기는 어려운 상황이었어요. 오럴을 해줬다고 했거든요. 밀폐된 곳에 왔고, 특별히 물리력은 행사되지 않았고요. 한국은 구강성교를 유사 성행위로 봐요. 유사 성행위가 전제된 다음에 성행위를 한 겁니다. 유사 성행위를 자발적으로 했잖아요. 그러니까 소리를 지르거나 별도의 저항을 안 했다면 연속된 합의로 볼 수밖에 없는 부분이 생겨요. 그런데 실제 이 친구가 처해 있던 상황을 보면, 업소에 나가서 이날 신고식 같은 걸 한 거예요. 나이도 어리고, 오늘 들어왔는데, 오럴을 해달라고 해요. 해주면 내보내줄 것 같아요. 그 친구의 주장이에요. 그래서 2초 정도 해줬다고 했죠. 그런데 갑자기 일으켜세워서 했다는 거예요, 첫번째로 고소한 여성의 이야기는. 박유천은 당연히 '다 여자가 자발적으로 했'고 하고요. 이것은 확실히 입증된 건 아니잖아요. 그런데 나중에 공갈을 한 것 때문에 일부러 유혹하는 상황을 만들어 그걸 도구로 협박했다고 본 겁니다.

꽃뱀으로……

공갈 미수는 유죄가 맞는데요, 무고에 대해서는 확신할 수 있을 만큼 입증했는지 모르겠어요. 왜냐하면 동일한 주장을 하는 사람이 네 명쯤 나왔다면, 신고를 한 여자의 입장에서는 성폭행으로 인식할 수도 있으니까요. 정말 성폭행일 수도 있다는 합리적 의심이 안 들었을까요? 저는 들더라고요. 그런데 무고에 대해 유죄를 때렸잖아요. 이들이 한국 사회가 극단

이은의

적 편견을 갖는 직업에서 종사해서 그런 거예요. 반면 가해자는 '쟤가 뭐가 아쉬워서', 이런 직업을 가진 사람이고요. 제일 먼저 고소한 사람이 무고로 판결을 받다보니까 나머지에 대해서는 조사 자체가 무고냐, 아니냐 쪽으로 흘러갔잖아요. 성폭력이냐, 아니냐가 아니라요. 술집 여종업원이고, 무고를 한 피해자가 끼어 있으니까 나머지 피해자도 피해자가 아닐지 모른다고 판단한 수사 기관에 대해서는 깊은 유감을 표하지 않을 수가 없었고요. 그래서 맡은 겁니다. 무혐의가 날 때까지는 제가 맡지 않았고요. 이 사건은 무혐의가 나고, 기소에 임박해와서 구속영장이 청구되기 1주일 전에 받았어요. 그때부터 거의 라이언 일병 구하기를 한 사건이었는데 정도 많이 들었어요. 폭풍처럼 몰아붙였죠. 작년 한 해가 이 사건으로 다 갔어요. 좋아요, 무혐의 날 수 있어요. 증거 불충분이니까 무혐의가 날 수 있죠. 그럴 수 있다고 쳐요. 그런데 무혐의가 무죄라는 건 아닙니다.

사귀다 헤어졌는데 강간을 당했다고 신고를 하는 경우가 있더라고요.

그런 경우도 많아요. 하지만 실체를 개별적으로 봐야 합니다. 저희 사무실에 이런 사건들이 많이 와요. 이 구간에서 이 구간까지 사귀었어요. 그 사이 어딘가에서 정말 폭행당하고 강간당하는 일이 있을 수 있어요. 그러면 이건 강간이 아닌가요? 강간이죠. 다만 이 기간부터 이 기간까지 성관계가 있었다는 게 문제가 돼요. 대부분은 합의하에 했는데, 그중 두 건쯤은 아닌 거예요. 컨디션이 별로였는데, 어디 여행을 갔어, 나는 할 생각이 없었는데, 남자친구가 억지로 했어, 딱히 싫다고는 안 했어, 나중에 돌아보니 당시에 얘랑 헤어지고 싶지는 않았고, 직장이나 학교 선배이기도 해서 막 굴면 안 될 것 같아서 응해주기는 했어, 하지만 내가 원하지 않았다는 건

충분히 알았을 거야, 내 의사에 반해서 한 거니까, 이건 성폭력이야, 안 그래요? 하고 찾아오시는 분들이 실제로 있어요. 이런 경우는 좀 어렵다는 거죠. 이런 일이 생각보다 많아서 깜짝 놀라거든요. 실제로 현행범으로 체포되는 경우도 있어요.

오래전에는 상상도 할 수 없었지만, 지금은 부부간에도 폭력적인 성관계는 강간으로 처벌받을 수 있는데, 이 경우도 말씀하신 것처럼 애매하잖아요. 일종의 폭력이라고 할 수는 있지만 법으로까지 가져가기에는……

그들 간의 성폭력이죠. 법이 의율하는 수위까지 도달해야 법률적인 폭력이라고 보거든요. 어떻게 입증할 건가요? 처벌이 그렇게 쉽게 되지 않아요. 여자들이 과열되어 있는 이유는 명백한데, 폭력을 저지른 사람이 처벌받지 않는 사건이 너무 많은 거예요.

여성가족부에 대해서도 문제 제기를 많이 하셨잖아요. 출산가족부로 이름을 바꾸는 게 낫겠다는 자조 섞인 농담도 자주 하셨고요. 남자들은 여성가족부라는 이름 때문에 역차별이라는 주장을 하기도 하고, 성평등부로 이름을 바꾸자는 의견도 있는데요.

성평등부, 여성부 다 좋은데요, 역차별 얘기를 하려면 평등이 이루어지고 난 다음에 해야 할 것 같아요. 역차별이 어디 있어요? 그런 건 아직 요원해요. 아직 한국에는 여성부가 필요해요. 다만 가부장적 가정 지킴, 출산 장려 쪽에 방점이 찍혀 있는 게 문제예요.

이은의

여성에 방점이 찍혀야 하는데 가족에 방점이 찍혀 있다······

기본적으로 육아 휴직은 여성이 많이 하고 있고, 그에 따른 불이익이 많으니까 그 문제를 여성부가 다루는 것은 유의미해요. 다만 그게 가족의 차원이 아니라 성평등의 차원에서 이루어져야 한다는 거죠. 누군가는 애를 낳고, 누군가는 애를 키워야 하잖아요. 그게 여성의 책임과 희생만으로 이루어지지 않도록 사회가 받쳐줘야 하는 거예요. 기본적 전제는 여성 차별이 없는 가운데 정책이 나와야 한다는 것인데, 정책이 본연의 것들을 압도하는 부분이 없지 않아요. 그래서 저는 여성가족부가 아니라 여성부가 되어야 한다고 생각합니다.

대한민국이 OECD 국가 중에서 남성과 여성의 임금 격차가 가장 큰 나라라고 합니다. 유리천장 지수도 최하위라고 하고요. 여성이 어떤 부분에서 가장 불리하다고 생각하십니까?

한국은 여성의 취업 자체가 문제죠. 유리천장은 그다음 문제고요. 대학 졸업자 수는 남녀가 비슷하잖아요. 대기업이나 중소기업에서 남녀를 어떤 비율로 뽑았는지 숫자 관리를 해볼 필요가 있어요. 물론 노동부도 해야 하지만, 여성부도 해야 합니다. 여성부와 노동부가 협력을 해야 하는 지점이에요. 노동 차별의 문제이지만, 특정 영역에 대한 차별의 문제이기도 하잖아요. 여자들이 남자들보다 계산 능력이 특별히 출중해서 캐셔 일을 하겠어요? 계산은 어차피 기계가 해주는데요. 대형 마트 캐셔, 청소 용역, 돌봄 노동을 대부분 여자들이 하는 이유는 사회가 그들에게 그런 일밖에 안 시켜주기 때문이에요. 졸업자 수도 5대 5, 구직자 수도 5대 5인데, 뽑아놓으면 9대 1, 이상하잖아요. 7대 3이라고 해도 문제가 있다고 할 판인데 말이에요.

타인은 놀이공원이다

작년에 여혐이라는 말이 굉장히 많이 나왔죠. 여혐에 대한 정의도 갖가지인 것 같습니다. 여혐을 어떻게 정의하시나요?

여성을 혐오하는 거죠, 뭐.(웃음) 여성이니까 혐오하는 거잖아요. 기승전결이 없어요. 피부색, 나이, 종교 등을 가지고 그러는 것처럼, 성별만 갖고 여성인 것 자체가 잘못이라고 하는 거예요. 그게 여성 혐오인 거죠.

성폭력 피해자들의 경우 2차 가해가 문제가 되잖아요. 수사를 받을 경우에도 그렇고, 주변의 시선도 문제가 되고요. 실제로 변호사님도 찜질방에서 성추행을 당하고 경찰서에 가셨을 때 가족분들이 새벽에 와서 '왜 집에서 안 자고 그랬냐'고 하셨다는데, 걱정돼서 하는 얘기지만 피해자 탓을 하는 것처럼 느껴지기도 하잖아요. 그런 일을 당한 사람이 있을 때 주변 사람들은 어떻게 대해야 하나요?

저는 수사 기관과 주변 사람은 다르다고 생각하는데요, 수사 기관은 질문하는 게 맞습니다. 주변 사람에게는 수사 기관이 할 법한 소리는 쓸데없이 당신까지 하지 않아도 된다고 이야기하고 싶습니다. 너희는 수사 기관이 아니란다.(웃음)

책을 보니 처음에는 삼성이라는 조직이 무서웠을 수도 있을 것 같은데요. 반면 그들의 찌질한 대응에 당황스러웠을 것 같기도 하고요.

지나고 나니 그렇게 보이는 거예요. 당시에는 그렇게 보이지 않죠. 어느 순간 알게 된 거죠. 저들도 내 삶을 흔들지는 못하네. 그 사람들, 찌질했죠. 저는 삼성에서 일하는 사람들이 나쁘다고 생각하지 않아요. 그렇다고 대단하다고 생각하지도 않고요. 사실은 꽤나 건강한 사람들입니다. 성실히 자기 일상을 살아가는 이 시대의 전형적인 사람들이에요. 특별히 정의롭지도 않지만 특별히 나쁘지도 않은. 그래서 그 싸움이 가능했던 거죠. 여기서 제가 말하는 삼성 사람들에는 일반 직원들뿐만 아니라 멍청한 수뇌부, 그 수뇌부가 시키는 대로 하는 인사 행정 부서 사람들까지 포함되는데요, 다들 적당히 나쁜 거예요.

『삼성을 살다』를 읽다보니 박근혜 정권에서 일어났던 일들이 오버랩되더라고요. 권력을 잡긴 잡았는데 뭘 해야 할지도 모르겠고, 욕심은 많고, 책임감은 없고, 의전 같은 것에나 신경 쓰고 하는 것들이 비슷하더라고요. 그들도 엄청나게 나쁜 사람들이라고 할 수는 없잖아요.

그게 나쁜 거죠. 자기가 왜 그 자리에 있는지, 거기서 해야 할 일이 무엇인가에 대한 가치 철학이 없었다는 게 문제예요. 애초에 제 사건도 싸움으로 비화하지 않았을 수 있었어요. 책임감을 갖고 조사하고 처리해보자고 한 사람들이 있었다면, 저도 일정 부분 감수했을 겁니다. 그런데 그런 사람들이 한 명도 없었거든요. 너무나 열렬하게 조직을 위하는 사람도, 조직을 위해 이 사건을 잘 해결하려는 사람도 없었다는 게 저한테는 오히려 다행이었어요. 그래서 싸울 수 있었죠.

글쓰기가 싸움의 유용한 도구가 되기도 하고 스스로를 치유하는 도구가 되기도 했던 것 같습니다. 견디게 하는 힘이 됐을 수도 있고요.

큰 힘이 됐죠. 절대적 원천이었죠. 제가 이 사건을 그냥 기관

타인은 놀이공원이다

에 신고하고 변호사를 선임했어도 재판에서 이겼을 수 있죠. 아무도 모르게요. 그리고 회사가 일정 부분 보상했을 수도 있고요. 다른 식으로, 언더로요. 그런데 이 싸움의 과정이 유의미해진 것은 '내가 이 싸움을 통해 말하고자 하는 바는 이거야'라고 제가 공개적으로 말을 할 수 있었기 때문이에요. 그게 이 싸움의 성격을 바꿔났던 것 같아요. 당시에도 보도가 쉽게 된 게 아니었어요. 저 나름대로 기자를 분석하고, 매체를 분석하고, 만나야 할 사람을 선별하는 등 작업을 했습니다. 단순하게 제가 '이런 일이 있었어요' 한다고 관심 가져주지는 않거든요. 성희롱 사건이야 많잖아요. 어느 지점에서 어떤 것을 지적해야 하는지, 무엇을 써야 하는지, 그게 다 말과 글로 나오는 거잖아요. 기사가 나오고 관심을 받아요. 그렇지만 기사는 잠깐이에요. 재판도 잠깐이고요. 간극이 있잖아요. 그 간극이 혼자의 삶인 거죠. 글을 씀으로서 상황을 스스로 정리할 수 있고, 객관적으로 바라볼 수 있고, 자신을 치유할 수도 있고, 다음 일을 결정하고 선택할 수 있게 되는 것 같아요. 저한테 글쓰기는 절대적 무기죠. 육군 보병부대라고 할 수 있습니다.(웃음)

내부에서 싸웠기 때문에 어려운 점도 있었겠지만, 어떤 면에서는 유리하기도 했을 것 같습니다. 사람들의 대응이 바로바로 보이니까요.

유리한 점이 90, 불리한 점 10이었어요. 싸우려면 무조건 안에 있어야 합니다. 내부자들이 성찰을 안 하는 이유는 죄의식을 N분의 1로 나눠 가지기 때문입니다. 기본적으로 내가 내 자리에서 싸워야 사람들도 내부에서 생각을 해보게 되고, 과도하게 조직을 위하는 일이 생기지 않아요. 그나마 억제가 됩니다. 명분이 왜 중요하냐면, 회사는 싸우는 개인에게는 신경쓰지 않지만 싸움을 바라보는 내외부 사람들의 시선은 의식하기 때문입니다. 그러니 내가 이럼에도 불구하고 이 안에서 싸우고 있다, 이게 그 자체로 명분이 됩니다. 정말 중요해요. 그리고 어쨌든 모든 증거는 범죄 현장인 내부에 있습니다. 싸우기로 결심했을 때도 보이지 않았던 증거들이 나중에 안에서 나오기도 했어요. 또한 생계유지가 되어야 하잖아요. 사람들의 시선보다는 제 월급이 들어오는 게 중요했습니다. 기본적으로 삶은 유지가 되어야 하니까요.

"아직까지도 직장 내 성희롱 예방교육은 피해자의 시선보다 가해자의 시선에 맞춰져 있는 부분이 많다. 피해자 입장에서 갖는 성적 수치심이 무엇인지, 그것이 어디서 생겨나는지를 알려주기보다는 가해자 입장에서 해선 안 되는 행동들을 예시하는 데 더 많은 시간을 할애한다"고 말씀하셨는데요.

담론이 필요해요. 한국은 기초 교육을 하지 않는 게 문제입니다. 양방향 교육이 필요한데, 그게 안 되고 있다는 겁니다. 누가 누구를 가르치는 것만 교육으로 생각하잖아요. 어떤 행동을 하지 말라며 그걸 예시하는 일은 큰 의미가 없어요. 가해자의 시선이 담긴 교육이죠. 물론 이미 가해자인 사람에게는 교육이 되고, 유용할 수도 있어요. 저건 하면 안 되겠군, 다른 걸 개발해야지, 그럴 수 있거든요.(웃음) 가해자이고 싶지 않아서 불안하신 분들에게는 큰 도움이 안 됩니다. 그리고 피해자 입장에서도 피해 인지가 될 뿐이지 예방이 되는 것은 아니잖아요. 가해자 교육은 단순해요. 직장 상사를 대하듯이 부하 직원을 대하라. 상사 대하듯 주의하면 만지거나 할 일도 없겠죠. 그리고 피해자는 자책하지 말 것. 그러나 동시에 의사 표현을 분명히 하려는 노력과 연습이 필요해요. 자신을 지키고 방어하는 것은 기본적인 태도예요. 그리고 그건 의무이기도 합니다.

타인은 놀이공원이다

마지막으로 해주실 말씀은 없으신가요?

인터뷰를 하면서 느꼈는데요, 제가 무슨 말을 하고 살았는지 몰랐다는 거예요. 이렇게 많은 말을 세상에 쏟아내고 살았구나, 하는 생각이 들었습니다.(웃음) 어느 순간부터 자꾸 지금만 보고 있는데요, 물론 과거에서 적당히 벗어나야 하고, 현재를 생각하고 미래를 향해 가는 게 맞지만 과거 없이 현재가 있는 건 아니잖아요. 그런데 저한테 유리한 것만 자꾸 기억하는 거예요. 세상에 대해 내가 어떤 말을 했는지, 나는 어떤 길을 걸어왔는지 종종 잊는데요, 인터뷰를 하면서 그게 환기된 부분이 있습니다. 인터뷰를 통해 리프레시가 됐어요. '아하'가 아니라 '아, 그랬었지' 같은 리프레시요. 완성된 인간이라는 건 없어요. 끊임없이 돌아봐도 이 지경인걸요. 그동안 있었던 여러 가지 일들을 덕분에 돌아보게 됐습니다. 깨진 거울로는 사물을 제대로 비출 수 없죠. 스스로를 비추는 거울을 잘 갖고 있어야겠다는 생각을 한번 더 하게 됐습니다.

그 아이의 눈빛에
부끄럽게 살지 말자

주성하   기자

북한의 실상과 남북문제에 대해 치열하면서도 균형 감각 있는 글을 써온 〈동아일보〉 주성하 기자를 2018년 6월 4일 오전에 만났다. 주성하 기자가 생각하는 남북 관계, 북미 회담과 그 이후의 전망, 〈동아일보〉 기자를 선택한 이유, 통일로 가기 위해 남북한 사람들이 취해야 할 태도 등등에 대해 물었다. 그는 이해관계나 정파에 따라 사실관계를 왜곡하여 해석하는 것을 경계해야 한다고 거듭 강조했다. 주성하 기자는 김일성 종합대학 외국어문학부 영문과를 졸업했고, 1998년에 탈북해서 2002년 남한에 입국했다. 저서로는 『서울에서 쓰는 평양이야기』 『김정은의 북한, 어디로 가나』『남쪽에서 보낸 편지』 등이 있고, 블로그 '서울에서 쓰는 평양이야기'(nambukstory.donga.com)를 운영하고 있다.

요즘 아무래도 때가 때인지라 찾는 사람도 많고 바쁘실 것 같은데요, 근황은 어떠신가요?

바쁘긴 하죠. 항상 바빴습니다. 특별히 바쁜 게 아니라. 일에서 받는 스트레스는 거의 없는 편입니다. 그런데 회사일을 하면서 같이 해야 할 일이 많긴 하죠. 회사일이 70퍼센트라면 외부 일이 30퍼센트 정도 되는데요, 제가 감당할 수 있는 범위 내에서 100퍼센트로 수렴하는 편인 것 같습니다.

일을 찾아서 하시는 편이군요.

조용하면 근질근질해서 뭔가 벌려놓습니다. 책을 쓰든 뭘 하든 판을 벌려놓죠. 마흔 될 때까지는 새벽 세시 이전에 자본 적이 거의 없습니다. 지금은 체력의 한계가 있기 때문에 그렇게는 못 버티고요.

기자님 블로그에 보니까 누군가 '태영호 공사를 구하자'고 썼더라고요.

태영호 공사를 구할 게 뭐 있습니까?(웃음)

북한에서 암살을 할 가능성이 높다고 썼더군요.

공감하지 않습니다. 더구나 지금 같은 분위기에서 암살이라는 게 가능하겠습니까? 하나 얻으려다 오히려 열을 잃게 되겠죠. 북한 입장에서 태영호 공사는 이미 말할 것 다 말한 사람입니다. 입을 막으려면 탈출했을 때 막았어야죠.(웃음) 책까지 냈는데, 이제 와서 굳이 암살까지 할 필요성을 느낄까 싶습니다.

태영호 공사의 출판기념회 때문에 남북 관계가 잠시 냉각되지 않았습니까?

어쩌면 구실일 뿐이었죠. 그때쯤에 북한은 새끼를 꼴 필요가 있었고요.

핑계삼아……

핑계가 두 가지였는데요, 한미 군사 훈련이 시작되고 3일 뒤에 구실을 삼았지 않습니까? 훈련을 한다는 걸 북한이 모를 리도 없고요. 다 구실이죠. 태영호 공사가 국회에서 출판기념회를 했는데, 북한 통전부도 나름 전문가인데, 우리 시스템이 그것을 막을 수가 없다는 걸 너무나 잘 알지 않겠습니까? 제가 봤을 때는 미국하고 담판인데, 한국은 부속물입니다. 정세를 미국한테 과시하기 위해, 쉽게 말하면 시어머니한테 해보질 못하니까, 애 볼기짝이라도 때리는 상황이라고 할 수 있죠.(웃음)

문재인 대통령의 입장이나 위치에 대해서는 어떻게 보고 계십니까? 한쪽에서는 운전자론을 이야기하며 역할이 굉장히 크다고 하고, 한쪽에서는 한계가 있어서 아무 역할도 못하지 않느냐, 미국과 북한의 게임이라서 할 수 있는 게 별로 없지 않으냐고 하는데요.

저는 이 국면에서 문재인 대통령의 역할을 운칠기삼이라고 표현했는데요, 결국 문대통령이 아무리 운이 좋다 한들, 미국이나 북한의 필요가 없었다면 아무 역할도 하지 못했을 겁니다. 지금 상황을 반전시키고 이끌어가는 건 트럼프가 아니고 김정은이고요. 70퍼센트는 김정은이 만든 겁니다. 20퍼센트는 트럼프 대통령, 10퍼센트 정도가 문대통령의 역할이 아

타인은 놀이공원이다

닌가 생각합니다. 물론 모든 것이 다 중요합니다. 100을 만들어줘야 움직일 수 있는 모양이 나오는 것 아니겠습니까? 문재인 대통령의 역할이 10퍼센트라 해도 박근혜나 이명박 정권이었다면 그 정도도 할 수 없었겠죠. 하지만 절대적으로 따져보면 문대통령이 이끌어온 건 아니라고 볼 수 있습니다.

문재인 대통령 입장에서는 번개 정상회담이라고 하는 두번째 회담이 부담스러울 수도 있었을 텐데요, 지지율이 높다고는 하지만 여전히 발목을 잡으려는 냉전 세력이 있지 않습니까?
　　저는 부담스러웠을 거라고 생각하지는 않습니다. 문대통령도 남북정상회담이 가진 폭발력을 봤지 않습니까? 한번 하고 나면 지지율이 쩍쩍 올라가고요. 마다할 이유가 없죠. 더구나 김정은이 먼저 보자고 한 거고요. 부담이라면 국내보다는 트럼프를 의식했겠죠. 왜 너희끼리 짝짜꿍하느냐는 시각으로 바라볼 수 있으니까요. 그 상황에 문재인 대통령이 나서서 조정해야 할 필요는 있습니다. 트럼프 대통령이 회담 안 하겠다고 했지 않습니까? 김정은의 입장에서는 지금 몸값을 올리려고 벼랑 끝 작전으로 가고 있는데 미국에서 반발을 했거든요. 그걸 예상하지 못했을 겁니다. 지금까지 북한을 다뤄온 미국의 방식과는 달랐죠. 그래서 그날 저녁 직접 수습하라고 명령을 내리고, 본인이 몸소 온 거죠. 읍소 작전이라고 했는데, 그만큼 간절하다는 것을 보여준 거고요. 문재인 대통령도 이게 무산되면 엄청나게 타격이 크기 때문에 같이 들러리를 서준 거죠. 이심전심으로 트럼프한테 보여주기 위한 이벤트를 했다고 볼 수 있습니다.

김정은 입장에서는 굉장한 모험을 거는 것일 수도 있지 않습니까? 체제를 보장받는다고 하더라도 미국이 말을 바꿀 수 있는 상황인데요. 핵을 폐기하고 나면 갖고 있는 하나의 카드도 없어지고요.

저는 그렇게 보지 않습니다. 지금 북한이 핵을 쥐고 버티는 경우 2, 3년 뒤를 내다보면 자살골입니다. 그나마 나름대로 어느 정도 자신감이 있고, 죽을 확률이 떨어지는 쪽을 선택했다고 볼 수 있죠. 그리고 경제가 발전한다고 해서 김정은 체제가 흔들리는 것은 아닙니다. 어쩌면 더 공고화되는 기회가 될 수 있습니다. 지금 세계적인 흐름으로 보면 민주주의의 흐름이 퇴색하면서 장기 집권 국가들이 유행처럼 많아졌습니다. 시진핑의 중국이나 푸틴의 러시아처럼 권위주의적인 국가가 아니더라도요. 일본 아베도 역사상 두번째로 장기 집권을 하고 있지 않습니까? 독일의 메르켈은 어떻고요. 터키의 에르도안도 그렇고, 빅토르 오르반 헝가리 총리도 장기 집권 흐름으로 가고 있어요. 어느 나라를 막론하고 장기 집권을 뒷받침하는 가장 큰 힘은 결국 경제 성장에서 나왔습니다. 김정은 역시도 개혁, 개방하게 되면 인기가 얼마나 늘어나겠습니까? 그렇게 되면 북한 주민들이 다 김정은 만세를 부를 거라고 생각합니다.

김정은 입장에서는 어느 정도 권력이 공고화되어 있고, 여기에 경제 성장만 뒷받침되면 훨씬 더⋯⋯

그렇죠. 생생한 사례들이 있지 않습니까? 중국의 경우 개혁, 개방했어도 공산당 1당 독재에 아무 문제 없고요. 인터넷을 거의 다 개방하다시피 했지만, 21세기에 시진핑이 장기 집권 법안까지 통과시키지 않습니까? 푸틴 같은 경우는 시장경제 플러스 다당제까지 받아들였는데, 끄떡없지 않습니까? 김정은으로서는 통치 시스템이 중국이나 러시아보다 훨씬 더 강력하고, 나라가 작으니까, 얼마든지 컨트롤할 수 있다고 판단하고 있는 거죠. 경제가 발전하면 민주주의에 대한 요구가 많아진다는 이론도 있지 않습니까? 김정은도 바보가 아니기 때문에 경제 성장을 아주 덮어놓고 하지는 않을 것 같습니다. 속도 조절을 분명히 할 거고요.

미국도 그렇고, 한국의 일부 보수도 북한을 어떻게 믿느냐고 하는데요, 북한이 핵을 완전히 폐기하는 쪽으로 갈 수 있다고 보십니까?

저는 간다고 봅니다. 외교에서는 절대적인 믿음이라는 게 있을 수 없다고 생각하는데요, 믿는 것이 아니고 서로가 이해관계를 맞춰가는 거죠. 이해관계가 합쳐지면 개혁도 언제든 할 수 있고, 뭐든지 할 수 있는 거예요. 북한을 믿으라고 말하고 싶지는 않습니다. 그들이 하는 행위만 보면 됩니다. 북한이 핵 몇 개를 땅속에 파묻었다, 그러면 찾아내기는 불가능하겠죠. 그렇지만 제가 볼 때 진짜 중요한 것은 북한의 핵 폐기 선언입니다. 없다, 하고 '다 뒤져봐라' 이렇게까지 하게 되면 북한의 핵무기는 없는 것이나 마찬가지입니다. 숨겨둔 핵무기는 억제력도 없고, 협박용으로도 못 씁니다. 그것은 핵무기가 아닙니다.

반대로 북한의 입장에서는 미국이 하는 말을 어떻게 믿을 수 있느냐고 할 수 있는데요, 풍계리 핵실험장을 폭파한 다음날 트럼프가 북미회담 취소를 발표했지 않습니까?

북한 역시도 미국을 절대적으로 안 믿죠. 북한은 얻고 싶은 것만 얻으면 돼요. 신뢰 관계가 아니고 결국은 행동이라고 말씀드렸는데요,

미국을 믿거나 말거나 상관없이 핵 폐기를 주고 원하는 걸 받으면 됩니다. 일단은 제재를 풀게 하고, 국제 사회에 편입돼서 경제 활동을 하고, 정상적인 국가로 나아갈 수 있는 발판을 만들면 되거든요. 미국의 선의를 기대하지는 않을 거고요, 경제 지원도 기대하지 않을 거고, 아마 체제를 보장해준다는 말도 안 믿을 겁니다. 미국이 무슨 수로 체제 보장을 해줍니까? 리비아 내부 독재도 이웃 국가의 민주화 역량의 파급력과 합쳐져서 망한 것이지, 핵 폐기를 해서 망하지 않았다는 것을 북한도 잘 알고 있습니다. 일단 공식적으로 쳐들어오지 않는다는 불가침 조약만 맺게 되면 북한으로서는 성공이라고 보는 겁니다. 앞으로 북한 외교의 초점은 미국이 쳐들어올 수 있는 빌미를 안 만들어주는 데 맞춰지지 않을까 싶습니다. 근거리 외교에서는 북한이 상당한 능력자입니다. 중국과 러시아 사이에서 평생 등거리 외교를 해왔기 때문에 프로라고 보면 됩니다. 상당한 자신감을 갖고 있을 겁니다.

어쨌든 미국이 요구하는 것은 자기네 체제로 들어오라는 것이지 않습니까? 중국과의 관계를 생각하면 쉽지 않아 보입니다. 그래서 김정은이 중국에 가서 시진핑을 만난 것일 텐데요.
당분간은 미국 쪽으로 많이 붙을 겁니다. 그리고 북한이 중국을 신뢰하지 않습니다. 바로 옆 나라고, 체제를 바꿀 수 있는 실질적인 가장 큰 힘을 갖고 있는 게 중국이기 때문에 두려워하고 멀리하려고 하는 거죠. 한국전쟁 끝나고 나서 미국이 한국에 그대로 남아 있는데, 김일성이 중국 군대를 57년, 58년도에 다 뽑아버렸습니다. 힘의 비대칭성이 너무 심각한 상황인데도 그랬거든요. 말로는 자주성이라고 했지만, 중국이 참견하는 것을 김일성은 받아들일 수 없었을 겁니다. 차라리 미국의 침공 위협을 감내하는 것이 낫지, 중국의 내정 간섭을 감내하는 것은 훨씬 더 버겁다고 생각

타인은 놀이공원이다

한 거죠. 그때의 상황을 보면 내부가 급했거든요. 종파가 많이 생겨버렸으니까요. 내부 정리를 해야 하는데, 중국이 있으면 내부 정리가 안 됩니다. 그래서 중국을 쫓아버리고 내부 정리를 한 거죠. 북한도 현상황에서 어느 것이 가장 큰 위협이 될지 생각하고 행동을 합니다. 지금 제일 위협이 되는 상황은 경제 제재로 인한 곤란인데요, 몇 년 못 버팁니다. 이걸 무조건 해소해야 겠다고 생각해서 회담에 나선 건데요, 상황 판단을 잘한 거라고 생각합니다.

북미회담은 6월 12일에 열릴 거라고 보십니까? 싱가포르에서?

예. 김정은이 지금까지 나와서 온갖 쇼를 한 것도 결국은 경제를 위해서인데요. 그걸 못하면 북한은 손해가 너무 크죠.

일본은 저주의 말을 퍼붓고 있습니다. 비행기가 추락할 거라고도 하고 있고요.

일본에 북한이라는 깡패 국가가 하나 있는 것이 도움이 됐지 않습니까? 지금까지 군국주의화하면서 무장하는 데 북한의 도움이 절대적이었죠. 일본은 한반도가 합쳐지기를 바라지도 않고, 강대국이 나오기를 바라지도 않죠. 한국전쟁 때 우리가 싸우니까 어부지리로 이득을 봤고요. 한반도의 안보가 풀리게 되면, 미국이 일본의 목소리에 크게 귀를 기울이지 않겠죠. 일본은 남북이 가까워지는 것을 달가워하지 않습니다. 쭉 그래왔죠.

이명박, 박근혜 때 남북 관계를 너무 뒤로 돌려놨습니다. 금강산 관광 취소되고, 개성공단 폐쇄되고…… 되돌려놔야 할 텐데요. 큰 그림의 화해의 틀이 만들어졌으니, 이제 세부적인

협력의 틀이 만들어져야 할 것 같습니다.

박근혜 정부에는 기본적으로 대북 정책에 대한 브레인도, 의지도, 아무것도 없었습니다. 아무 생각이 없었던 정부라고 봅니다. 대북 문제는 상당히 민감하고 예민한 부분인데, 담당자들 임명한 것을 보면 남북 관계를 풀어갈 의지가 없다는 걸 알 수 있었습니다. 협상하기 위한 사람들이 아니고, 박근혜가 시키면 시키는 대로 아무 소리 없이 따를 사람들을 임명했죠. 문재인 대통령은 할 의지가 있으니까 서훈 국정원장이라든지, 조명균 통일부 장관 같은 프로들, 경험 많은 사람들을 갖다놨지 않습니까? 집권자의 의지의 문제라고 생각합니다. 문대통령이 잘했다는 것은 아니고, 의지가 있으니까 능력이 되는 사람들, 할 수 있는 사람들을 실무자로 앉혀놨다는 거고요. 박근혜 정부는 의지가 없으니까 중요하지 않은 사람들을 갖다놨다고 볼 수 있는 거죠. 국내용으로 북한을 활용해먹으려고 했고요. 개성공단 문 닫는 과정만 봐도 도대체 어디서 어떻게 결정을 했는지 모르잖아요. 개성공단, 금강산 관광 폐쇄의 가장 큰 명분이 핵 개발 자금으로 들어간다는 거였잖아요. 그런데 북한이 핵 폐쇄하겠다, 핵 개발 끝냈다고 하면 이 명분이 사라지는 겁니다. 트럼프와 회담하게 되면 개성공단 문제는 아무런 장애물이 없을 겁니다. 법은 고치면 되고요. 개성공단부터 바로 열릴 거라고 생각합니다. 금강산에서 8월쯤에 이산가족 상봉을 한번 해서 그걸 계기로 금강산도 열면 되고요.

개성공단도 처음 계획했던 규모에 비해서는 축소된 것이잖아요.

개성공단 막 시작하고 얼마 안 돼서 이명박 정부와 박근혜 정부가 들어섰는데, 기본적으로 남북교류협력을 하자는 입장이 아니었거든요.

MB도 금강산부터 문을 닫지 않았습니까? 겉으로는 박왕자 씨 피살 사건에서 북한이 사과를 하지 않았다는 이유를 댔지만요. 북한이 사과를 했습니다. 김정일이 나서서 직접 했는데요, 안 받아준 거죠. MB는 그것을 꼬투리 잡았던 거고요. 박왕자 씨 피살 사건이 없었으면 다른 것을 꼬투리 잡았을 겁니다. 북한이 받아들이기 어려운 요구 조건을 내세워서 문을 닫았을 거예요. MB는 장사해서 큰 사람 아닙니까? 토목이나 한국 경제는 잘 아는데, 남북 관계 개선해서 돈이 될 만한 게 안 보이거든요. 4대강을 파야 20조 투자해서 이리저리 돈도 나눠주고 하는 거지, 남북 관계는 자기가 모르는 테마니까요. 자기 지지층이 원하는 코스도 아니었고요. 지도자가 민족의 이익과 국가의 운명을 생각한다면 절대 그러면 안 되는데, 개인적인 이기주의로 국가를 운영한 거죠.

트럼프가 북미 회담의 요구 조건 중 하나로 '정치범 수용소 폐쇄'를 얘기해야 한다고 하셨습니다.

제 희망사항입니다. 그걸 요구하면 북한이 받아들일 가능성이 높기 때문에 해야 한다고 생각한 거고요. 정치범 수용소는 김일성 때 정적을 숙청하기 위해서 만든 것이 시작입니다. 소련에서 먼저 만든 것을 본떴고요. 김정일 체제까지만 해도 정치적 반대파를 숙청해서 보내기도 했습니다만, 김정은 정권 들어서서 그 유용성이 심히 사라졌습니다. 지금 정치범 수용소에 들어가는 것은 대다수가 탈북자들입니다. 북한 주민들이 70년 동안 세뇌되다보니까 이제는 김정은한테 반대하려는 세력도 없고, 김정은도 굳이 그런 것까지 이용하지 않아도 정적을 숙청하는 데 전혀 문제가 없습니다. 탈북자는 법을 개정해서 감옥에 잡아넣으면 됩니다. 정치범 수용소가 이용 가치는 떨어지는데 반대로 북한 인권문제에서 가장 상징적인 존재가 되어버렸

주성하

죠. 그것 때문에 외국에서 투자를 받으려고 하면 엄청난 장애가 많이 생길 겁니다. 득실을 따져봤을 때 김정은으로서도 폐쇄하는 것이 절대적으로 득이 될 거라고 저는 판단을 했고요.

그간 김정은은 고모부를 고사포로 쏴죽이고 형도 살해한 미치광이 독재자의 이미지였는데요, 이번 정상회담을 통해 이미지에 극적인 변화가 일어난 것 같습니다.

한국 사람들의 여론이 원래 그래요.(웃음) 예전에 남북 관계가 최악일 때 저한테 그랬습니다. 그분도 경제 교류를 하자고 하는 사람인데, '북한에 대한 적대감이 너무 커져서 앞으로 사람들 마음을 어떻게 돌리냐'고요. 저는 '아이, 걱정하지 마. 북한 예술단 내려오고, 같이 공 몇 번 차고 나면 사람들이 좋다고 할 거야'라고 했는데요.(웃음) 그렇지 않습니까? 우리는 진짜 변화무쌍한 사람들이에요. 감정적으로 많이 왔다갔다하죠. 저러다가 김정은이 안 좋은 모습을 보이면 다시 악화되겠죠.

한국에서 기자 생활을 오래 하셨는데요, 제일 힘든 부분은 어떤 것이었나요? 오해도 많이 받고, 외롭기도 했을 것 같은데요.

힘들었다기보다는 한국에 와서 기자 하기를 아주 잘했다고 생각합니다. 회사 들어가서 회사원으로 살 수도 있고, 단체에 들어가서 단체장을 했을 수도 있겠지만 한국에서 잘나가는 사람이 되기는 어려웠을 겁니다. 법조인이 된다거나 외교관이 된다거나 의사가 되기는 어렵죠. 제가 선택할 수 있는 직업 중 기자가 최선이라고 생각했고요, 판단을 잘했다고 생각합니다. 돈 벌려고 온 몸이 아닌데, 자기 할 소리를 하고, 남북 관계에 영향력을 미치는 역할을 어느 정도 할 수 있다는 것에 대해서도 굉장히 만족하며 살고 있습니다.

〈동아일보〉에 있는 것이 어떤 면에서는 운신의 폭이 더 넓을 수도 있겠다는 생각도 들거든요. 남북문제에 대해서 깊게 생각하지 않거나 생각하기 싫어하는 사람들을 설득하는 방편도 될 것 같고요.

〈동아일보〉에 들어와 있는 것도 상당히 좋다고 생각하는데요, 진보 신문에 들어가서 북한 비판 많이 하면 신문이 괴롭지 않겠습니까? 〈동아일보〉에서는 북한 비판 마음대로 해도 됩니다. '북한에 대해 이것은 우리가 오해하고 있다, 이것은 북한이 잘하는 것이다'라고 쓰면 회사에서 받아들이지 않을 거라고 생각하기 쉽겠지만, 우리 회사가 상당히 개방적입니다. 칼럼에 뭘 써도 저한테 뭐라고 하는 사람이 없습니다. 열린 조직에 들어와 있다는 것이 다행스럽습니다. 제가 〈동아일보〉를 선택한 것은 사실 보수냐 진보냐를 따질 게 아니고요, 선택의 여지가 별로 없었기 때문입니다. 〈한겨레〉에서 탈북자를 뽑는다고 했으면 〈한겨레〉에 갔을 겁니다. 그런데 진보 언론들은 탈북자가 필요 없거든요. 진보 쪽에서는 그들을 배신자로 바라보는 시각도 있으니까요. 장사가 안 되는 거죠. 탈북자를 갖다났을 때 그들의 독자한테는 장사가 안 됩니다. 〈동아일보〉를 선택한 가장 큰 이유는 보수 언론이어서도 아니고, 제 논조와 맞아서도 아닙니다. 〈동아일보〉가 북한에서는 브랜드 이미지랄까, 그런 게 가장 좋은 신문입니다.

전통이 있는 신문이니까요.

한국 신문들을 놓고 조사를 해보면 북한 사람들 사이에서는

〈동아일보〉의 선호도나 인지도가 1위일 겁니다. 저도 북한에서부터 봤고, 좋아하는 신문이었고요. 그래서 나중에 북한에 돌아간다면 제가 〈동아일보〉 기자였다는 것이 확실하게 각인될 거라고 생각합니다. 북한 사람들은 한국의 1등 신문이 뭔지, 몇 부를 발행하는지 모릅니다. 역사를 보는 거죠. 〈동아일보〉는 일제강점기부터 항일 보도도 많이 했고, 쭉 야당 신문으로 독재와 맞서 싸워왔어요. 그런 이미지가 상당히 강한 거죠. 그래서 저로서는 최고의 선택이었다고 생각합니다. 회사에 잘 보이려고 하는 소리가 아니고, 진심으로 그렇게 생각합니다.

통일 이후까지 길게 내다보고 활동하시는 것 같습니다.

그렇죠. 제가 탈북한 것도 인생을 걸고, 길게 봤기 때문이죠. 저로서는 도저히 견딜 수 없는, 살아가기 너무 괴로운 사회였습니다. 북한에서는 저는 졸업하면 바로 간부입니다. 실제로 동창들은 돈도 많이 벌고, 잘나갑니다. 이 체제가 언제까지 갈까 생각해봤는데요, 10년만 간다면 어떻게든 버티고 있었을 겁니다. 저는 3대까지는 예상을 했습니다만, 오래는 못 간다고 생각했습니다. 김정일은 건강이 안 좋으니까 아버지보다 10년은 일찍 죽을 거라고 판단했어요. 2014년쯤에 죽고, 후계자가 또 5년은 간다고 봤습니다. 70년을 닦아놓은 시스템이 있기 때문에 5년은 버틸 것이다. 그런데 그 다음은 장담할 수 없다고 생각했습니다. 독재 체제에서 사는 사람이 선택할 수 있는 것은 세 가지입니다. 체제에 순응하는 것, 사상을 숨기고 때를 기다리는 것, 그리고 맞서 싸우는 길이 있습니다. 첫번째를 선택할 가능성이 크죠. 좋은 학부 나오고, 당 간부니까 40대 중반이면 꽤 높은 자리에 올라가 있을 테니까요. 그런데 그때 체제가 붕괴된다고 생각해보세요. 제 인생은 거기서 끝나는 겁니다. 저항해서 싸우는 일은 북한 같은 사회에서는 가능성이

거의 희박하고, 한번 태어난 목숨, 의미 없이 버리고 싶지는 않았습니다. 의미가 있다면 버리겠지만, 의미가 없다고 봤습니다. 그래서 결국 가야 할 길을 가야겠다고 마음먹은 거죠. 가다가 죽을 수도 있다는 게 제일 두려웠고요.

후회하신 적은 없나요? 가족분들 생각도 날 텐데요.

후회하지는 않습니다. 물론 가족이라든지 가슴 아픈 부분도 있지만, 그걸 각오하고, 감수하고 떠나온 길이니까요. 제가 선택한 것이니까 받아들여야죠. 사람이 어떤 길을 가는데, 이쪽으로 가면 51퍼센트, 저쪽으로 가면 49퍼센트라는 결론이 나온다고 해보죠. 51로 가려고 하면 49가 얼마나 뒷다리를 잡겠어요. 그러면 앞으로 못 가는 겁니다. 51을 선택했으면 49에 대해서는 과감하게 잊거나 버리는 게 빨리 가는 길이죠. 그리고 49를 선택했어도 마찬가지일 겁니다. 선택의 기준에 대해 후회하면 안 된다고 생각합니다.

김일성대학이라면 한국의 서울대보다 더 들어가기 힘들 것 같은데요. 졸업하면 출세가 보장되는 코스 아닌가요?

꼭 그렇지는 않습니다.

어느 정도 직업 선택도 보장될 것 같은데요.

그렇긴 한데요. 김일성대 들어가기가 서울대 들어가기보다 인구 비례로 따졌을 때 조금 더 어렵기는 합니다. 같은 인구 조건이라면, 서울대에 한 4,000명이 들어간다고 치면 김일성대에는 2,500~3,000명이 들어가니까요. 하지만 서울대 법대 나왔다고 해서 다 사법고시 통과하는 게 아니듯이 출세가 보장되는 건 아닙니다. 인생은 결국 만들어가는 겁니다. 출세하는 데에는 출신 성분이나 집안 재력, 인맥이 절대적으로 작용하거든요.

한국과 같네요.

서울대에도 농업생명과학대 같은 곳이 있지 않습니까? 거기보다는 지방대 의대 들어가기가 어렵지 않습니까? 똑같습니다. 김일성대 자연과학부보다 스펙 좋은 데가 많습니다. 김일성대 자연과학부 가느니 외국어대 가고, 상업대 가는 거죠. 인문 계열에 비해 이공계에 대한 기피와 차별이 우리보다 훨씬 더 심합니다.

공대 하면 김책공대, 이렇게 알려진 것처럼……

그렇긴 한데요, 김일성대의 대다수 학과는 평양외대보다 못합니다. 북한은 졸업해서 달러를 만질 수 있는 직업이 최고거든요. 가난한 나라니까요. 우리가 의대 가는 것도 의사가 돈을 많이 벌기 때문 아니겠습니까? 북한도 마찬가지입니다. 결국 달러를 만질 수 있고, 권력을 쥘 수 있는 직업을 찾아야 하는데, 이공계 나와서는 그게 안 되거든요. 평양외대, 평양상대는 실질적으로 물자를 쥐고 움직이는 데고요.

'아, 여기서는 못 견디겠다'고 생각하시게 된 계기가 있나요?

체제가 가진 사상과 이념에 회의감이 들었죠. 탈북할 때까지 매일, 하루에 한 권씩 책을 읽었습니다. 책을 펼치면 그날 다 읽었습니다. 열여섯 살 때 『공산당 선언』을 읽었습니다. 금지도서였거든요.

『공산당 선언』이 북한에서 금지도서인가요?(웃음)

어느 집 장례식에 갔는데, 50년대에 출간된 책이 숨겨져 있더라고요. 무슨 소리인지는 모르겠는데 일단 읽었습니다. 대학에 들어갔는데, 공산주의에 대해서 배우지 않습니까? '공산주의는 능력에 따라 일하고, 수요에 따라 분배 받는 사회다', 한마디로 이렇게 가르치는데요, 공산주의 강의 시간에 제가 아주 반동 같은 질문을 했죠. 그때 제가 만 열일곱 살이었는데요, '어떤 사람이 장가도 안 가고 청춘을 바쳐서 노력해 국제 대회에 나가 금메달을 땄다. 그런데 이 사람은 수요가 하나다. 한편 전기 안 들어오는 농촌에서 어느 부부가 애를 다섯 낳으면 거기는 수요가 일곱이다. 수요에 따르면 이 사람은 하나만 받고, 부부는 일곱을 받는데 이게 공정한 거냐, 그러면 누가 열심히 노력하겠냐?' 했더니 강의실 분위기가 싸해졌습니다.(웃음) 공산주의의 근본을 건드리는 반동 짓이라는 걸 다 알고 있거든요. 교수도 당황해서 그렇기 때문에 사상을 개조해서 모두가 능력에 따라 일하게끔 하는 게 우리의 목표라고 하더라고요. 저는 도저히 이해가 안 되었죠. 지금 돌아보면 그게 공산주의의 핵심을 건드린 거라고 생각합니다. 인간의 이기심은 사상 개조를 통해서 어떻게 할 수 있는 게 아니거든요. 제가 다닌 학부에는 북한에서 제일 잘사는 집 학생들이 다녔습니다. 사회주의는 모두가 평등하고 골고루 잘산다고 했는데, 그 사회의 부익부빈익빈에 대해서 너무나 뼈저리게 느낀 거죠. 우리 식으로는 시골 촌놈이 서울대 법대 가서 강남 도련님들하고 같이 공부한 거예요. '어, 이건 자본주의인데, 이건 사회주의가 아닌데' 하는 생각이 들고, 점점 더 격차가 커지는 게 보였어요. 나라가 가는 방향이 잘못됐다고 판단했고요. 결정적인 계기가 있는데요, 북한에서는 기차를 타면 1주일씩 갑니다. 방학 때. 전기가 없다보니까 기차가 가다 서고 가다 서고 하는데요, 아무 데서나 예고 없이 섭니다. 그래서 출발할 때 식사를 1주일 치씩 마련해가지고 갑니다. 그래야 굶어죽지 않으니까요. 95년 겨울로 기억합니다. 어머니가 만들어준 주먹밥 스물몇 개를 배낭에다 넣고 갑니다. 기차가 역에 서면 사람들이 밖에 나가서 불을 피우고 그럽니다. 기차 떠날 때 친절하게 경적을 울려주기 때문에 괜찮습니다. 아침에 일어나서 보니까 군인들이 모닥불을 피워놓고 삥 둘러서서 몸을 녹이고 있는데, 거기서 노랫소리가 들려서 가봤죠. 아주 작은 여자애가 노래를 부르는데, 그렇게 잘 부를 수가 없는 거예요. 꽃제비들이 얼굴이 새까만데, 씻지를 못했는데도 그렇게 예쁠 수가 없어요. 그런 애들이 노래를 부르고 군인들이 먹을거리를 주면 받아먹고, 기차를 타고 따라갔다가 기차가 서면 또 노래를 부르고 그래요. 먹을 것을 주니까 20미터쯤 떨어진 곳에 앉아 있는 남자애한테 갖다주더라고요. 불쌍해서 어머님이 주신 주먹밥 한 개를 가지고 갔습니다. 먹으라고 주면서 물어봤죠. '너 몇 살이니?' 하니까 아홉 살이래요. 엄마, 아빠는 굶어죽었대요. 맨날 듣는 질문이어서 그런지 아무렇지도 않게 얘기하더라고요. 남자애는 일곱 살이라는데, '동생이니?' 하니까 석 달 전에 다른 데서 만났대요. 친동생도 아닌데, 아홉 살짜리가 돌봐주면서 데리고 다니더라고요. 남자애가 세 번을 먹는데 여자애는 한 번을 먹어요. 동생을 바라보는 눈빛이 진짜 흐뭇해 보이는 거예요. 저는 이 얘기만 하면 눈물이 나는데요, 그 눈빛을 보고 인생 최대의 분노를 느끼고 마음속으로 오열했습니다. 누가 너희를 이렇게 만들었냐…… 인간의 가장 큰 휴머니즘을 아홉 살짜리한테서 배운 거죠. 진짜 주먹이 부르르 떨렸고. 내가 이 체제를 목숨을 걸고 뒤집어 버려야겠다고 생각했어요. 그때 제 동창들은 평양에서 용돈으로 한국식으로 말하면 하룻밤에 몇천만 원씩 뿌리고 다녔죠. 그런 꽃제비들은 보통 석 달을 못 버티고 죽습니다. 그래서 비밀조직을 만든다고 동지들을 모았습니다. 제 인생의 기준점이라고 해야 할까요, 뭔가 의심이 들 때마다 항상 그 아이의 눈빛을 떠올립니다. 그 눈빛에 부끄럽게 살지 말자, 그게 제 인생의 기준입니다.

타인은 놀이공원이다

탈북 대학생 모임을 지원하시는 것으로 알고 있습니다. 나중에 통일이 되거나 남북 교류가 활성화되면 그들이 어떤 역할을 해야 한다고 생각하시는 것이겠죠?

역할을 해야 한다는 것이 아니라 역할을 할 거라고 봅니다. 남북 관계가 열리면 북한이 외국의 신용을 얻기 위해, 자신들이 달라졌음을 보여주기 위해 가장 꺼내 들기 쉬운 카드가 탈북자들을 받아들이는 일일 거예요. 지금도 탈북자가 북으로 돌아가면 처벌을 안 합니다. 문을 열면 더하겠죠. 그러면 탈북자들의 80퍼센트는 돌아갈 수 있다고 봅니다. 탈북 대학생들은 한국 기업이 북한에 들어갈 때 개척자가 되겠죠. 그쪽도 경험해봤고, 이곳의 민주주의도 배웠으니까요. 이만한 인재들이 없습니다. 그래서 돌아가야 한다고 생각하고요, 강제하는 것은 아니지만, 돌아갈 거라고 봅니다.

후배들을 키워내시는 거군요.

키워낸다고 말하면 너무 건방져 보이고요, 키워낸다기보다는 대학생들을 서포팅해주는 역할, 말하자면 후방 사령관 같은 역할을 하고 싶습니다. 그들보다 폭넓은 네트워크를 갖고 있고, 힘을 좀더 갖고 있기 때문에 이것을 활용해 후방 사령관이 되겠다는 겁니다. 신뢰받는 서포터가 되고 싶은 거죠.

김정은 체제가 공고화된다 하더라도 4대 세습은 어려울 거라고 보시나요?

저는 그렇게 봅니다. 그것이 가능하려면 조건이 있습니다. 김정은이 태국의 국왕처럼 존경받는 왕 비슷한 모양새로 물러나고 실권은 총리한테 맡겨놓는 경우죠. 그런데 나이를 고려하면 김정은이 앞으로 몇십 년을 더 해먹을 수도 있잖아요. 그때의 시스템에서 그것을 허용할까, 생각하면 그렇지는 않을 거라고 봅니다.

외부의 문물을 받아들이고 나면 북한 주민들의 생각이 달라질 수도 있지 않을까요?

달라지겠지만, 민중 봉기는 거의 불가능할 거라고 생각합니다. 제일 큰 문제는 김정은의 건강 상태죠. 체형을 보니까 고혈압, 통풍, 당뇨가 다 있을 것 같은데요, 분명히 있을 겁니다. 저 몸으로 얼마나 버틸 것인가가 문제지, 내부에서 폭동이 벌어지거나, 김정은을 암살하거나, 쿠데타가 일어날 가능성은 상당히 희박하다고 봅니다.

어떻게 보면 자연스러워질 수도 있겠네요.

자연스러운 것이 자연스러운 것이 아니죠. 50대까지도 못하게 되면 자연스러운 게 아니지 않습니까? 합리적으로 봤을 때 김정은의 건강이 제일 큰 변수입니다. 물론 김정은이 지금과 다르게 악정을 한다면 사람들이 분노해서 폭동이 일어날지도 모르죠. 그런데 지금까지의 김정은에게는 상당히 높은 점수를 줄 수 있습니다. 독재하는 데 무엇이 필요한지, 뭘 해야 하는지 아주 잘 알고 있기 때문이죠.

기자님이 글을 쓰면 여러 군데서 촉각을 곤두세웁니다. 태영호 공사도 기자의 글을 보고 남한행을 결심했다고 얘기했었죠. 북한 쪽에서 피드백이 있나요?

피드백이야 확실하게 있죠.

어떤 식으로 오나요?

새해에 김정은이 평양고아원을 찾아갔어요. 제가 원산고아원 아이들의 가슴 아픈 사연에 대해 쭉 쓰면서 평양만 챙기지 말고 지방 고아원도 챙기라고 했습니다. 김정은의 다음 첫 방문지가 원산고아원이었습니다. 그리고 김정은이 농촌에 한참 안 가는 거예요. 5월에 전 국민이 농사짓느라 얼마나 고생하는지 아느냐, 먹고사는 일이 가장 중요한 것 아니냐, 작물 이름은 아느냐, 이렇게 썼더니 농촌을 찾더라고요.(웃음) 한번은 '집권한 지 3년 됐는데 함경도는 한 번도 안 갔다, 암살 때문에 두려워서 못 가', 그랬더니 바로 갔고요. 그리고 이건 블로그에만 썼는데요, AN2기를 가지고 북한의 특수부대가 침투하는 것에 대해 가능하다, 불가능하다, 논쟁이 붙었습니다. 저는 10만 명은 불가능하다, 낡은 나무 비행기에 스무 명이나 태우고 5,000번을 왕복해야 하는데, 그게 가능하겠냐고 했습니다. 그러고 나서 김정은이 순안공항에서 침투 훈련하는 걸 참관하더라고요. 이것도 블로그에만 썼는데요, 오차 범위가 너무 커서 북한이 가진 스커드 미사일을 쏟아부어도 활주로 하나 부수기 힘들다고 미국의 논문까지 인용하며 얘기했더니, 쪼르르 미사일 공장에 가서 세계에서 최고로 정확한 미사일을 만들라고 지시하더라고요. 김정은이 제 기사를 열심히 본다고 생각합니다. 그런데 제가 '내 말대로 잘 움직이네' 하니까 그다음부터는 티를 안 내더라고요.(웃음) 보기는 할 겁니다. 김여정도 봐요. 제 블로그 같은 북한 관련 사이트가 엄청 많잖아요. 그런데 제 블로그 방문자 수가 한국에서 가장 많습니다. 한국에서 가장 많으면 북한에 관해서는 세계에서 가장 많은 것 아닙니까? 북한에 대해서 검색을 해보면 제가 10년 동안 쓴 글들이 다 모여 있으니까 안 볼 수가 없습니다. 그러다보니까 여러 군데서 연락이 오기도 합니다. 북한 정보들을 보내오는데요, 북한 사람들입니다.

중국에서 보내오는 건가요?

해외에 있는 북한 사람들이 연락을 줍니다. 제 글들을 열심히 읽다가 연락하는 거죠.

북한에서 탈출하는 사람들더러 연락하라고 블로그에 지메일 주소를 올려놓으셨는데요, 자주 연락이 오나요?

오죠. 오니까 올려놓은 건데요. 그런데 그것도 역시 먹여 살리기 힘듭니다.(웃음) 그 사람들은 대가를 기대하는데요, 회사에서 정보비가 따로 나오는 것도 아니거든요. 아마 한국 기자 중에 제가 정보비를 제일 많이 쓸 겁니다. 그리고 제가 밥값을 제일 많이 쓰는 기자입니다. 주로 만나는 취재원이 탈북 대학생들이거든요. 돈 벌어도 통장에 남는 게 없습니다.

강연도 많이 하시잖아요.

많이 버는데, 버는 만큼 나가요. 쌓아두지는 않는데요, 돈은 마음먹으면 언제든지 벌 수 있다고 생각하거든요. 돈 벌려고 이곳에 왔다고 하면 제 인생이 비참하지 않습니까? 엄청나게 많은 것들을 버리고 왔는데 말이죠. 그래서 돈은 가진 만큼 씁니다.

남북이 정상회담을 하고, 판문점 선언이 나왔습니다. 서로 좋은 관계를 계속 유지하려면 무엇을 가장 중시해야 할까요?

지금 우리 분위기야 보수라는 사람들이 다 깨고 있지 않습니까? 보수도 결국 저러다가 자멸하겠죠. 자유한국당 하는 걸 보니까 방향을 잘못 잡고 있는데요, 정당이라는 게 지지를 받아야 표를 얻고, 그래야 정권을 잡잖아요. 그게 정당의 존재 이유 아닙니까? 10퍼센트, 20퍼센트밖에 안 되는 내 것만 찾아 먹겠다는 것은 책임 있는 정당이 할 일은 아니라고 생각합니다. 아주 보수적인 시각들이 있지 않습니까? 태극기 부대 등 어느 사회나 완고한 층이 있죠. 그런 사람들의 목소리를 얼마나 빨리 죽게 하고, 남북교류협력에 대해 공감하는 사람들의 수를 얼마나 늘리느냐가 핵심이에요. 저는 보수, 진보에 갇혀 있는 사람이 아닙니다. 제 기준은 상식입니다. 그렇기 때문에 이런 세력은 소멸되어야 한다고 생각하고요. 나라와 민족을 위한 보수를 보고 싶어요.

어떤 방식으로 북한과 경제교류협력을 해야 한다고 생각하십니까?

경제협력 방안이라는 것이 결국 저렴한 인건비를 따먹는 거죠. 김정은 정권이 존재할 때에만 저렴한 노동력도 존재하니까 그것을 활용하는 건데요. 정권이 붕괴하면 임금이 높은 곳으로 다 옮겨갑니다. 그러면 저렴한 노동력은 없어집니다. 지하자원도 돈 되는 것은 석탄이나 철광석인데, 경제성이 떨어집니다. 석유가 제일 많이 묻혀 있는 나라가 베네수엘라인데요, 북한 같은 상황이 된 걸 보세요. 석유 가격이 배럴당 100달러 이상이돼야 뽑을 수 있는데, 사우디아라비아는 땅에서 콸콸 쏟아져나오고 20~30달러면 되거든요. 그래서 국제 유가가 50달러라고 하면, 베네수엘라는 아무리 많은 석유를 깔고 앉아 있어도 팔수록 배럴당 50달러씩 손해보는 것 아닙니까? 그러니까 망하는 거죠. 북한 지하자원도 그런 식으로 경제성의 관점에서 접근해야 한다고 봅니다. 얼마나 묻혀 있는가가 중요한 게 아니에요. 철광석이라고 하면 함유량이라든지 싣고 오는 비용을 따져봐야 하는데요, 우리가 호주에서 싣고 오는 것보다 비용 면에서 조건이 좋아야 하거든요. 그런데 그게 쉽지 않아요. 경제성을 따지게 되면 결국은 철도도 있어야 하고,

발전소도 지어야 하지 않습니까? 도로도 닦아야 하고, 항만도 만들어야 하는데 배보다 배꼽이 더 커지는 거죠. 북한의 풍부한 지하자원은 당분간은 그림의 떡이라고 볼 수밖에 없습니다.

『미생』이라는 만화를 보면 북한의 희토류 얘기가 나오는데요, 그것도 사실하고는 거리가 있나요?

희토류에 대해서는 북한도 안 해봤고, 우리도 안 해봤습니다. 북한에 많다는 것은 근거가 없는 얘기고요. 희토류는 전 세계에 골고루 묻혀 있는 광석입니다. 중국, 러시아, 미국에도 많습니다. 그런데 왜 중국에서 희토류를 장악했냐면, 인건비가 싸고, 환경오염에 대한 인식이 떨어지는 나라라서 그렇습니다. 산을 헤집어놔야 하고, 환경 파괴도 심각한 산업입니다. 우리가 희토류를 채취하려고 북한의 산들을 헤집어놓는다? 바람직하다고 생각하지 않습니다. 희토류의 경우도 정확하게 조사를 해봐야 합니다.

어떤 사람들은 통일이 다 온 것처럼 생각하기도 하고, 어떤 사람들은 여전히 거부감을 갖고 있는데요, 통일로 가는 데 어떤 과정을 거쳐야 한다고 생각하십니까?

지금 남북이 가는 길은 통일로 가는 과정이 아닙니다. 북한은 체제를 지키기 위해서 나온 것이지 통일로 가려고 나온 게 아닙니다. 통일을 하려면 북한을 봉쇄해서 붕괴시키는 게 제일 빠른 길이지만, 그 후폭풍을 감당할 수 없어서 그렇게 하면 안 되는 겁니다. 사상과 의식에 현저한 차이가 있고, 경제력에도 엄청난 격차가 있는 상태에서 통일이 되면 남북 모두에 재앙이 될 거라고 생각합니다. 합치는 조건은 하나밖에 없습니다. 북한 사람들이 시장 경제 마인드로 무장해야 한다는 겁니다. 돈보다 그게 더 중

타인은 놀이공원이다

요하다고 생각합니다. 그리고 소득이 1만 불은 되어야겠죠. 부작용 없는 통일로 가려면 북한이 우리와 비슷해져야 합니다. 자유 왕래만 할 수 있어도 통일 못해서 겪는 불편의 70, 80퍼센트가 해소됩니다. 왕래를 하면서 서로 윈윈 하는 방향으로 가면 좋지 않겠나 생각합니다.

북한은 회사를 옮기기가 우리가 생각하는 것보다 쉬워서 직장 상사를 자유롭게 들이받는다고 하셨잖아요.

사회주의 시스템이 수십 년 이어져왔기 때문에 여전히 그런 문화가 지배하고 있습니다. 상사에 대한 발언이 자유롭습니다.

김정은 위원장만 건드리지 않으면……(웃음)

탈북자들이 여기 와서 식당을 차립니다. 아는 탈북자들을 직원으로 많이 고용합니다. 가까운 사람이면 저는 한 10년 살아본 사람을 고용하라고 조언합니다.(웃음) 그래야 북한 사람들의 마인드가 바뀝니다. 월급 주는 사람이 시키는 것은 해야죠. 쉽게 말해서 고용주와 피고용주의 관계를 알아야 합니다. 탈북자들이 여기 온 지 얼마 안 된 아는 사람 채용하면 꼭 싸움이 나더라고요. 이 사람들은 사장하고 자신을 평등한 관계로 봅니다. 사장이 안 나오면 자기도 안 나갑니다. 사장이 지각하면 자기도 지각하고요. 그러면 회사가 안 돌아가잖아요. 한국 회사에서 굴러봐야 사장하고 자기가 평등하지 않다는 걸 알게 됩니다. 갑질 문화에 찌들어서 직원을 하인이라고 생각하는 한국 사장들이 얼마나 많습니까?

청문회 나와서 '머슴'이라고 표현한 재벌 총수도 있었죠.

머슴 부리듯 한단 말이죠, 여기 사람들은. 북한 사람들은 같

주성하

은 탈북자 사장도 못 받아들이는데요. 그러니까 북한 사람들한테는 일을 못 시켜요. 그런데 북한 사람들의 마인드가 바뀌어야 하는 것도 중요하지만, 우리 사장들도 거기 가서 바뀌어야 하죠. 그런데 그들 입장에서는 그럴 바에는 여기서 장사하지, 왜 거기까지 가서 눈치보겠냐고 할 거 아닙니까? 그런 게 아주 어려운 문제입니다.

개성공단에서는 성공한 것 아닌가요?

그렇지는 않습니다. 개성공단은 자유구역이 아니지 않습니까? 북한 노동자들이 작업반장의 지시에 따라서 움직입니다. 사장의 지시에 따라서 움직이는 게 아닙니다.

관리자가 있어야 움직이는 거지, 남한과 북한이 다이렉트로 교류하는 것은 아니란 말씀이죠?

그런 것은 있습니다. 개성공단이라는 폐쇄적인 공간에서는 사장도 눈치를 봐야 합니다. 마음놓고 갑질을 할 수가 없습니다.

억류될 수도 있고요.(웃음)

그래서 거기 사장은 근로자들에게 잘해줍니다. 중요한 것은 회사의 이해관계와 나의 이해관계를 합치시키는 일이잖아요. 중국이나 우리 기업에서 진출한 사람들이 골치 아픈 게 그겁니다. 며칠까지 무조건 납품해야 하는데, 그러자면 야근을 해야 합니다. 중요한 회사 일이니까 합시다, 해도 호응을 안 하는 거예요. 한국 사람들은 안 하면 밥줄 잘리니까 호응을 하는데요, 사회주의 국가에서 훈련된 사람들은 왜 내가 야근을 해야 하나, 근로법이 있는데, 그러는 겁니다. 이렇게 서로 너무 다른 사고방식을 조화시키는 게 중요하겠죠.

기자님께서 예전에 재밌는 비유를 하셨더라고요. 북한 주민들은 김일성이 죽었을 때는 잘나가는 남편이 신혼여행에서 갑자기 죽은 것 같은 충격을 받았을 것이다, 김정일이 죽었을 때는 20년 동안 치매에 걸린 할머니를 보살피던 손녀의 심정이었을 것이다, 김정은이 등장했을 때는 가난에 시달려 아홉 살짜리 신랑에게 팔리듯 시집가는 여자의 심정이었을 거라고 표현하셨죠.

그 당시는 유효했죠. 김일성과 김정일에 대한 평가는 지금도 동의가 되고요. 그런 표현을 썼는지 생각이 잘 안 납니다만, 김정은에 대한 시각은 계속 교정된 면이 있습니다. 김정일에 대해서는 원한이 더 커졌죠. 진실을 알면 알수록 더 나쁘다는 생각이 듭니다. 잘살 수 있는 기회를 너무 많이 놓쳤기 때문에요. 진실을 알면 알수록 김정일의 점수는 떨어질 수밖에 없습니다. 김일성의 점수도 떨어질 수밖에 없고요. 김정은의 점수야 높아질 일만 남았겠죠.

정상회담 과정을 보시면서 김정은에 대한 기대치가 커졌나요?

그렇지 않습니다. 그전부터 100점 만점이라면 95점 이상을 줄 수 있다고 봤습니다. 김정은으로서는 저 정도는 얼마든지 할 수 있습니다. 자기 체제만 유지할 수 있다면요. 독재자로서 뛰어난 자질을 갖고 있습니다. 예전부터 저는 그렇게 평가했습니다.

고난의 행군 때 굶어죽은 사람의 수는 통계가 안 잡히나요? 북한도 인구조사를 할 텐데요. 비밀로 하는 건가요?

비밀로 하죠. 황장엽이 300만 명이라고 했는데, 왜 그런 소리를 했는지 이해가 되지 않습니다. 인구센서스라는 것을 합니다. 2008년에 들어갔습니다. 그전은 언제인지 모르겠고, 2018년 올해 해야 하는데요, 상당히 가치 있는 자료인데 한국에 알려지지도 않았고, 잘 활용하지도 않습니다. 북한이 아주 파격적으로 받아들인 건데요, 농업 종사 인구 등등 북한의 속살이 다 드러나거든요. 그걸 가지고 돌려보니까 인구가 30만 넘게 비더라고요. 2018년의 인구와 그전 인구를 비교해보니까 북한군 수가 잡히고요. 70~80만 명. 아사자가 30~50만 명 정도 잡혔던 것으로 추산합니다.

임수경 전 의원에 대해서도 글을 쓰셨는데요, 1989년에 임수경이 북한에 가서 알게 모르게 북한 사람들을 변화시켰다, 다시 가도 북한 사람들이 좋아할 거라고 하셨습니다. 아직도 기억하는 사람이 많을까요?

다 기억하고 있죠. 임수경은 북한에서 엄청난 스타입니다. 이후의 행적을 알게 되면 어떨지 모르겠습니다만, 89년도의 임수경은 청순가련한 비운의 여인, 통일을 위해 온몸을 바친 투사, 이런 좋은 이미지로 기억되고 있습니다.

지금의 모습을 보면 실망할 수도 있다는 건가요?

임수경 씨가 어떻게 하느냐에 따라서 다르겠죠. 저는 남북교류협력 회사를 차려놓고 거기 임수경 씨가 사장으로 들어가면 일이 다 잘될 거라고 생각하는데요, 북한 가서 뭔가 하면 상당히 좋은 기회가 되지 않을까 싶습니다.

호감을 가진 사람이 와서 잘해주면……

아직도 기회가 충분히 남아 있다고 볼 수 있습니다. 임종석 청와대 비서실장도 좋게 평가되는 사람입니다. 남북 관계가 잘 풀렸을 때, 어쩌면 문재인 대통령보다 임종석을 갖다놓으니까 '우리하고 좋게 지내려고 하는구나' 하는 메시지가 확실하게 전달된 게 아닌가 싶습니다. 임종석의 말은 그 누구의 말보다 신뢰할 수 있다고 판단했을 겁니다.

일부 보수 진영의 정치인들은 임종석 실장을 주사파라고 공격하고 있는데요.

사람은 항상 변하는 것 아니겠습니까? 솔직히 말해서 남파 간첩도 한국 와서 10년만 살면 어떻게 하면 결혼해서 애 낳고 잘살까, 어떻게 하면 돈 잘 벌까, 이런 생각 할 겁니다. 사람은 환경에 따라서 변하거든요. 임종석 실장이 아무리 북한에 애정이 있어도 한국을 북한에 갖다 바쳐서 이익을 희생할 거라고 생각하지는 않습니다. 젊은 시절에 위험을 감수하고 나선 것은 용기 있는 행동이었고요. 이후에도 꾸준히 고민을 해왔을 거라고 생각합니다.

특별히 계획하고 계신 것은 있나요?

있죠. 하지만 입 밖에 내기는 어렵죠. 위험 부담이 너무 크니까요. 공개한다고 해서 제가 득을 볼 것도 없고요. 내가 가지 않으면 안 되는, 다른 사람은 가기 어려운 길이 있으면 제가 가야겠죠.

당부하고 싶거나 바라는 것이 있으면 한말씀해주세요. 한국 사람들에 대해서도 좋고, 정권에 대해서도 좋고요.

아까 〈중앙일보〉 대기자가 칼럼을 쓰는데 걸리는 게 있다며 전화를 했더라고요. 태영호 공사 책을 얘기하면서 '나는 노예로 살았다'는 말에 대해 공감하느냐고 물어요. 보는 시각에 따라서 노예처럼 생각되는 사람도 있고, 안 그런 사람도 있다고 했습니다. 자유에는 발언의 자유만 있는 것이 아니죠. 경제적 자유도 있고, 신체적 자유도 있고, 여러 가지 자유가 있습니다. 생각하기에 따라서 다 있어도 자유가 없다고 느낄 수 있는 거고요. 조지아대학 명예교수인데, 박한식이라는 북한 전문가가 있습니다. 그 사람의 의견에 대해서 어떻게 생각하느냐고 묻길래, 맞는 얘기라고 생각하지 않는다고 했습니다. 그 사람은 우리나라가 북한에 대해서 잘못된 시각을 갖고 있다고 했고요. 실제로 많은 사람들이 생각을 바꿨다고 하는데요, 저는 그랬어요. '그렇게 얘기할 수는 있다, 한국 사람들은 코끼리 앞다리만 만졌는데, 그 사람은 뒷다리에 대해 얘기했다, 하지만 어차피 한쪽 다리에 대해서만 쓴 것은 똑같다'고 했습니다. 북한의 실체를 알려면 앞다리도 만져보고, 뒷다리도 만져보고, 멀리서도 보고, 가까이서도 보고, 다각적으로 접근해야 한다고 생각합니다. 다양한 시각과 관점이 존재할 수 있습니다. 당연한 거죠. 단 하나, 팩트는 버리지 말아야 합니다. 있는 것은 있다고 해야 하는데, 눈감고 안 보고, 보고 싶은 것만 보는 사람들이 문제입니다. 보수든 진보든 양 끝에 가 있는 사람들이 그런 사람들입니다. 북한이 좋은 점도 있고 나쁜 점도 있다는 것을 인정하고, 거기에 따라서 자기의 견해와 분석의 틀을 가져야 합니다. 그게 북한에 접근하는 데 있어서 실패하지 않는 길입니다.

타인은 놀이공원이다

돈 벌려고 이곳에 왔다고 하면
제 인생이 비참하지 않습니까?
엄청나게 많은 것들을
버리고 왔는데 말이죠.
그래서 돈은 가진 만큼 씁니다.

내가 원하는 것은
미투가 필요 없는 세상

서지현 검사

2018월 1월 29일 오전, 검찰 내부 통신망e-pros에 「나는 소망합니다」라는 글이 올라왔다. 글은 곧 언론을 탔고, 손석희 앵커는 그날 저녁 〈jtbc 뉴스룸〉을 통해 글을 올린 서지현 검사와의 인터뷰를 진행했다. 2018년 대한민국을 온통 뒤흔든 미투 운동의 발화점이었다. 많은 이들이 2018년의 가장 큰 사건으로 남북정상회담과 미투를 꼽았다. 어떤 면에서는 남북정상회담보다 미투가 대한민국 사람들에게 훨씬 더 큰 영향을 미쳤다.

서지현 검사는 지난 8년간 검찰 내부에서 문제를 해결하려 했지만 번번이 벽에 부딪혔다. 검찰은 검사라는 직업을 걸고 공개적으로 문제를 제기한 서검사를 공격했다. 법무부 장관 표창을 두 차례나 받았고, 대검 우수사례에 다수 선정되었고, 영상녹화 매뉴얼, 장애인 조사 매뉴얼 작성 등을 통해 '실적의 여왕'이라는 별명까지 얻었던 서검사는 졸지에 '잘나가는 남자 검사 발목을 잡는 꽃뱀이자 무능하고 성격에도 문제가 있는 검사'로 매도되었다.

서검사와의 인터뷰는 내가 월간 〈인물과사상〉 인터뷰어를 하는 동안 가장 어렵게 이루어졌다. 자신의 말들이 또 어떤 파장을 낳을까봐 서검사는 조심스러워했다. 하지만 인터뷰가 결정되자 그간 있었던 일들에 대해 자세하면서도 소신 있는 이야기를 들려주었다.

사전 질문에 답을 꼼꼼하게 보내주셔서 깜짝 놀랐습니다. 역시 모범생이다 싶더라고요.(웃음)

다른 기자분들도 그러시더라고요. 정치인 말고는 이렇게 답변하는 분들이 없다고.(웃음)

늦게까지 작성하셨겠습니다. 잠은 좀 주무셨나요?

네. 되도록이면 좋은 메시지를 전달하고 싶은데, 막상 와서 하다보면 빠뜨릴까봐……

사법연수원 시절 별명이 '해피 걸'이라고 들었습니다. 검찰 생활이 해피하지 않을 수도 있겠다고 느낀 시점은 언제인가요?(웃음)

처음부터였죠.(웃음) 제가 처음 검찰에 들어왔을 때는 지금보다 성희롱이나 성추행이 훨씬 더 심각했어요. 거의 매일이라고 해도 될 만큼 자주 피해를 입었는데요, 그런 부분과 사생활을 존중해주지 않는 문화, 군대적인 조직 문화를 강요하는 게 낯설고 힘이 들었습니다.

'검사들은 무기력하고, 공포에 사로잡힌 상태'라고 하셨습니다.

그렇죠. 검사들이 업무량이 많아요. 거의 매일 새벽까지 야근을 하죠. 검사의 업무 구조라는 게 본인의 목소리를 내기 어려운 구조입니다. 윗사람이 시키는 대로 할 수밖에 없는데요, 그 속에서 자기 목소리를 냈던 임은정 부장님이 몇 년째 승진에서 누락되고 엄청난 음해와 왕따를 당하는 걸 보면서 굉장히 공포에 사로잡혀 있는 상태죠.

그런 일을 겪으면서 어떤 생각이 드셨나요?

검사 개개인의 문제라기보다는 구조적인 문제라고 생각해요. 개인적으로 만나보면 선량하고, 양심적이고, 성실하고, 최선을 다하는 검사들이 아주 많아요. 하지만 검찰 구조에서는 윗사람의 명령에 복종하지 않을 수 없어요. 조금이라도 자기 소신을 지키려면 큰 희생을 감수해야 하죠. 구조의 문제지, 사람의 문제라고 생각하지 않습니다.

여성 검사의 비율이 높아졌잖아요.

검찰 간부 중 여성 비율은 2.6퍼센트 정도라고 알고 있습니다. 여성 검사들의 수가 많아지긴 했지만 힘없는 존재들이니, 그들의 수가 늘었다고 해서 문화가 바뀐 것 같지는 않습니다.

〈시사IN〉〈주간경향〉 등에서 2018년 올해의 인물로 선정되셨습니다. 여러 생각이 들었을 것 같아요.

처음엔 '내가 이런 상을 받아도 되나' 하는 생각이 들었습니다. 그런데, 스쿨 미투 학생들로부터 '우리가 한 일이 상 받을 만한 일이라는 것을 느껴서 기뻤다'는 이야기를 듣고, 용기를 내어 받게 됐습니다. 진실을 이야기하는 것이, 정의를 이야기하는 것이 매우 가치 있고 멋진 일이라는 걸 알리는 계기가 됐으면 하는 마음이었습니다.

2018년 1월 29일 검찰 내부 통신망 e-pros에 「나는 소망합니다」라는 글을 올리시고, 그날 저녁 〈jtbc 뉴스룸〉에 출연하셨는데요, 갑작스럽게 이루어진 일이어서 그런지 음모론도 나오지 않았습니까, 미리 준비한 거 아니냐고.(웃음)

맞아요. 손석희 앵커를 만난 것은 인터뷰 시작 10초 전이었어요.(웃음) 게시판에 글을 올릴 때만 해도 TV 인터뷰 같은 건 전혀 할 생각이 없었어요. 현실을 알려서 검찰이 변하도록 하는 계기가 됐으면 좋겠다는 마음이었죠. 그리고 이제 검사로 일하기 힘들 테니 사표를 내야겠다 생각하고, 사표를 써놓고 글을 올렸습니다. 전주 금요일에 다음주 월요일 9시에 글이 올라가도록 예약을 걸어놓고, 휴가를 내고 집에 들어가 있었고요. 아침 9시에 글이 올라가고 나서 금세 언론에 나오기 시작하더라고요. 오후 2시경에 지인을 통해서 jtbc에서 인터뷰를 하고 싶어한다고 들었고요. 저희 집은 공중파밖에 안 나와서 저는 〈jtbc 뉴스룸〉을 본 적이 없어요.(웃음) 생방송으로 인터뷰하는 건지도 몰랐고요. 제안을 하신 분은 '〈jtbc 뉴스룸〉에 나가서 손석희 앵커랑 인터뷰하는 거야'라고만 이야기했고, 저는 이게 어떤 인터뷰인지 전혀 몰랐던 거죠. 그런 제안을 받았을 때 너무 겁이 났어요. 생각해보겠다고 했는데요, 몇 시간 뒤에 법무부에서 제 인사에 아무 문제도 없었다고 기자들에게 발표했다는 이야기를 들었습니다. '이대로 있으면 또 은폐하고 묵살하겠구나' 싶어서 인터뷰를 하게 됐어요. 법무부의 거짓 발표가 저로 하여금 인터뷰를 하게 만들었던 거죠.

왜 8년이나 지나서 문제를 제기했냐고 하는 사람들도 있지만, 검사님은 문제를 해결할 기회를 조직에 많이 준 셈이잖아요. 오히려 피해자를 공격함으로써 문제를 키운 셈이고요.

그게 권력의 무서운 점 아니겠어요? 권력을 갖고 있으면 정상적으로 사고하거나, 사과를 하는 일이 어려운가봅니다. 저는 가해자뿐만 아니라 법무부, 검찰, 어느 누구한테서도 사과를 받아본 적이 없습니다. 이번에 가해자가 실형을 선고 받고, 법정 구속이 되고, 바로 그다음날 양승태 전

서지현

대법원장이 구속됐죠. 그러자 현 대법원장이 국민에게 사과문을 발표했거든요. 그런데 저한테는 그 누구도 사과를 한 적이 없어요. 오히려 당시 조사단에 있었던 검사들을 비난하고, '1심에서 무죄 나오면 두고 보자'는 이야기까지 한다고 들었습니다.(웃음)

이렇게 사안이 커질 줄 예상하셨나요?

전혀 예상하지 못했습니다. 글을 올릴 때도 두려웠고요. 방송에 나갈 때도 두려웠습니다. 그렇게 생각했어요. 아무것도 안 하고, 집밖에 안 나가면 되지. 그렇게 생각했던 것 같아요. 그러면 견딜 수 있을 것 같았어요.

손석희 앵커가 〈뉴스룸〉에서 '검찰에 있기 어렵지 않을까요?' 라고 했는데요, 정치를 통해서 뜻을 펼칠 생각은 안 해보셨나요?

검찰에서 처음에 저를 폄하하기 위해 '정치하려고 저런다'고 음해했고, 그걸 특히 정치계, 언론계에 엄청나게 퍼뜨렸다는 말을 들었습니다. 여전히 그렇게 믿는 분들도 많다고 하고요. 하지만 저는 수줍음이 많고 조용한 성격이라 정치와는 어울리지 않을 뿐 아니라, 깜냥이 안 된다는 걸 잘 알기 때문에 전혀 관심이 없습니다. 저는 항상 고요하고 평화로운 삶을 원했고, 그런 의미에서는 '이생망(이번 생은 망했다)'이라고 생각합니다. 하지만 이렇게 진행된 제 삶을, 제 운명을 받아들이고 사랑하면서, 할 수 있는 일이라면 최선을 다하고 다시는 태어나지 않는 게 제 소원이고요. '그래도 세상을 바꾸는 데는 정치가 가장 효과적이다, 해보는 게 어떠냐' 하는 분들도 계신데, 저는 더 효과적인 방법을 찾아보려고 생각중입니다.(웃음)

타인은 놀이공원이다

'검찰은 제2의 서지현이 나올까 두려워하지만 제2의 서지현은 나올 수 없다'고 말씀하신 적이 있는데요, 어떤 의미인가요?

검찰은 다시는 저와 같은 검사가 나오지 못하도록, 저를 철저히 음해하고 배제했습니다. 공식적으로 '미친년'으로 불리고 있고요. 더이상 할 수 있겠나 싶을 만큼 욕을 하고 있다고 들었습니다. 후배들이 '처음엔 그래도 선배님이라 다행이라고 생각했다. 업무 능력과 인간관계가 좋았기 때문에 그런 음해는 안 받을 거라고 생각했기 때문이다. 그런데 그런 선배마저도 음해당하는 걸 보고, 절대로 입을 열어서는 안 되겠다는 생각이 들었다'고 직접 이야기하더라고요. 저를 철저히 고립시키면서, 입을 열면 어떻게 되는지 검찰 내부에 본보기로 보여줬던 거죠.

정치적 편 가르기로 여론이 달라지는 걸 보면서 안타까운 마음이 많이 들었을 것 같습니다. 특히 진보 진영에서 공격했을 때는 더욱더 그랬을 것 같은데요.

미투에서 왜 진보, 보수를 이야기하는지 여전히 이해가 되지 않습니다. 정치는 어느 한쪽의 이익을 위한 것이 아니라 모든 국민의 인간다운 삶을 위한 거라고 생각합니다. 미투는 여성도, 약자도 인간답게 살겠다는 선언일 뿐입니다. 저는 어떠한 정치적 목적도 없이 입을 연 것이고, 여전히 그렇습니다. 저는 그저 모두가 인간답게 사는 세상을 원할 뿐입니다.

최근 검찰 내부의 반응이 달라진 부분이 있나요?

진위 여부는 잘 모르겠지만, 가해자에 대한 유죄 선고와 법정 구속에 검찰이 매우 당황했고, 조사단에 있었던 검사들이 불이익을 받기도 하고, 또 불이익을 받을까 두려워하고 있다는 이야기를 들었습니다. 성폭력 피해자들이 입을 열지 못하는 것은 2차 가해 때문입니다. 음해를 일삼은 검사들에 대해 수차례 조사 및 처벌을 요구했으나 받아들여지지 않았고, 시민단체에서 그들을 고발한 지 1년이 넘었지만 수사 개시조차 하지 않고 있습니다. 한 인터뷰에서 제가 '검찰은 전혀 달라지지 않았다'고 하자, '잘 몰라서 하는 소리'라고 하신 분도 있었는데, 2차 가해자들은 어떤 불이익도 받지 않고 오히려 영전을 하고, 수사를 한 검사들은 불이익을 받고, 저와 친했다는 이유만으로 불이익을 받을까 두려워하고, 위에서는 여전히 거짓 진술을 일삼고 있는데 뭐가 달라졌다는 건지 모르겠습니다.

검찰 내부 통신망에 「나는 소망합니다」라는 글을 올리셨을 때, '임은정 부부장님의 게시판 글을 그리 좋아하지 않았다' 고 하셨는데요, 지금 임은정 검사님과는 어떻게 소통하고 계신가요?

임은정 검사님의 게시판 글을 좋아하지 않았다고 했던 이유는, 수년간 임검사님에 대해 떠돌던 많은 음해의 영향으로, 저렇게 과격한 방법밖에 없나 하는 생각이 들기도 했기 때문이었습니다. 질문에 오해의 소지가 있는데, 제 게시판 글은 '나는 그냥 조용히 열심히 일하면 어떤 억울한 일도 겪지 않을 줄만 알았는데 그게 아니더라', '그렇게 과격한 방법밖에 없나' 생각했지만 '이 방법 말고는 없더라'라는 취지로 썼던 것입니다. 임은정 검사님, 강원랜드 채용 비리를 폭로한 안미현 검사님과 수시로 소통하고, 가끔 만나기도 합니다. 많은 검사들이 저희 셋과 가깝게 지내면 불이익을 받을까봐 두려워해요. 검찰에 완전히 찍힌 저희 셋은 서로에게 피해를 줄까 염려할 일 없이 안심하고 만날 수 있어요. 서로의 고통을 가장 잘 이해하는

　　　　　　　　　　　　　　　　　　　타인은 놀이공원이다

사이이기도 하고요.

현재 검찰의 조사 문화에 대해서는 어떤 생각을 갖고 계시며, 어떤 점이 개선되어야 한다고 생각하십니까?

저는 2012~2014년 2년간 총 642건 1,203명에 대해 영상녹화 조사를 실시해서, 이에 관한 매뉴얼을 작성, 보고했습니다. 검찰에서는 주로 피의자신문조서를 작성하는 방법으로 조사를 하는데, 조서 작성은 시간이 매우 많이 걸리고, 당사자의 진술이 왜곡될 우려가 있어 검찰 불신의 원인이 되기도 하며, 컴퓨터 화면이나 자판을 보고 조사하는 방식으로는 진정한 소통이나 진실 발견이 어렵거든요. 또한 현행 형사소송법상, 검찰에서 자백하는 내용의 피신조서만 증거능력이 있는데, 그러한 조서도 이후 법정에서 피의자가 진정성립을 부인하는 경우, '영상녹화물이나 그 밖의 객관적인 방법'에 의해 증명되지 않은 경우 증거능력이 인정되지 않아요. 따라서 선진화된 수사시스템을 개발하고 있는 세계적인 추세와 수사의 투명성을 요구하는 시대적 흐름에 맞춰 조사 방식의 변화가 필요하다고 생각해, 대부분의 검사들이 번거롭게 생각하는 영상녹화 조사를 스스로 열심히 실시해봤던 것이고, 많은 성과도 있었습니다. 앞으로는 기존의 조서 작성 위주의 방식을 벗어나야 하고, 이를 위해 많은 연구와 노력이 필요하다고 생각합니다.

일을 찾아서 하시는 스타일인 것 같은데요, 검찰 조직에서는 쉽지 않은 일 아닌가요?

그렇긴 합니다. 장애인 조사 매뉴얼, 영상녹화 매뉴얼 등은 누가 시킨 것도 아닌데 저 혼자 만들었거든요. 장애인 조사 매뉴얼의 경우, 검찰 내에 장애 유형별 특성, 수사시 고려사항 등에 관한 자료가 전혀 없다는

서지현

걸 알고 스스로 장애인협회의 협조를 받아 만들었죠. 처리 방식에 의문이 들거나 개선이 필요해 보이는 일들이 있었고, 제가 할 수 있는 일이라면 해 보려고 노력했습니다. 그런데 제 증언 후 검찰에서 저를 '업무 능력이 떨어지는 문제 검사'라고 하고 있다는 말을 들으니 참 기가 막히기도 했습니다. 실적을 조작했다, 남의 실적을 훔쳤다, 이런 이야기까지 한다고 하더라고요.

검찰은 어떻게 변해야 할까요?

사실 매우 간단명료합니다. 우리는 모두 답을 알고 있습니다. '정의로운 검찰', '법과 원칙을 지키는 검찰'이 돼야죠. 권력, 재산, 신분 등과 무관하게 법과 원칙을 지켜 수사하고 기소하는 검찰, 즉 범죄자가 권력자든, 재벌이든, 검사든, 범죄가 재산 범죄든, 성폭력 범죄든 공정하게 처리하는 검찰이 되면 됩니다.

배당 시스템, 인사 원칙은 어떻게 바뀌어야 할까요?

검찰은 구체적이고 총체적으로 개혁이 필요합니다. 이전 정권의 국정농단 사건이 터졌을 때, 검찰은 국정농단의 공범 내지 방조범이었고, 검찰 개혁의 목소리도 매우 컸습니다. 그런데 지금은 검찰이 법원 등 다른 조직에 대한 수사에 앞장서고 있고, 검찰 개혁을 이야기하는 사람은 없습니다. 검찰은 이제까지 제대로 규정된 인사 원칙이 없었고, 사건도 무작위가 아닌 임의 배당을 하는 등 투명성이 전혀 없었습니다. 상사의 명령에 절대 복종할 수밖에 없는 구조죠. 이러한 많은 문제점들이 제대로 해결되지 않고서는 불의한 명령에 복종하고, 특정 정치세력의 뜻대로 수사하는 등 검찰의 정의롭지 못한 모습은 달라지지 않을 겁니다. 그리고 제 사건에서 보듯, 검찰에는 성폭력이 만연해 있고, 성폭력을 비호하고 오히려 피해자를 괴롭혀

타인은 놀이공원이다

온 문화가 있었습니다. 성폭력에 대한 검찰의 인식과 문화, 시스템이 완전히 변화하지 않는 한 미투는 성공하기 어렵다고 생각합니다. 미투는 가해자를 제대로 처벌하고 피해자를 제대로 보호하라고 요구하는 것이고, 그렇게 하려면 검찰이 개혁되어야 한다고 이야기하는 겁니다. 제 문제 제기 이후에 검찰에서는 인사 원칙을 규정했다고 하지만, 여전히 다수의 목소리는 외면한, 소수 귀족검사들을 위한 규정이라고 들었습니다. 배당 시스템에도 전혀 변화가 없습니다. 성폭력 범죄자뿐 아니라 은폐자도 처벌하는 등 성폭력 근절을 위한 실질적 노력도 전혀 하지 않고 있고요.

피해자를 위해 사회에서는 어떤 일을 해야 할까요?

얼마 전 자료를 찾아보니, 한국에서 성폭력 사건을 신고하는 비율이 6퍼센트 정도에 불과하다고 합니다. 성폭력을 당한 것이 피해자의 잘못이고 그게 피해자와 가족의 수치로 인식되어온 문화 때문이라고 생각합니다. 일본군 위안부 할머니들이 거의 50년이 지난 1991년에야 겨우 입을 열 수 있었던 것도, 여전히 많은 분들이 침묵하고 있는 것도 그런 이유 때문이죠. 성폭력에 대한 인식을 바꾸는 게 바로 피해자를 위하는 길이고, 미투 운동이 추구하는 목적이라고 생각합니다. 더이상 피해자들이, 여성들이 큰 용기를 내지 않아도, 모든 것을 바치지 않아도 성폭력 피해 사실을 자유롭게 말할 수 있는 사회, 더이상 성별을 이유로 차별당하거나 성폭력을 당하지 않는 사회를 만들어야 하는 거죠.

서지현

최근 중국에 강연차 다녀오셨고, 지난달엔 영국을 다녀오셨는데요, 두 나라의 반응은 어땠나요? 두 나라 간에 차이가 있었나요?

두 곳 모두 우리나라의 미투, 여성 인권 상황에 관심이 매우 높았고, 많은 응원과 격려를 해주셔서 너무나 큰 힘과 용기가 되었습니다. 영국에서는 국적을 뛰어넘어 외국 분들도 울면서 공감해주시는 모습이 매우 감동적이었고, 중국 상하이에서는 저의 미투를 계기로 페미니즘을 공부하는 모임이 생겨 활발하게 활동하는 모습이 매우 인상적이었습니다. 차이점이라면, 영국에서는 굳이 페미니즘의 의미에 관해 설명할 필요가 없었지만, 상하이에서는 설명이 필요했다는 것인데, 영국과 달리 상하이에서는 '왜 남자들을 다 범죄자 취급하냐, 남자들도 살기 힘들다'라고 항의하거나, '여자들은 남자들 군대 문제 해결을 위해 어떤 노력을 하고 있냐'고 하는 분들도 계셨죠. 제가 페미니즘이란 절대 모든 남자를 범죄자 취급하거나, 남성 혐오를 이야기하는 게 아니라고 몇 번이나 강조했는데도 말이죠.(웃음)

2004년 2월에 임용되셨죠. 그런데 4월에 임용된 검사들이 '우린 고건한테 임명장 받아 다행이다. 노무현한테 임명장 받은 애들은 창피해서 어떻게 검사 하냐?'고 했다면서요.

직접 들은 사실이 있습니다.

젊은 분들이 그렇게 말했다고 해서 깜짝 놀랐는데요, '검사 생활은 그 말의 의미를 알아가는 과정이었다'고 하셨죠.

검찰에서는 주류가 바뀐 적이 없어요. 진보나 보수 어느 쪽이 정권을 잡든 검찰 내부의 주류는 항상 같았어요. 국정농단 때 굉장히 문제

타인은 놀이공원이다

가 됐던 많은 검사들이 여전히 주류로 일하고 있고요. 그게 검사들한테 주는 메시지가 분명해요. 정의를 위해서 일하면 검사 생활이 힘들어지고, 위에서 시키는 대로 일하면 잘나간다는 거죠.

줄 잘 서서 주류로 가느냐, 포기하고 열심히 사건만 하느냐……
열심히 사건만 하더라도 위에서 내려오는 지시들이 있거든요. 피할 수 없는 일이고, 그 지시에 따르지 않으면 버텨낼 수 없는 구조라는 게 문제죠.

2018년의 미투 운동을 어떻게 평가하시나요?
미국에서 미투의 시작은 성폭력에 대한 말하기를 통해 성폭력이 주위에 얼마나 만연해 있는가를 알리기 위한 것이었습니다. 제가 입을 연 것은, 검찰에 만연해 있는 성폭력을 알리고, 성폭력이 결코 피해자의 잘못이 아니라는 걸 이야기하고 싶었기 때문이었습니다. 검사로도, 변호사로도 일하지 못하고, 다시는 집밖에 나오지 못하는 삶을 살게 된다 하더라도 감수하겠다고 다짐했죠. 사실 이건 사회적 자살 행위 같은 것이었습니다. 예전에는 성폭력을 당한 여성이 '개인적 자살'로써 성폭력에 대항했다면, 이제는 '사회적 자살'이 될지언정 '살아서 이야기하는 방법'으로 성폭력에 대항하고 있는 거예요. 그 '살아서 이야기하는 방법'이 바로 '미투'라고 생각합니다. 저 역시 억울함과 분노로 너무나 고통스러워 죽음만이 유일한 방법이라고 생각할 때도 있었어요. '나는 아무런 힘이 없고 가해자는 너무나 큰 힘을 갖고 있으니, 내가 가진 가장 큰 것, 즉 내 목숨으로 억울함을 이야기할 수밖에 없나' 하고 생각한 거죠. 하지만 장자연, 성완종 같은 분들을 보면서, 또 제가 검사라서 피해자의 죽음은 오히려 가해자를 자유롭게 할 뿐, 가해를 입증해 처벌받게 할 수도, 피해자의 억울함을 입증할 수도 없다는 걸 잘 알았기 때문에 죽지 않은 거죠. 미투는 특별한 이야기를 하는 게 아닙니다. '더이상 성폭력을 참고만 있지는 않겠다, 가해자를 제대로 처벌하라, 피해자를 제대로 보호하라', 바로 이 얘기를 하는 것이거든요.

2019년의 미투 운동은 어떤 방향으로 나아가야 한다고 생각하십니까?

2018년의 미투는 시작에 불과했다고 생각합니다. 피해자들은 가해자를 제대로 처벌할 수 없는 현실 속에서 피해 사실을 자신의 잘못으로 돌리며 끔찍한 고통을 참아내거나 목숨을 던져야 했어요. 미투는 '여성도, 약자도 존엄한 인간이다'라는 선언이었습니다. 여성들과 약자들의 이러한 선언이, 이러한 의식의 변화가 뒷걸음질할 거라고는 생각하지 않습니다. 여러 차례 이야기했듯, 제가 원하는 세상은 미투가 번져가는 세상이 아니라, 미투가 필요 없어지는 세상입니다. 가해자가 제대로 처벌받고, 피해자가 제대로 보호받는 세상이 되도록 법과 제도, 시스템을 만들어가야 한다고 생각합니다.

성인지 감수성 교육이 필요하다는 의견이 많습니다. 그런 교육은 어떻게 이루어져야 할까요?

성인지 감수성이라는 것이 새롭게 법원에서 도입한 개념처럼 여겨지기도 하는데, 그것은 '피해자 진술의 신빙성을 판단할 때, 고정관념에 사로잡혀 형식적으로 판단하지 말고, 피해자가 처한 구체적 상황, 생물학적, 사회 문화적 경험의 차이 등을 고려하자'는 너무나 당연한 이야기를 하는 것이지, 법과 원칙이 아닌 '감수성'으로 재판을 하자는 것도 아니고, '무죄추정의 원칙'이나 '증거재판주의'를 깨는 새로운 개념이나 파격적 시도도 아닙니다. 성인지 감수성 교육은 결국 타인과 공감하고 타인을 이해하는 것에 대한 문제예요. 이러한 교육이 하루아침에 이루어지지는 않을 겁니다. 가정에서, 학교에서, 그리고 사회에서 내가 아닌 남의 고통과 입장을 이해하고, 나와 다른 사람을 존중하며 함께 살아가는 방법을 가르쳐야 한다고 생각합니다. '나 아닌 다른 사람도 지극히 존엄한 존재다', '다른 사람의 고통에 대해 함부로 이야기해서는 안 된다', 이런 인식을 심어주는 일부터 시작해야 할 것 같습니다.

미투 운동을 통해 대한민국의 어떤 부분이 변했고, 어떤 부분이 변하지 않았다고 생각하십니까?

법과 제도는 실질적으로 변한 게 거의 없죠. 얼마 전에 스쿨미투 학생들이 유엔에 갔었잖아요. 어린 학생들이 큰 용기를 냈지만, 가해자들 중에 제대로 처벌받은 사람이 거의 없어요. 오히려 학생들이 더 큰 피해를 입고 있거든요. 많은 피해자들이 무고죄나 명예훼손으로 역고소나 손해배상 청구를 당하고 있고요. 제대로 처벌이 이루어지는 사례가 여전히 드뭅니다. 법과 제도와 현실은 변하지 않았지만, 그래도 성폭력이 결코 피해자의 잘못이 아니라는 것, 성폭력에 대해 계속 침묵해서는 아무것도 변하지 않는다는 것, 가해자를 옹호하고 피해자를 비난해온 문화가 잘못되었다는 것, 이렇게 성폭력에 대한 국민의 생각이 변한 게 가장 큰 변화이자 성과라고 생각합니다.

검사님 개인으로 한정지으면 어떤 부분이 변했다고 생각하십니까?

개인 서지현은 어떻게 변했냐고 많이 물어보시는데요, 내면이 변한 것은 전혀 없고요, 바깥에 돌아다니기가 불편해졌습니다. 너무 많이 알아보셔서.(웃음) 물론 대부분 응원해주시고, 격려해주시는 분들이에요. 그렇지만 가족이나 친구들과 있을 때는 피해를 끼칠 수도 있어서 거의 마스크를 하고 다닙니다.

그럼에도 불구하고 어쨌든 공적인 활동을 많이 하고 계시잖아요. 다양한 곳과 연대하고 계시고요. 피곤하고 힘든 부분도 있을 것 같은데요.

스트레스도 받고, 육체적으로 힘들기도 한데요, 그렇게 말씀들을 하시더라고요. 당신이 얘기하기 이전에도 많은 사람들이 이야기했다, 하지만 들어주지 않았다, 그런데 당신이 검사이기 때문에 얘기를 들어주는 거다. 그렇다면 다른 피해자들을 대변해서 내가 이야기하겠다, 최선을 다해보고 싶다는 생각을 하고 있습니다.

댁에 계시면 어떤 일들을 하시나요?

책을 보기도 하고, 음악도 듣습니다. 아이를 돌보고 있고요. 영어 공부도 좀 하고 있어요. 지난 1년간은 굉장히 무기력한 상태였어요. 처음에는 공황장애가 생겼고, 그게 좀 나아진 뒤에는 무기력증에 빠져서 침대에서 일어나지 못하는 시간이 꽤 오래갔습니다. 올해부터는 정신을 좀 차리려고 합니다. 특히 영어를 좀더 잘하게 되면 할 수 있는 일도 많지 않을까 하는 생각이 들어요.

타인은 놀이공원이다

장자연 사건에 대해서도 많은 사람들이 오랜 기간 문제를 제기했는데, 전혀 해결되지 않고 있죠. 가장 큰 이유가 뭘까요?

당사자가 돌아가셨기 때문이 아닐까, 생각해요. 물론 당사자가 버젓이 살아 있는 김학의 사건도 제대로 조사되지 않고 있지만요.

무고죄로 고소했더라고요.

역고소에 시달리는 피해자들이 굉장히 많아요. 권력과 돈을 가진 사람들의 힘이 막강한 시대에 살고 있는 것 같습니다. 그런 사람들은 어떤 잘못을 저질러도 처벌받지 않는 시대죠. 자기 아닌 다른 사람을 인간으로 생각하지 않은 게 사건의 근본 원인이죠. 피해 여성들을 인간으로 생각했다면 결코 할 수 없는 일이라고 생각되거든요.

페미니즘 교육 이야기가 많이 나오는데요, 냉소적으로 이야기하면 대한민국이 아직 그런 교육을 받을 수 있는 수준이 아니지 않나 하는 생각이 들거든요.(웃음) 휴머니즘 교육부터 해야 하는 것 아닌지……

사실 페미니즘이 휴머니즘과 같은 건데요, 기존의 휴머니즘에 여성이 없었던 거죠. 거기에 여성도 넣자는 게 페미니즘이고요. 우리나라에서는 페미니즘이 크게 오해받고 있다고 생각해요.

말씀하신 것처럼 정의가 제대로 안 된 부분이 있죠.

페미니즘이 남성 혐오, 여성우월주의로 오해받고 있거든요. 그건 결코 페미니즘이 아니에요. 마치 모든 남성을 범죄자 취급하는 것처럼 오해하는데, 그게 아니라 범죄자를 싫어하는 것뿐이거든요.(웃음) 정준영 단톡방 사건, 일베의 여친 인증, 와이프 인증을 보면, 그건 여성을 인간으로 생각하지 않는 거잖아요. 놀이라고 얘기하고요. 여성들의 공포와 고통은 너무나 큰데 말이죠.

그렇죠. 일베가 소수도 아니고요.

정준영 단톡방 같은 게 정말 널리 퍼져 있다고 들었어요. 예전에는 딸 가진 엄마들이 '이 무서운 세상에서 우리 딸 어떻게 키워' 하고 걱정스러워했는데, 정준영 사건이 터지고는 아들 가진 엄마들도 굉장히 걱정하고 있거든요. 자기 아들이 마초 문화나 범죄 문화에 휩쓸리면 어쩌나, 자기 아들이 자칫 가해자가 되면 어쩌나, 하는 공포가 엄마들 사이에서 크게 번지고 있다고 들었어요. 저도 남자아이를 키우고 있지만, 여전히 학교에서는 성교육 자체가 제대로 안 되고 있고요. 그것 역시 큰 문제라고 생각합니다.

책을 많이 읽는다고 하셨는데요, 좋아하는 작가가 있나요?

제가 페미니즘에 대해 정확히 알지를 못했기 때문에 열심히 공부하고 있고요.(웃음) 특별히 어떤 분야를 가리지 않고 폭넓게 독서하려고 노력하고 있습니다. 검사 생활을 할 때는 책 읽을 시간도 없었거든요.

임은정 검사님이 굉장히 고마워한다면서요.(웃음)

네. 처음에 저를 만났을 때 '이제까지는 내가 검찰에서 제일 미친년이었는데, 이제 서검사님이 제일 미친년이네요. 고마워요' 하시더라고요.(웃음) 아무래도 덜 외롭다는 느낌을 받으시는 것 같아요.

계속 누락되다가 작년에 두 분이 같이 승진하셨잖아요.

그분은 부장검사로 승진을 하셨고, 저는 부부장검사가 됐는데요, 검찰에서 부부장검사는 명칭만 그렇지, 실제로 하는 일은 평검사와 다른 게 없어요. 실질적으로 승진이라고 보기는 어려워요. 저희 기수가 승진할 때가 돼서 전원이 부부장이 된 거고요. 부장부터는 결재권자라 직접 수사를 하지 않죠.

그때부터 간부가 되는 거네요.

그렇죠. 원래는 연차가 되면 다 부부장 시키고, 부장 시키고 했었는데요, 임은정 검사를 제외시키려고 임검사가 부부장이 될 때부터 일부러 승진을 안 시키는 시스템으로 바뀌었다는 소문을 들었어요.(웃음) 그러다가 33기에 와서는 저를 누락시키면 난리가 날까봐 이번에는 전원 승진시켰다고 하더라고요.(웃음) 원칙도 없는 거예요.

일부 민주당 지지자들 중에 20대 남성 지지율이 떨어져서 정권 넘어가면 어떻게 하냐고 검사님한테 다이렉트 메시지를 보내는 사람이 있다면서요. '나이들어서 남의 말 잘 듣지도 않으니 그런 거 보내지 말라'고 하셨잖아요.(웃음)

하하하. 20대 남성 지지율이 낮아졌다고 하니까 마치 여성을 위한 정책을 해서 그렇다고 인식을 하시나본데요, 정작 여성들은 도대체 여성을 위한 정책이 뭐가 있냐고 이야기하거든요.(웃음)

지지율이 떨어진다고 범죄 행위를 덮으면 안 되잖아요.(웃음) 그런데 정치적으로 섬세하게 들여다볼 필요는 있을 것 같습니다. 그런 생각을 해보셨을 것 같은데요, 저 사람들이 왜 나한테 이런 걸 보낼까, 하고.(웃음)

그러게요, 왜 저한테 그런 걸 보내는 걸까요?(웃음) 정부에다가는 얼마나 이야기를 많이 하고 있겠어요. 저는 하향평준화가 아니라 같이 상향평준화가 되어야 한다고 생각하거든요. 남성 인권에 문제가 있다면 그 역시 개선을 해야 하는 거고요. 여성 인권에 문제가 있고, 여성에 대한 범죄가 성행한다면 범죄자를 처벌하고 인권을 신장시키는 게 맞잖아요. 우리나라 권력자들은 항상 약자들끼리 싸우게 만들어왔던 것 같습니다. 다 같이 제대로 바라볼 수 있는 시간을 가졌으면 좋겠습니다.

통영지청까지 가셨죠. 부당한 대우를 받았는데도 오히려 인사 청탁으로 몰았죠.

인사가 부당해서 부당했다고 얘기하는데, 인사를 잘 받으려고 벌인 일이라고 얘기하는 게 너무 웃긴 거예요.(웃음) 그런데 지금 생각해보면 정당한 인사를 요구했어야 했어요. '저것 봐라, 피해를 미끼로 인사 보상을 받으려고 한다'고 비난받을까봐 두려워서 정당한 인사 요구조차 못 해봤거든요. 해보지도 못한 인사 청탁을 했다고 소문이 나가지고요. 이대로는 검사를 못하겠다 싶어서 법무부 장관 면담 신청을 했는데 장관이 지정한 간부와 면담을 했어요. 인사에 대한 요구는 전혀 하지 않고, 진상 조사를 해달라고 했었거든요. 그런데도 검찰에서는 제 인터뷰 이후에 이메일을 받은 적이 없다고 발표했어요. 이메일을 제시했더니 '면담을 한 건 맞는데, 당시 서지현이 인사 요구만 하고 진상 조사 요청을 안 해서 우리가 전혀 조사하지 않았던 거다'라고 했단 말이죠. 명백한 거짓말이거든요. 제가 녹취 파일을 갖고 있어요. 그런데도 그렇게 명백한 거짓말을 검찰 내부 검사들에게까지 하는 걸 보고 굉장히 실망스러웠죠.

휴직중이신데, 기한이 있나요?

내년 3월까지 가능한 것으로 알고 있고요, 건강이 좋지 않아서 휴직한 상태라 회복되면 복귀할 생각이 있습니다.

〈jtbc 뉴스룸〉과 〈김어준의 블랙하우스〉에 출연하셨는데요, 당대의 언론인들과 인터뷰하고 어떠셨나요?(웃음) 두 분 캐릭터가 엄청 다르잖아요.

〈jtbc 뉴스룸〉에는 메이크업을 하면서 질문지를 보고 들어갔는데, 질문지와 전혀 다른 질문을 하시더라고요. 원래 손석희 앵커가 질문지대로 질문하지 않기로 유명하다는데 저는 몰랐죠. 〈김어준의 블랙하우스〉는 사전 녹화다보니까 조금 더 생각하고 이야기를 했던 것 같아요.

김어준 총수에 대한 호불호가 강하다보니 주변에 출연을 말리는 분들도 계셨다고 들었는데요.

굉장히 말렸어요.

그런데 사안에 대해 김어준 총수가 가장 깊게 이해하고 있어서 출연하셨다고요.

장관이 이메일을 받지 않았다고 발표했을 때, 김어준 씨가 방송에서 '이메일이라는 것은 증거가 남아 있을 텐데, 서지현 검사가 거짓말을 할 리는 없다'고 했습니다. 당시 모든 언론에서 진실 공방 쪽으로 보도를 했는데, 김어준 씨만 유일하게 왜 법무부가 거짓말을 하는지 밝혀야 한다고 얘기했죠. 그게 저에게는 매우 인상적이었어요. 당시 한 사람이 20~30분씩 길게 인터뷰할 수 있는 프로그램도 달리 없었고요.

부모님을 다소 일찍 여의셨는데요, 그 사실이 검사님 인생에 큰 영향을 주었을 듯합니다.

사실 제 인생을 가장 크게 변화시킨 것은 미투보다 부모님의 죽음이거든요. 저는 사랑을 많이 받았고, 부모님의 화목한 모습을 보면서 자랐어요. 그렇게 한순간 두 분이 다 사라져버리리라고는 생각지도 못했어요. 두 분의 죽음을 보면서 알게 됐죠. 아, 인생은 정말 찰나구나, 순간이구나…… 그래서 그후로는 항상 죽음을 준비하게 된 것 같아요. 오늘 죽을 수도 있다고, 이 순간이 마지막일 수도 있다고 생각하게 됩니다. 집을 나서거나 사무실에서 나올 때 깨끗이 정리를 한다든지, 누군가를 만났을 때 이게 마지막 만남일 수도 있다고 생각한다든지, 그러는 게 저에게는 일상적이었습니다. 그래서 내일 죽어도 후회 없는 삶을 살고 싶어요. 그래서 제가 입을 열 수 있었던 게 아닌가 하는 생각도 들고요.

남편, 아이, 이렇게 다른 가족도 있는데요.

인터뷰 때 가족 얘기는 잘 안 해요. 아직도 우리나라에서 가장 무서운 조직이 검찰이고, 그들은 권력을 갖고 있기 때문에 언제든 보복을 당할지도 모른다는 생각이 들어서요.

타인은 놀이공원이다

만약에 부모님이 살아 계셨으면 다른 선택을 하셨을까요?

일단은 여쭤보기는 했겠죠. 부모님도 동의하셨을 거라고 생각해요. 항상 제 의견을 많이 존중해주셨어요.

검찰에는 술을 강권하는 문화가 있지 않습니까? 체질적으로 술을 전혀 못하시는 건가요?

누군가가 폭탄주를 마시고 그 잔에 물을 따라주면 그걸 마시고도 취할 정도예요. 알코올에 굉장히 예민해요. 그런데 제가 그 장례식장에서 굉장히 많이 취해 웃음을 흘렸고, 늦은 시간까지 있었다는 얘기가 돌고 있다고 들었습니다.

전형적인 음해네요.

설령 술에 취해 있었고 늦은 시간까지 있었다 해도, 그런 피해를 당해도 되는 건 아니잖아요. 피해자에 대한 음해가 그런 식인 것 같아요. 설사 업무 능력이 좋지 않았고 인간관계가 나빴다 하더라도 이런 피해를 입어서는 안 되는 거잖아요.

작년에 양진호 회장의 위디스크 사건이 큰 충격을 주었는데요, 불법 촬영물과 수사기관의 미온적인 대응이 대학로 시위의 계기가 되기도 했고요.

지금까지 수많은 여성이 디지털 성폭력의 피해를 입어왔어요. 강력한 처벌을 요구했지만, 경찰에서는 서버가 외국에 있다는 이유로 수사를 제대로 하지 않았죠. 그러다 홍대 사건이 터지면서 정말 빠른 시간에 가해자를 찾아내고 포토라인에 세우고 구속까지 시켰잖아요. 깜짝 놀랐죠. 이

서지현

렇게 할 수 있는데, 지금까지 안 했단 말인가, 하고요.(웃음)

이렇게 능력 있는 분들이……(웃음)

물론 국내에 서버가 있는 경우보다 수사하기 어려운 건 사실이에요. 하지만 불가능하지는 않죠. 의지만 있다면요. 아무리 어려움이 있더라도 반드시 처벌해서 이건 범죄 행위다, 이런 행위를 하면 처벌받는다는 걸 알려줘야죠. 그걸 요구한 게 혜화역 시위였다고 생각합니다.

검사가 되겠다는 생각은 언제부터 하셨나요?

고등학교 때였어요. 굉장히 정의로운 직업이라고 생각했어요.(웃음)

특별히 기억에 남는 사건이 있으신가요?

그런 질문을 많이들 하시는데요.(웃음) 사실은 너무 많아서요. 최근에는 토막살인 사건을 맡았고, 조직폭력 사건이나 경찰관 뇌물 수수 사건, 국회의원이 관련된 정치적인 사건을 수사한 적도 있어요.

피의자는 조서를 다 볼 수 있는데, 피해자는 자신의 조서만 열람할 수 있다면서요?

실무적으로 그렇게 운영이 돼왔는데요, 형사 사건에서는 피해자가 당사자가 아니거든요. 피해자를 대신해 검찰이 당사자가 돼서 국가적으로 처벌을 하는 것이기 때문이죠. 검찰이 대신할 테니 피해자는 몰라도 된다, 이런 것이었고요. 제 사건의 경우도 열람이 안 되다가 최종적으로는 대부분 됐어요.

특별히 계획하고 계신 것이 있나요?

그런 것은 없고요, 제 장래 희망은 여전히 정의로운 검사로 남는 겁니다.

대한항공 박창진 사무장과 여러 가지 상황이 비슷한데요, 어떤 생각이 드시나요?

이렇게 말씀하신 분이 있어요. '대한항공에서 박창진을 또라이로 만든 것과 검찰에서 서지현을 미친년으로 만든 게 쌍둥이처럼 닮았다'고요. 처음 만나서 이야기했을 때 제가 이야기하면 박사무장님이 울고, 박사무장님이 이야기하면 제가 울고 그랬어요. 성별도, 직업도 다르고, 겪은 일도 달랐지만, 스스로의 존엄을 지키고 더는 동료들이 이런 일을 당해서는 안 된다는 생각에 입을 열고, 그뒤에 조직 내에서 음해당하고 왕따당한 과정이 너무나 비슷했거든요. 하지만 요즘은 만나면 과거의 고통보다는 미래의 희망에 대해 주로 이야기해요. 기대하고 원했던 만큼은 아니지만, 세상이 아주 조금씩이라도 앞으로 나아가고 있다는 것에 희망을 갖고 있어요. 어떻게 하면 이 진전에 한 걸음이라도 더 보탤 수 있을까 고민도 하고요. 우리가 건강하고 행복해야 우리 같은 피해자들이 용기를 낼 수 있을 테니 더욱 건강하고 행복해지자고 약속하기도 합니다.

요즘은 어떤 일에 관심이 많으신가요?

기본적인 인권과 인간 존엄에 대한 생각을 많이 하고 있죠.

우리가 경제력에 비해서는 인권 개념이 부족하지 않습니까?

너무 급속하게 경제적 발전을 하다보니까 인권은 나중의 문제, 특히 여성의 인권 문제는 그보다 더 나중의 문제로 치부되어온 것 같습니다. 뒤로 미뤄두었던 거죠. 이제는 그런 인권 문제에 대해 얘기해야만 하는 거고요.

서지현 검사님이 생각하는 페미니즘은 어떤 건가요?

26년간 미국 연방대법원 대법관 자리를 지키고 있는 루스 베이더 긴즈버그의 말로 대신할까 합니다. '페미니즘은 여성들에게 혜택을 달라는 게 아니다. 여성의 목을 짓밟고 있는 발을 치우라고 말하는 것일 뿐!' 대부분의 우리나라 남성들은 '당신은 페미니스트입니까?'라고 물으면 '아니다'라고 대답합니다. '그러면 성별, 종교, 인종, 국적 등을 이유로 차별받아도 된다고 생각합니까?'라고 물으면 '아, 그건 아니다'라고 대답하죠. 그런데 그게 바로 페미니즘이거든요. 페미니즘은 '여성은 남성과 동등하다', '성별을 이유로 차별하지 말자'는 게 기본 원칙입니다.

'검찰은 정의로워야 한다'고 여러 차례 강조하셨습니다. 검사님이 생각하는 정의는 무엇인가요?

한마디로 정의하기 어렵죠.(웃음) 검사로서 제가 생각하는 정의란 '범죄자는 처벌받고, 피해자는 보호받는 것'이라고 이야기하고 싶습니다.

마지막으로 해주실 말씀이 있다면요?

저의 메시지는 간단해요. 검찰은 정의로워야 한다는 것, 그리고 정의를 말하려면, 진실을 말하려면 모든 것을 바쳐야 하는 이 잔인한 사회가 반드시 바뀌어야 한다는 겁니다.

이제는
'사회적 자살'이 될지언정
'살아서 이야기하는 방법'으로
성폭력에 대항하고 있는 거예요.

타인은 놀이공원이다

두근두근, 다시 인터뷰를 위하여

초판 1쇄 인쇄 2019년 9월 20일
초판 1쇄 발행 2019년 10월 1일

지은이 지승호 | 펴낸이 신정민

편집 신정민 | 디자인·일러스트 이효진 | 저작권 한문숙 김지영
마케팅 정민호 정현민 김도윤 | 홍보 김희숙 김상만 오혜림
모니터링 이희연 황지연 | 제작 강신은 김동욱 임현식 | 제작처 한영문화사

펴낸곳 (주)교유당
출판등록 2019년 5월 24일 제406-2019-000052호

주소 10881 경기도 파주시 회동길 210
문의전화 031) 955-8891(마케팅) | 031) 955-3583(편집)
팩스 031) 955-8855
전자우편 paper@munhak.com

ISBN 979-11-90277-10-5 03300